高等职业教育创新教材

供医学美容技术等相关专业使用

美容化妆品学

（第3版）

主　编　谢珍茗
副主编　周佳丽　范　宏　林玉红
编　者　（按姓氏汉语拼音排序）
范　宏（承德护理职业学院）
林玉红（广东江门中医药职业学院）
孙珊珊（山东中医药高等专科学校）
谢珍茗（广东工业大学）
徐　婧（皖西卫生职业学院）
杨怡君（山东医学高等专科学校）
叶　理（南方医科大学皮肤病医院）
臧婧蕾（长沙卫生职业学院）
周佳丽（四川护理职业学院）

科学出版社

北　京

内 容 简 介

本教材以《化妆品监督管理条例》及配套法规为核心，全面介绍美容化妆品学知识。分为 10 章，第 1 章绪论，第 2 章美容化妆品基础知识，第 3 章美容化妆品的原料，第 4 章美容化妆品相关人体基础科学，第 5 章美容化妆品基础理论，第 6 章普通化妆品、特殊化妆品及口腔用品，第 7 章美容化妆品配方技术，第 8 章美容化妆品的生产设备与质量控制，第 9 章美容化妆品安全与不良反应，第 10 章我国化妆品监管体系概况。教材配套课件及教学视频、每章设有学习目标、自测题，并配有自测题选择题参考答案，方便多模式教学与学习活动的开展。

本教材供医学美容技术等相关专业使用。

图书在版编目（CIP）数据

美容化妆品学 / 谢珍茗主编. -- 3 版. -- 北京 : 科学出版社, 2025. 8.
(高等职业教育创新教材). -- ISBN 978-7-03-081511-8

Ⅰ. TQ658.5

中国国家版本馆 CIP 数据核字第 20259C0X00 号

责任编辑：丁海燕 / 责任校对：周思梦
责任印制：师艳茹 / 封面设计：涿州锦晖

科学出版社 出版
北京东黄城根北街 16 号
邮政编码：100717
http://www.sciencep.com
天津市新科印刷有限公司印刷
科学出版社发行 各地新华书店经销
*
2006 年 8 月第 一 版 开本：850×1168 1/16
2025 年 8 月第 三 版 印张：8 1/4
2025 年11月第十九次印刷 字数：243 000

定价：42.80 元

（如有印装质量问题，我社负责调换）

前　言

Preface

党的二十大报告中指出“人民健康是民族昌盛和国家强盛的重要标志。把保障人民健康放在优先发展的战略位置，完善人民健康促进政策”。为了贯彻我国医学美容技术专业人才培养目标，满足人民群众对美好生活的向往和健康需求，需要建设高质量的教材作为教学内容的重要载体、教学的重要依据和培养人才的重要保障。

本教材紧跟国家法规，以《化妆品监督管理条例》为基础，保障了内容的合法性和权威性。教材内容全面、结构清晰，不仅详细介绍了化妆品的历史与发展、法规属性、科学理论，还涵盖了原料、配方、工艺等多个领域，形成了完整的知识体系。教材特别强调实践与理论的结合，关注生产实践与质量控制，注重化妆品安全评估和不良反应监测，内容紧跟化妆品最新发展，对牙膏产品进行介绍，内容全面、系统，贴近中国化妆品行业高质量发展现状。

在编写过程中，我们以思想性、科学性、适用性、实用性和创新性为原则，内容安排及撰写时做到条理清晰、层次分明、逻辑严明。本教材主要介绍美容化妆品学基础知识、化妆品原料、化妆品基础理论、功效化妆品类型及特性、化妆品配方与工艺、化妆品生产设备及质量控制、化妆品安全及不良反应、化妆品监管机构与法规等。教材有配套课件及教学视频，每章设有学习目标、自测题，并配有自测题选择题参考答案，方便教师教学与学生学习。本教材供医学美容技术等相关专业使用。

教材编写团队成员均为医学美容和精细化学领域的资深专家，将职业教育与产业服务岗位需求相结合，提高职业教育的适应性。编撰教材时，注重挖掘学科与职业相关思政元素，将课程思政贯穿始终，实现课程育人的功能。

由于编者水平有限，教材中可能存在不足之处，恳请广大读者提出宝贵意见，以便及时修正。

编　者

2024 年 11 月

配 套 资 源

欢迎登录“中科云教育”平台，**免费**数字化课程等你来！

本系列教材配有图片、视频、PPT 课件等数字化资源，持续更新，欢迎选用！

“中科云教育”平台数字化课程登录路径

电脑端

- 第一步：打开网址 http://www.coursegate.cn/short/JPDWX.action
- 第二步：注册、登录
- 第三步：点击上方导航栏“课程”，在右侧搜索栏搜索对应课程，开始学习

手机端

- 第一步：打开微信“扫一扫”，扫描下方二维码
- 第二步：注册、登录
- 第三步：用微信扫描上方二维码，进入课程，开始学习

PPT 课件，请在数字化课程中各章节里下载！

目　录

Contents

第1章 绪论

学习目标

1. 素质目标

（1）培养学生对美容化妆品行业历史与发展的认识，激发学生对行业前沿新知识、新技能的敏感性和探索欲。

（2）树立正确的行业价值观和职业道德，以科学精神和创新思维促进化妆品行业发展。

2. 知识目标

（1）使学生掌握美容化妆品的发展历程，熟悉中外美容化妆品的发展历史。

（2）了解美容化妆品产业现状与发展趋势。

3. 能力目标

（1）提高学生分析美容化妆品行业历史演变、现状和未来趋势的能力。

（2）增强查找资料和获取信息的能力。

（3）评估化妆品市场的竞争态势和消费者行为，识别和预测新兴市场趋势，并提出相应的市场策略。

第1节　美容化妆品概述

一、美容化妆品的历史

美容化妆品最早可以追溯到远古时期，人们利用自然界的资源，如动物脂肪、植物汁液、矿物粉末等，来保护和美化皮肤，其发展历程跨越了多个文明，不同地域与历史阶段都有不同的化妆品出现。随着人类文明的进步，美容化妆品在不断地演变和发展，见证了人类对美的追求和向往。

（一）世界美容化妆品发展史

古埃及人使用多种香料、油膏和矿物质粉末来保养皮肤，还发展出了眼影、唇膏等彩妆产品。他们利用铅粉增白皮肤，用孔雀石制作眼影，并掌握了制作香水和香膏的技术。古希腊和古罗马时期，美容化妆品的使用更加普及和多样化。橄榄油、蜂蜜、蜂蜡等天然成分被广泛用于护肤和美容，而各种草药也被用于制作香水、洗发水和其他美容化妆品。古罗马人还将美容化妆品引入洗浴文化，以满足身体清洁和保养的需求。

在7～12世纪，阿拉伯国家发明了蒸馏技术，并改进香水制作工艺，巴格达成为香料中心。

中世纪中期，由于宗教因素和瘟疫后卫生需求等，欧洲美容化妆品的使用受到了一定程度的限制。然而，贵族和上层社会的人仍然追求美容和保养，他们使用昂贵的香料、精油和草药来制作化妆品，同时也开始关注牙齿和头发的美容。中世纪晚期的文艺复兴时期，随着艺术和科学的进步，美容化妆品行业也得到了迅速发展。人们对美的追求更加强烈，美容化妆品的制作工艺也更加精细。这一时期，香水成为贵族身份的象征，而口红、眼影等彩妆产品也开始流行起来。

工业革命时期，新技术和新材料的应用推动了化妆品工业的机械化生产，降低了成本，使得化妆品更加普及。同时，化学和生物学的发展为化妆品的研发提供了更多的可能性。这一时期，诞生了许多现代化妆品品牌，并逐渐形成了自己的特色和风格。

（二）中国美容化妆品发展史

中国美容化妆品的历史源远流长。商周时期，我国女性使用的化妆品材料主要是红色矿物和植物染料。晋《博物志》中记载“纣烧铅锡作粉”（纣——商朝末代君主），唐《中华古今注》中记载胭脂起自商朝纣王时期，以红兰花汁凝作胭脂。考古学家在一些商朝墓葬中发现疑似用于面部装饰的红色矿物颜料残留，推测自商纣王时期，类似散粉、腮红、口红、眼影等美容化妆品已经存在了。

秦汉时代，随着社会经济的高度发展和审美意识的提高，化妆的习俗发展到各个阶层，无论是贵族还是平民阶层的妇女都会注重自身的容颜妆饰。东汉班固所撰《汉书》中记载有宫女画眉之说；北魏贾思勰在《齐民要术》中记载“唯多著丁香於粉合中，自然芬馥”，即制作香粉法，此时的粉除了修饰容貌外，还有让嗅觉舒适的功效，跟现代人擦香水的需求差不多。

唐朝女子喜欢在面部、颈部、袒露的胸部擦涂白粉，妆粉主要分为米粉和铅粉两种。米粉是由米研磨而成，较为天然；而铅粉则是由铅、锡等矿物烧制，质地细腻，洁白如雪，但长期使用对皮肤有害。除白色的妆粉外，古代吐蕃地区甚至还有将一种名为“堆加”的护肤品涂抹在脸上的习俗，呈现出赭红色的妆容，称为赭面。“堆加”这种护肤品由茶叶、蜂蜜、红糖、酥油、五灵脂等多种原料制成，具有抵御风雪严寒的特殊功能。在墓葬壁画、棺板画等考古发现中，可以看到大量的人物赭面形象。

两宋时期，中外文化交流增多，美容化妆品种类丰富，制作精细。《太平圣惠方》中记录了“治粉刺诸方”“治黑痣诸方”“治疣目诸方”“治狐臭诸方”“令面光洁白诸方”“令生眉毛诸方”“治须发、秃落诸方”等诸多美容方剂，说明当时的美容治疗已有一定发展。南宋时期的“杭粉”是杭州地区美容化妆品的重要代表之一，它以细腻光滑的质地、香气宜人的特点和较高的安全性赢得了广泛的赞誉和喜爱，同时，杭粉的制作工艺和传承也为后世的美妆产业提供了宝贵的经验和启示。

元明时期的美容化妆品方剂类型更加丰富，许国祯的《御药院方》收集了大量的宋、金、元代的宫廷秘方，其中有“御前洗面药”“皇后洗面药”“乌云膏”等180个美容方。其中“乌鬓借春散”可乌鬓黑发，“朱砂红丸子”除黑去皱、令面洁净白润，“冬瓜洗面药”至今验之仍具有很好的美容效果，还有像面膜一样的系列美容方法，先用“木者实散”洗面，再以“桃仁膏”涂敷面部，最后再用“玉屑膏”涂贴护肤，这与现在去死皮、除皱及护肤的三联程序很相近。

明朝化妆品比历朝更加丰富多彩，李时珍所著《本草纲目》一书中收载的美容中药500余种，美容方剂300余个，美容范围包括面上黑斑、雀斑、皱纹、面部皮肤粗糙、粉刺、面疱、瘢痕、酒渣鼻、黑痣、口臭、齿疏、牙齿黄黑、发落、发白、眉脱、狐臭、皲裂、润肤增白等。如“密陀僧二两，细研，人乳调，夜涂旦洗”“冬瓜仁，为丸服，面白如玉”等。陈实功的《外科正宗》为粉刺、雀斑、酒渣鼻、痤疮、狐气、唇风等皮肤疾病的治疗提供了丰富的内外治法，既注重病因病机的分析，又兼顾具体症状的治疗，体现了中医整体观念和辨证论治的特色。

清朝美容化妆品和药剂又有新的发展。《医宗金鉴》中记载了很多皮肤美容的方法及治疗皮肤病的药物，如用水晶膏治黑痣，用颠倒散治痤疮，用时珍正容散治雀斑等。由于清朝宫廷的重视，从内服到外用的美发、护肤验方比比皆是。相传慈禧年70岁时肌肤白润、皱纹略显、头发油亮，可能归功于美容方剂的保养调理。

中华民国时期，大量外国化妆品进入中国。这些外来化妆品带来了化妆护肤的新概念，推动了中国化妆品的兴起，化妆品的种类逐渐增多，从传统的香粉、胭脂、土肥皂等扩展到了牙粉、牙膏、雪花膏、花露水、香水等多种类型，涌现出了一批具有代表性的民族化妆品品牌，这些品牌及其产品不仅代表了当时的工艺水平和审美观念，也为后世的化妆品工业提供了宝贵的经验和启示。此期中国化妆品工业生产大多为手工作坊，技术落后且品种较少。

在改革开放后，我国的化妆品工业发生了翻天覆地的变化，进入了蓬勃发展的快车道。

20世纪90年代至今，随着科技的不断进步和全球化的加速发展，国内外的美容化妆品行业繁荣发展。各种新型材料、技术和理念不断涌现，为化妆品的研发和生产提供了更多的可能性。同时，消费者对美容化妆品的需求也越来越多样化、个性化，推动了整个行业的不断创新和发展。

链接 中药配方赋予化妆品独特魅力

中药化妆品以其独特的药理作用，为护肤领域带来新魅力。依据《中华人民共和国药典》（2025版），药材如白芷、甘草和地黄，分别具有解表消肿、缓急止痛和滋阴补肾等功效，能有效改善皮肤问题。这些天然成分的加入，不仅增强了产品的保湿、防晒和美白效果，还满足了消费者对个性化护肤的需求，推动市场向多元化发展。

二、美容化妆品的发展过程

美容化妆品的发展是一个从天然到合成、再从合成回归天然的过程，产品工艺经历了从纯天然化妆品、合成化妆品、天然成分化妆品到合成生物学化妆品阶段的演变，其发展的每个阶段都有独特的特点和技术要求。

1. 纯天然化妆品阶段 主要选用天然的动植物油脂、矿物粉质等作为原料，不经过复杂的化学处理，采用简单的物理方法提取有效成分，如冷浸、蒸馏等，其配方简单，不添加或少添加化学合成物质，注重产品的天然性和安全性，多采用手工制作或简单机械生产，保持原料的天然特性。

2. 合成化妆品阶段 以石油化学工业产品为基础原料，如矿物油、表面活性剂、防腐剂等，通过一系列化学反应合成具有特定功能的化妆品原料，配方复杂，注重产品的稳定性、功效性和感官效果，可以大规模机械化生产，生产效率高，但可能涉及复杂的化学反应过程，质量控制困难。

3. 天然成分化妆品阶段 重新回归天然，选用植物提取物、天然油脂等作为主要原料，采用先进的植物提取和分离精制技术，如超临界二氧化碳（CO_2）提取、超声波提取等，以提高提取效率和纯度，在保持原料天然特性的基础上，采用现代化的生产设备和工艺流程，注重天然成分的协同作用，减少化学添加剂的使用。

4. 合成生物学化妆品阶段 随着合成生物学技术不断积累和发展，越来越多的化妆品企业开始采用合成生物学技术开发新型化妆品原料，如重组胶原蛋白、麦角硫因、角鲨烷等。一些企业成功实现大规模高效制备合成生物学原料，如采用新一代生物合成技术实现蓝铜胜肽的规模化量产。合成生物学技术在化妆品行业的应用，不仅提高了化妆品原料的质量和效率，还助力了化妆品行业的可持续发展，同时，其在化妆品新原料应用中的前景也越来越广阔。

链接 富勒烯：化妆品领域的抗氧化革命

富勒烯（图1-1-1），被誉为“抗氧化之王”，它具有卓越的抗氧化能力，能有效清除自由基，长效稳定地保护肌肤。富勒烯还能抑制炎症因子、调节炎症反应，并修复保护细胞活性。此外，富勒烯能够保护胶原蛋白，维持其正常合成，与维生素C协同增效，促进胶原蛋白合成。随着技术进步，富勒烯的生产成本降低，其在化妆品中应用更加广泛。

图1-1-1 富勒烯的分子结构

第2节 美容化妆品产业现状与发展趋势

一、美容化妆品产业现状

（一）国外化妆品产业发展现状

1. 欧盟化妆品产业发展趋势

（1）市场规模稳定增长 欧盟是全球化妆品和个人护理产品的重要消费市场和出口供应方，拥有众多知名品牌。它们在全球化妆品市场的领先地位、增长趋势也显示出强大的市场活力和消费潜力。

（2）法规严格，合规性要求高 欧盟化妆品法规体系完善，主要法规包括《欧盟化妆品法规（EU）2025/887》等，对化妆品的定义、责任人制度、安全评估、标签宣称、禁用与限用物质等方面都有详细规定。此外如《化学品注册、评估、授权和限制》（Registration，Evaluation，Authorization and Restriction of Chemicals，REACH）法规作为欧盟对进入其市场的所有化学品进行预防性管理的一项重要法规，要求化妆品中的化学物质进行注册，动物试验禁令则限制了产品的测试方式。这些法规提高了市场准入门槛，促进了行业的规范化发展。

（3）天然与可持续成为主流 随着消费者对环保和健康的关注增加，天然、有机和可持续的化妆品在欧盟市场受到欢迎。这不仅是因为消费者对产品安全性和健康性的追求，也是因为人们日益增强的环保意识和对可持续发展的重视。随着市场的不断扩大和消费者认知的深入，这一趋势预计将持续增长。

（4）技术创新推动产业升级 欧盟化妆品企业注重原料的选择和配方的优化，采用先进的制造技术和工艺，提高产品的生产效率和质量控制水平。通过深入研究皮肤科学、化学、生物工程等多学科知识，开发出具有高效、安全、稳定特性的化妆品原料。例如，利用超分子技术改性功效原料，解决传统原料的高功效与低应用性之间的矛盾，提高产品的安全性和使用效果；通过微囊化技术、纳米技术等现代技术手段，实现化妆品成分的精准释放和高效吸收等。这些产品往往融合了最新的科技成果和时尚元素，满足消费者的多元化需求。

2. 美国化妆品产业发展趋势

（1）市场规模持续扩大 消费者对个人护理和美容产品的持续需求，以及市场上不断推出的创新产品，使得美国成为全球最大的美容和个人护理市场。在美国本土化妆品巨头企业的多维竞争驱动下，化妆品市场保持持续增长。

（2）男性美容市场崛起 随着社会对男性美容观念的逐渐开放和男性自我形象意识的提高，越来越多的男性开始关注个人护肤和美容，美国男性美容市场展现出显著活力。针对男性消费者对美容和个人护理产品的需求增加，已经形成了多元化的市场格局，一些知名品牌凭借其在市场上的深厚积累和品牌影响力占据领先地位，而一些新兴品牌则通过差异化竞争和精准定位在细分市场中脱颖而出。

（3）高端与天然护肤品受欢迎 消费者越来越倾向于选择那些含有天然成分、对皮肤和环境友好的高端护肤产品。随着消费者对产品成分和生产过程的关注增加，天然和有机认证的护肤品在市场上越来越受欢迎。此外，一些品牌通过提供定制化的服务，满足消费者对个性化护肤的需求，进一步推动了市场的增长。

（4）数字化转型加速 美国作为全球最大的化妆品消费国，其化妆品市场规模庞大且竞争激烈。为了保持竞争力并满足消费者日益增长的个性化需求，化妆品企业纷纷加速数字化转型，利用大数据、人工智能等技术优化供应链管理、提升消费者体验和个性化服务。例如，引入人工智能和大数据分析技术，通过分析消费者需求和市场趋势来精确定制产品，提供虚拟试妆服务，让消费者可以在线试用不同色号的美妆产品，增强购物体验。

3. 日韩化妆品产业发展趋势

（1）韩国化妆品产业复苏　韩国化妆品企业正通过多元化的国际市场策略，减少对单一市场的依赖。在产品策略上，韩国品牌通过调整市场布局、升级品牌形象和推出高端产品来应对市场变化。同时，韩国化妆品企业也在加大研发投入，以创新和差异化的产品来吸引全球消费者。

（2）日本化妆品注重科技与创新　日本企业持有全球超 20%的化妆品原料专利，持续研究建立全球最大的亚洲女性皮肤老化基因数据库，引入人工智能配方模拟系统，缩短新品开发周期，在全球高端化妆品市场持续保持高占有率。

4. 东南亚地区化妆品产业发展趋势

（1）市场规模快速增长　东南亚地区对美妆产品的需求受到年轻消费群体的推动，市场规模增长迅速。随着中国与东南亚地区化妆品贸易额的增长，东南亚地区被视为全球化妆品行业重点开发的“未来市场”，有着巨大的发展潜力。

（2）消费者需求多样化　在东南亚地区市场，有的消费者倾向于选择高品质和含有天然有机成分的美妆产品，有的消费者则更偏好不含乙醇和天然草本化妆品。由于其热带气候，多数消费者更偏好具有高防护值、防水功能及遮瑕美颜功效的化妆品，且以美白产品最为畅销，反映出当地消费者对肤色白皙的偏好，还有一些消费者则更青睐日韩系的美妆产品，喜欢清爽透亮的妆底和自然色系眼影。

（3）电商渠道蓬勃发展　依托东南亚地区高互联网渗透率、庞大且年轻的消费群体及成熟的线上购物生态，美妆电商渠道在该区域呈现强劲增长的势头，并持续释放潜力。电商平台已跃升为化妆品销售的核心通路，吸引众多国内外品牌借助其流量入口与大数据分析能力，布局东南亚市场，并实施精准营销策略及品牌价值提升。

（二）国内化妆品产业发展现状

中国化妆品市场竞争激烈，目前市场主要分为高端、中端和大众三个档次。高端市场主要由国际知名品牌等占据；中端市场则聚集国际知名品牌的中档产品；大众市场则以国内品牌为主导。根据国家药品监督管理局 2024 年备案数据，全国化妆品持证生产企业为 5823 家，注册品牌超 20 万个。这些企业涵盖了从原材料供应、加工制造到品牌销售的整个产业链，主要集中在华东和华南地区，其中广东省的企业数量占据绝对优势。此外，浙江和江苏等省份的企业数量也较多。

1. 技术创新与产品研发力度加大　随着科技的发展，国内化妆品行业在原料、配方、生产工艺等方面不断创新。例如，采用先进的植物提取技术提高提取效率和纯度，运用仿生学原理设计和开发具有相似效果的化妆品等。同时国货化妆品品牌在研发上持续增加投入，助力行业可持续发展，许多品牌注重创新，严格把控产品品质，生产出成分更安全、配方更科学、性价比更高的产品。

2. 市场细分与差异化发展　化妆品市场日益细分化，包括护肤品、彩妆、洗发、护发、沐浴、香水等多个类别。不同类别的产品针对不同消费群体的需求进行研发和推广。国内化妆品企业在产品差异化方面做出努力，通过研发新产品、提升产品品质、加强品牌建设等方式增强市场竞争力，借助电商平台、内容分享平台、短视频平台等新兴渠道为化妆品企业提供了更多的营销机会。

3. 行业规范与监管加强　近年来，国家密集出台政策法规对儿童化妆品、化妆品功效、化妆品标签、化妆品原料及安全等作出明确规定，并加大监管力度。这些措施有助于规范市场秩序，推动行业高质量发展。随着消费者对产品安全和功效的关注度提高，监管部门将加强对化妆品行业的监管力度，保障消费者的合法权益。

二、美容化妆品产业发展趋势

美容化妆品产业的发展趋势呈现出多元化、创新化和可持续化的特点。随着科技的进步和消费者需求的不断变化，化妆品行业将继续朝着更安全、更健康、更高效的方向发展。未来，随着纳米技术、生物技术等高科技手段的应用，美容化妆品行业将迎来更多的创新和突破。

1. 绿色环保成为新趋势 随着环保意识的提高和对健康生活的追求，消费者对化妆品的品质要求越来越高，绿色环保成为美容化妆品行业的新趋势，天然、无害、可降解的原材料受到越来越多消费者的青睐。企业更加注重产品的绿色包装，减少塑料和其他材料的使用，降低对环境的污染。

2. 个性化与定制化服务兴起 随着消费者对个性化和高品质产品的追求，美容化妆品行业将进一步细分，以满足不同消费群体的需求。例如，针对男性消费者的男士美容市场、针对抗衰老需求的抗衰老市场等都将迎来快速发展；企业开始提供个性化、定制化的美容化妆品服务，以满足不同消费者的需求；通过收集消费者的肤质、年龄、喜好等信息，为他们量身定制适合的美容化妆品方案。

3. 营销渠道多元化 随着电商平台的兴起和消费者购物习惯的改变，线上线下渠道融合成为美容化妆品行业的重要趋势。品牌将更加注重线上渠道的拓展和线下体验的打造，以提供更便捷、更全面的购物体验；社交媒体平台成为品牌与消费者互动的重要平台，企业通过多种社交媒体平台发布产品信息、进行品牌推广和营销活动，吸引更多消费者的关注和购买，为化妆品行业带来新的增长点，市场拓展的空间广阔。

4. 交叉学科应用日益广泛 化妆品行业涉及生物技术、化学合成等多个学科领域，伴随着各个学科自身的技术发展，与化妆品制造生产相关的交叉学科的应用将日益成熟。如通过植物提取与生物技术结合优化天然成分生产，并利用化学反应修饰或高分子材料提升功效与稳定性。

5. 专业技能人才需求增加 随着消费者对化妆品安全、功效及个性化需求的日益增长，化妆品研发岗位的需求将呈现出井喷式增长，特别是那些具有交叉学科背景、能够将科学技术与市场需求紧密结合的人才，尤为抢手；对专业技能要求较高的人才需求也将持续增加；销售类人才能够为企业带来更多的客户和收入，其重要性愈发凸显；具有较强领导力、创新能力、沟通能力、团队协作能力、问题解决能力的综合素质人才更受企业欢迎。

自　测　题

简答题

1. 描述国内化妆品产业发展现状。
2. 简述美容化妆品产业发展趋势。

（范　宏）

第2章 美容化妆品基础知识

学习目标

1. 素质目标

（1）使学生深刻认识化妆品定义与分类等，以及基本法规属性知识的重要性，牢固树立法治观念。

（2）树立良好的职业道德、坚守诚信，坚决抵制违法违规行为，维护行业的健康发展。

2. 知识目标

（1）掌握化妆品的定义、分类。

（2）了解化妆品标签标识的规定。

（3）知晓化妆品功效宣称的科学依据和评价方法。

3. 能力目标 提高学生分析和应用化妆品基础知识的能力，包括对化妆品定义、分类、注册备案、标签标识和功效宣称的理解和实践操作，以及评价化妆品安全性和合规性的能力。

第1节 化妆品的定义与分类

一、化妆品的定义

2021年1月1日起施行的《化妆品监督管理条例》指出，化妆品是以涂擦、喷洒或者其他类似方法，施用于皮肤、毛发、指甲、口唇等人体表面，以清洁、保护、美化、修饰为目的的日用化学工业产品。

（一）化妆品的定义解析

化妆品可以从以下三方面认识：

1. 化妆品的使用方法为涂擦、喷洒或者其他类似方式（揉、擦、敷等），不包含口服和注射等。如某产品的使用方法为口服、注射、植入、填埋、熏蒸、吸入等，则该产品不属于化妆品范畴。

2. 化妆品的使用部位为皮肤、毛发、指甲、口唇等人体表面，不包含身体内部以及身体黏膜等。

3. 化妆品的使用目的为清洁、保护、美化、修饰，不包含预防、诊断和治疗疾病等。黏接假睫毛的胶水，虽然施用于人体睫毛与嫁接睫毛黏接处，但其作用目的为粘连作用，不属于化妆品范畴。同理，以黏接人造指甲、固体装饰物为目的的美甲用品不属于化妆品。

（二）化妆品定义注意事项

1. 牙膏自2023年起纳入化妆品管理，按普通化妆品备案，但需标注“牙膏”字样。

2. 仅具有清洁功效的香皂属于一般日化产品，特殊功效香皂（如美白祛斑香皂、防脱香皂）

按照化妆品进行管理。

二、化妆品的分类

化妆品品种繁多，形态交错，很难科学、系统地对其进行划界分类，不同的分类方法有其各自不同的优缺点。《化妆品监督管理条例》按照风险程度，将化妆品分为特殊化妆品和普通化妆品。用于染发、烫发、祛斑美白、防晒、防脱发的化妆品及宣称新功效的化妆品为特殊化妆品。特殊化妆品以外的化妆品为普通化妆品。国家对特殊化妆品实行注册管理，对普通化妆品实行备案管理。

2021 年 5 月 1 日实施的《化妆品分类规则和分类目录》将化妆品按照功效宣称、作用部位、使用人群、产品剂型、使用方法进行分类。

1. 按功效宣称分类 如表 2-1-1 所示。

表 2-1-1 功效宣称分类目录

序号	功效类别	释义说明和宣称指引
1	染发	以改变头发颜色为目的，使用后即时清洗不能恢复头发原有颜色
2	烫发	用于改变头发弯曲度（弯曲或拉直），并维持相对稳定 注：清洗后即恢复头发原有形态的产品，不属于此类
3	祛斑美白	有助于减轻或减缓皮肤色素沉着，达到皮肤美白增白效果；通过物理遮盖形式达到皮肤美白增白效果 注：含改善因色素沉积导致痘印的产品
4	防晒	用于保护皮肤、口唇免受特定紫外线所带来的损伤 注：婴幼儿和儿童的防晒化妆品作用部位仅限皮肤
5	防脱发	有助于改善或减少头发脱落 注：调节激素影响的产品，促进生发作用的产品，不属于化妆品
6	祛痘	有助于减少或减缓粉刺（含黑头或白头）的发生；有助于粉刺发生后皮肤的恢复 注：调节激素影响的、杀（抗、抑）菌的和消炎的产品，不属于化妆品
7	滋养	有助于为施用部位提供滋养作用 注：通过其他功效间接达到滋养作用的产品，不属于此类
8	修护	有助于维护施用部位保持正常状态 注：用于瘢痕、烫伤、烧伤、破损等损伤部位的产品，不属于化妆品
9	清洁	用于除去施用部位表面的污垢及附着物
10	卸妆	用于除去施用部位的彩妆等其他化妆品
11	保湿	用于补充或增强施用部位水分、油脂等成分含量；有助于保持施用部位水分含量或减少水分流失
12	美容修饰	用于暂时改变施用部位外观状态，达到美化、修饰等作用，清洁卸妆后可恢复原状 注：人造指甲或固体装饰物类等产品（如：假睫毛等），不属于化妆品
13	芳香	具有芳香成分，有助于修饰体味，可增加香味
14	除臭	有助于减轻或遮盖体臭 注：单纯通过抑制微生物生长达到除臭目的产品，不属于化妆品
15	抗皱	有助于减缓皮肤皱纹产生或使皱纹变得不明显
16	紧致	有助于保持皮肤的紧实度、弹性
17	舒缓	有助于改善皮肤刺激等状态
18	控油	有助于减缓施用部位皮脂分泌和沉积，或使施用部位出油现象不明显
19	去角质	有助于促进皮肤角质的脱落或促进角质更新

续表

序号	功效类别	释义说明和宣称指引
20	爽身	有助于保持皮肤干爽或增强皮肤清凉感 注：针对病理性多汗的产品，不属于化妆品
21	护发	有助于改善头发、胡须的梳理性，防止静电，保持或增强毛发的光泽
22	防断发	有助于改善或减少头发断裂、分叉；有助于保持或增强头发韧性
23	去屑	有助于减缓头屑的产生；有助于减少附着于头皮、头发的头屑
24	发色护理	有助于在染发前后保持头发颜色的稳定 注：为改变头发颜色的产品，不属于此类
25	脱毛	用于减少或除去体毛
26	辅助剃须剃毛	用于软化、膨胀须发，有助于剃须剃毛时皮肤润滑 注：剃须、剃毛工具不属于化妆品

2. 按作用部位分类目录　如表 2-1-2 所示。

表 2-1-2　作用部位分类目录

序号	作用部位	说明
1	头发	防晒产品不能对应此作用部位 注：染发、烫发产品仅能对应此作用部位
2	体毛	不包括头面部毛发
3	躯干部位	不包含头面部、手、足
4	头部	不包含面部
5	面部	不包含口唇、眼部 注：脱毛产品不能对应此作用部位
6	眼部	包含眼周皮肤、睫毛、眉毛 注：脱毛产品不能对应此作用部位
7	口唇	注：祛斑美白、脱毛产品不能对应此作用部位
8	手、足	注：除臭产品不能对应此作用部位
9	全身皮肤	不包含口唇、眼部
10	指（趾）甲	—

3. 按使用人群分类　如表 2-1-3 所示。

表 2-1-3　使用人群分类目录

序号	使用人群	说明
1	婴幼儿 （0～3 周岁，含 3 周岁）	功效宣称仅限于清洁、保湿、护发、防晒、舒缓、爽身
2	儿童 （3～12 周岁，含 12 周岁）	功效宣称仅限于清洁、卸妆、保湿、美容修饰、芳香、护发、防晒、修护、舒缓、爽身
3	普通人群	不限定使用人群

4. 按产品剂型分类 如表 2-1-4 所示。

表 2-1-4 产品剂型分类目录

序号	产品剂型	说明
0	其他	不属于以下范围的
1	膏霜乳	膏、霜、蜜、脂、乳、乳液、奶、奶液等
2	液体	露、液、水、油、油水分离等
3	凝胶	啫喱、胶等
4	粉剂	散粉、颗粒等
5	块状	块状粉、大块固体等
6	泥	泥状固体等
7	蜡基	以蜡为主要基料的
8	喷雾剂	不含推进剂
9	气雾剂	含推进剂
10	贴、膜、含基材	贴、膜、含配合化妆品使用的基材的
11	冻干	冻干粉、冻干片等

5. 按使用方法分类 如表 2-1-5 所示。

表 2-1-5 使用方法分类目录

序号	使用方法	说明
1	淋洗	在人体表面（皮肤、毛发、甲、口唇等）使用后及时清洗的化妆品
2	驻留	除淋洗类产品外的化妆品

第 2 节 化妆品的作用及特性

一、化妆品的作用

（一）清洁作用

化妆品能够清除皮肤、毛发、牙齿表面的污垢，以及人体分泌与代谢过程中产生的不洁物等。如洗面奶、沐浴露、洗发水及牙膏等。

（二）保护作用

化妆品能够使皮肤及毛发滋润、柔软、光滑、富有弹性等，起到保护肌肤，抵御风寒、紫外线等刺激，防止皮肤受损以及毛发枯断等作用，如润肤乳液、防晒霜、护发素等。

（三）营养作用

配方中添加的营养原料，能够补充皮肤及毛发所需的营养物质，增加组织细胞活力，维系皮肤水分和水油平衡，减少皮肤细小皱纹产生，从而起到延缓皮肤衰老或者促进毛发生理功能等作用，如营养面霜、营养面膜等。

（四）美容修饰作用

人们通过使用化妆品进行护肤和化妆，能够增加个人魅力或散发香气，达到美容修饰的目的，如粉底霜、唇膏、发胶、摩丝、香水及指甲油等。

（五）特殊功能作用

一些化妆品具有特殊功能，如染发、烫发、祛斑、美白、防晒、防脱发等作用。

二、化妆品的特性

（一）严格的安全性

化妆品是与人体直接接触的日用化学制品，使用群体广泛，使用时间长。与外用药品相比，化妆品对人体的影响更为持久，如有副作用，对人体的危害将会更大，而外用药品作用于皮肤时间短暂，对人体可能产生的微弱刺激及不良反应，在一定范围内是允许的。因此，保证化妆品长期使用的安全性是极为重要的，安全性是化妆品的首要特性。

（二）相对的稳定性

化妆品从生产、运输、储存到使用的过程中，都应保持性能、使用效果稳定，不受环境因素影响。化妆品的稳定性只是相对的，对一般化妆品来说，要求其在一定时间内稳定即可，不可能永久稳定。企业可选择添加稳定剂以及改良生产工艺等方法提高其产品稳定性，从而确保产品在保质期内的稳定性。

（三）良好的使用性

化妆品与药品不同，除要求其安全、稳定外，还必须考虑到消费者在使用过程中的直观感觉和感受，如洁面产品的发泡性，乳液的滋润度，遮瑕类产品的持久性等。不同消费者对于化妆品的使用感受并不完全相同，因此消费者会选择适合且使用感觉舒适的化妆品。

（四）一定的有效性

除基本的清洁、保湿效果外，许多化妆品均有特定的功效诉求。化妆品的使用对象是健康人，其有效性主要依赖于配方中的活性物质以及作为构成配方主体的基质的效果。与外用药品相比，虽然某些特殊化妆品中成分具有一定的药理活性或一定的功能性，但是一般很微弱并且短暂，更不会起全身作用。

第 3 节 化妆品的标签

化妆品标签是指产品销售包装上用以辨识说明产品基本信息、属性特征和安全警示等的文字、符号、数字、图案等标识，以及附有标识信息的包装容器、包装盒和说明书。化妆品标签包括信息和信息的载体，承载了产品的整体形象，是企业宣传产品的主要途径。消费者通过查看标签知悉产品品牌、生产主体、产品成分、功效、使用方法、注意事项等，从而正确选购、使用产品。化妆品标签是消费者获取产品基本信息和安全使用的最直接途径，与化妆品使用安全息息相关，有必要实施严格管理。

为加强化妆品标签监督管理，规范化妆品标签使用，保障消费者合法权益，依据《化妆品监督管理条例》，国家颁布实施《化妆品标签管理办法》，规定在中华人民共和国境内生产经营的化妆品的标签管理适用本办法。

一、化妆品标签原则

化妆品的最小销售单元应当有标签。标签应当符合相关法律、行政法规、部门规章、强制性国家标准和技术规范要求，标签内容应当合法、真实、完整、准确，并与产品注册或者备案的相关内容一致。化妆品标签应当清晰、持久，易于辨认、识读，不得有印字脱落、粘贴不牢等现象。

二、化妆品标签内容及要求

（一）中文标签规定

化妆品应当有中文标签。中文标签应当使用规范汉字，使用其他文字或者符号的，应当在产品销售包装可视面使用规范汉字对应解释说明。除注册商标之外，中文标签同一可视面上其他文字字体的字号应当小于或者等于相应的规范汉字字体的字号。

（二）中文标签内容

化妆品中文标签应当至少包括以下内容：产品中文名称、特殊化妆品注册证书编号；注册人、备案人的名称、地址，注册人或者备案人为境外企业的，应当同时标注境内责任人的名称、地址；生产企业的名称、地址，国产化妆品应当同时标注生产企业生产许可证编号；产品执行的标准编号；全成分；净含量；使用期限；使用方法；必要的安全警示用语；法律、行政法规和强制性国家标准规定应当标注的其他内容。

具有包装盒的产品，还应当同时在直接接触内容物的包装容器上标注产品中文名称和使用期限。

为规范儿童化妆品的标签，《儿童化妆品监督管理规定》中规定儿童化妆品应当在销售包装展示面标注国家药品监督管理局规定的儿童化妆品标志，如图 2-3-1 所示，标志的名称为小金盾。儿童化妆品，是指适用于年龄在 12 岁以下（含 12 岁）儿童，具有清洁、保湿、爽身、防晒等功效的化妆品。

图 2-3-1 儿童化妆品标志

（三）中文名称

规定销售包装上至少有一处标注完整产品名称，并且用引导语引出。化妆品产品中文名称一般由商标名、通用名和属性名三部分组成，如“××（牌）芦荟保湿爽肤水”，“××（牌）”为商标名，“芦荟保湿爽肤”为通用名，“水”为属性名。

化妆品的商标名的使用除符合国家商标有关法律法规的规定外，还应当符合国家化妆品管理相关法律法规的规定。不得以商标名的形式宣称医疗效果或者产品不具备的功效。通用名应当准确、客观，可以是表明产品原料或者描述产品用途、使用部位等的文字。属性名应当表明产品真实的物理性状或者形态。约定俗成、习惯使用的化妆品名称可以省略通用名或者属性名。

化妆品中文名称不得使用字母、汉语拼音、数字、符号等进行命名，注册商标、表示防晒指数、色号、系列号，或者其他必须使用字母、汉语拼音、数字、符号等的除外。

（四）编号

1. 特殊化妆品注册证书编号 应当是国家药品监督管理局核发的注册证书编号，在销售包装可视面进行标注。特殊化妆品注册证书编号在产品取得注册时获得。

特殊化妆品批准文号格式为：国妆特字+四位年份数+本年度注册产品顺序数；进口特殊化妆品批准文号格式为：国妆特进字+四位年份数+本年度注册产品顺序数。

2. 普通化妆品备案编号 可以通过备案平台进行预置获得。国产普通化妆品备案编号格式为：省、自治区、直辖市简称+G 妆网备字+四位年份数+本年度行政区域内备案产品顺序数；进口普通化妆品备案编号格式为：国妆网备进字（境内责任人所在省、自治区、直辖市简称）+四位年份数+本年度全国备案产品顺序数。

3. 产品执行的标准编号　化妆品标签应当在销售包装可视面标注产品执行的标准编号，以相应的引导语引出。要求化妆品标签标注产品执行的标准编号，意在引导化妆品行业推行“一品一标”，运用标准管理的手段推动产品质量提升。产品执行的标准编号与特殊化妆品注册证书编号或者普通化妆品备案编号格式相一致。

如需在产品标签上标注除产品执行的标准编号以外的国家标准、行业标准或其他相关标准编号的，应当符合相关法律法规要求，内容应当真实、完整、准确。

4. 化妆品生产许可证号　国产化妆品应当同时标注生产企业生产许可证编号。化妆品生产许可证号格式为：省、自治区、直辖市简称+妆+年份（4 位阿拉伯数字）+流水号（4 位阿拉伯数字）。

5. 成分　化妆品标签应当在销售包装可视面标注化妆品全部成分的原料标准中文名称，以“成分”作为引导语引出，并按照各成分在产品配方中含量的降序列出。化妆品配方中存在含量不超过 0.1%（*w/w*）的成分的，所有不超过 0.1%（*w/w*）的成分应当以“其他微量成分”作为引导语引出另行标注，可以不按照成分含量的降序列出。为了保证化妆品原料质量而在原料中添加的极其微量的抗氧化剂、防腐剂、稳定剂等成分可以标注，也可以不标注。

同一种成分根据使用目的不同可能会有不同的名字。例如，二氧化钛用作配方中防晒剂使用时，标注为二氧化钛；但用作着色剂时标注为 CI77891。香精虽然是多种香料的混合物，但在配方表中只作为一个成分，用香精一个词进行标注，并和其他成分一起按照加入量的顺序排入成分表中。色素一般以着色剂的索引号进行标注，如 CI73015；如果没有着色剂索引号，可以采用着色剂的中文名称，如高粱红。

6. 产品使用期限　应当按照下列方式之一在销售包装可视面标注，并以相应的引导语引出：生产日期和保质期，生产日期应当使用汉字或者阿拉伯数字，以四位数年份、二位数月份和二位数日期的顺序依次进行排列标识；生产批号和限期使用日期。

第 4 节　化妆品的功效宣称

化妆品的功效宣称应当有充分的科学依据，功效宣称依据包括文献资料、研究数据或者化妆品功效宣称评价试验结果等。

一、化妆品功效宣称禁用语

化妆品功效禁止通过下列方式标注或者宣称：

1. 使用医疗术语、医学名人的姓名、描述医疗作用和效果的词语或者已经批准的药品名明示或者暗示产品具有医疗作用。
2. 使用虚假、夸大、绝对化的词语进行虚假或者引人误解的描述。
3. 利用商标、图案、字体颜色大小、色差、谐音或者暗示性的文字、字母、汉语拼音、数字、符号等方式暗示医疗作用或者进行虚假宣称。
4. 使用尚未被科学界广泛接受的术语、机制编造概念误导消费者。
5. 通过编造虚假信息、贬低其他合法产品等方式误导消费者。
6. 使用虚构、伪造或者无法验证的科研成果、统计资料、调查结果、文摘、引用语等信息误导消费者。
7. 通过宣称所用原料的功能暗示产品实际不具有或者不允许宣称的功效。
8. 使用未经相关行业主管部门确认的标识、奖励等进行化妆品安全及功效相关宣称及用语。
9. 利用国家机关、事业单位、医疗机构、公益性机构等单位及其工作人员、聘任的专家的名义、形象作证明或者推荐。

10. 表示功效、安全性的断言或者保证。

11. 标注庸俗、封建迷信或者其他违反社会公序良俗的内容。

12. 法律、行政法规和化妆品强制性国家标准禁止标注的其他内容。

二、化妆品功效宣称评价规范

化妆品功效宣称评价的方法应当具有科学性、合理性和可行性，并能够满足化妆品功效宣称评价的目的。化妆品功效宣称评价试验包括人体功效评价试验、消费者使用测试和实验室试验。为规范和指导化妆品功效宣称评价工作，国家药品监督管理局发布实施了《化妆品功效宣称评价规范》，自 2021 年 5 月 1 日起施行。对化妆品功效宣称评价项目的要求，如表 2-4-1 所示。

表 2-4-1　化妆品功效宣称评价项目要求

序号	功效宣称	人体功效评价试验	消费者使用测试	实验室试验	文献资料或研究数据
1	祛斑美白①	√			
2	防晒	√			
3	防脱发	√			
4	祛痘	√			
5	滋养②	√			
6	修护②	√			
7	抗皱	*	*	*	△
8	紧致	*	*	*	△
9	舒缓	*	*	*	△
10	控油	*	*	*	△
11	去角质	*	*	*	△
12	防断发	*	*	*	△
13	去屑	*	*	*	△
14	保湿	*	*	*	*
15	护发	*	*	*	*
16	特定宣称（宣称适用敏感皮肤、无泪配方）	*	*		
17	特定宣称（原料功效）	*	*	*	*
18	宣称温和（无刺激）	*	*	*	△
19	宣称量化指标的（时间、统计数据等）	*	*	*	△
20	宣称新功效	根据具体功效宣称选择合适的评价依据			

注：选项栏中画√的，为必做项目；选项栏中画*的，为可选项目，但必须从中选择至少一项；选项栏中画△的，为可搭配项目，但必须配合人体功效评价试验、消费者使用测试或者实验室试验一起使用。

①通过物理遮盖作用发挥祛斑美白功效，且在标签中明示为物理作用的，可免予提交产品功效宣称评价资料。

②如功效宣称作用部位仅为头发的，可选择体外真发进行评价。

自　测　题

一、名词解释

1. 化妆品

2. 特殊化妆品

3. 儿童化妆品

二、单项选择题

1. 不属于化妆品的产品的是（　　）

A. 面霜　　B. 香水
C. 驱蚊液　　D. 防晒喷雾

2. 不属于特殊化妆品产品功效的是（　　）
A. 祛斑　　B. 祛痘
C. 防晒　　D. 防脱发

3. 化妆品的首要特性的性质是（　　）
A. 严格的安全性　　B. 相对的稳定性
C. 良好的使用性　　D. 一定的有效性

4. 关于化妆品标识的规定，说法错误的是（　　）
A. 儿童化妆品应当在销售包装展示面标注儿童化妆品标志
B. 化妆品产品中文名称一般由商标名、通用名和属性名三部分组成
C. 化妆品成分要按照各成分在产品配方中含量的降序列出
D. 中文标签同一可视面上外文字体的字号可以大于相应的规范汉字的字号

5. 下列选项中可以在化妆品功效宣称中使用的是（　　）
A. 使用医疗术语明示产品具有医疗作用
B. 表示功效、安全性的保证
C. 利用国家机关工作人员作证明
D. 使用真实的统计资料、调查结果等信息

三、简答题

1. 简述化妆品的作用。
2. 简述化妆品中文名称的一般组成。

（杨怡君）

第3章 美容化妆品的原料

学习目标

1. 素质目标

（1）培养学生对化妆品原料法规的遵守意识，强调化妆品原料知识及其科学性的重要性。

（2）增强学生的专业伦理观念和责任感。

2. 知识目标 让学生掌握我国化妆品原料的管理要求及化妆品原料的分类与特性。

3. 能力目标 提高学生分析和应用化妆品原料的能力。

化妆品是由不同功能的原料按一定的科学配方组合，通过一定的混合等加工技术制得的化工产品，其特性及质量除与配制技术及生产设备等有密切关系外，主要决定于构成它的原料。掌握化妆品原料的结构、性能和特点，才能正确、灵活运用各类原料，制造出各种新颖的产品。

第1节 化妆品原料管理概述

一、化妆品原料管理法规

我国对于化妆品原料的管理有着严格且完善的法规体系，其中《已使用化妆品原料目录（2021年版）》和《化妆品安全技术规范》是重要的指导性文件。

《已使用化妆品原料目录（2021年版）》明确列出了在我国已经被使用的化妆品原料名称，共收录8972种物质，为化妆品生产企业提供了清晰的原料选择范围。这一目录有助于保障化妆品原料使用的合法性和规范性，防止企业随意使用未经批准或未经验证的原料。

《化妆品安全技术规范》对化妆品原料的安全性做出了详细规定，不但列出化妆品禁用原料目录、限用原料目录和准用原料目录，还涵盖了原料的质量要求、使用限制、允许的最大浓度、禁用原料等关键内容。《化妆品安全技术规范》要求化妆品原料必须符合特定的安全标准，以确保消费者在使用化妆品时不会受到健康损害。

在实际的化妆品生产中，企业必须严格遵循这两部规范性文件。对于目录中列出的原料，应按照规定的条件和限制进行使用；对于禁用原料，坚决不得在产品中出现。同时，企业有责任对所使用的原料进行安全性评估和质量控制，确保其符合《化妆品安全技术规范》的要求。

相关监管部门会依据这些规范性文件，对化妆品原料的使用进行监督和检查，对违规行为予以严厉处罚，从而保障化妆品市场的安全与秩序，维护消费者的合法权益。未来，随着科学技术的不断进步和消费者需求的不断变化，我国化妆品原料管理法规体系也将不断完善和更新。

二、化妆品原料分类管理

化妆品原料种类繁多且性能各异，我国的《化妆品监督管理条例》，对化妆品原料按照风险程度实行分类管理。化妆品原料分为新原料和已使用的原料。

在我国境内首次使用于化妆品的天然或者人工原料为化妆品新原料，将化妆品新原料分为具有较高风险的新原料和其他新原料，分别实行注册和备案管理。具有防腐、防晒、着色、染发、祛斑美白功能的化妆品新原料，经国务院药品监督管理部门注册后方可使用；其他化妆品新原料应当在使用前向国务院药品监督管理部门备案。

第 2 节　化妆品原料概述

化妆品的特性和品质在一定程度上取决于原料，化妆品原料按性质和用途分为基质原料、辅助原料和功能性原料。

一、基 质 原 料

基质原料是根据化妆品类别和形态要求，赋予产品剂型特征的组分，是化妆品配制必不可少的原料。基质原料主要有油脂和蜡类原料、粉质原料、溶剂原料等。

（一）油脂和蜡类原料

1. 油脂和蜡类原料的分类　油脂和蜡类原料是组成乳霜类及油剂类产品的基质原料，在配方中往往用量较大。常见的油脂和蜡类原料如下。

（1）动植物油脂和蜡类原料　此类原料是化妆品中最为常用的一类安全性较高的油性原料，其中植物油脂主要有橄榄油、椰子油、杏仁油、月见草油、乳木果油等；动物油脂主要有水貂油等。动物蜡主要有蜂蜡、鲸蜡等；植物蜡主要包括巴西棕榈蜡、霍霍巴蜡等。下表列出了常用动植物油脂和蜡类原料在化妆品中的主要功用（表 3-2-1）。

表 3-2-1　常用动植物油脂和蜡类原料在化妆品中的主要功用

名称	主要功用
橄榄油	可滋润皮肤黏膜，用于各种高级香皂、护肤乳霜、按摩膏、护发素等化妆品中
椰子油	略有刺激性，皂化后主要用于香皂、浴液等化妆品中
月见草油	优良的润肤剂，可降低低密度脂蛋白，用于健美化妆品中及高级化妆品中
杏仁油	性质温和、稳定，可用于发油、按摩膏及护肤乳霜等化妆品中
乳木果油	易被皮肤吸收，对干裂皮肤及晒斑、湿疹和皮炎引起的皮肤失调具有康复作用，可用于护肤乳霜、防晒霜和婴儿护肤品中
水貂油	有较好的紫外线吸收和抗氧化性能，渗透性好，易于吸收，用于护肤乳霜、护发素和唇膏等化妆品中
蜂蜡	几乎可以和所有的油脂或蜡类配伍，用于发蜡、胭脂、唇膏、睫毛膏等美容修饰化妆品中
鲸蜡	用于制备冷霜和对光泽及稠度要求较高的乳液，也用于唇膏等产品中
霍霍巴蜡	用于护肤乳霜、护发素、沐浴液等化妆品中
巴西棕榈蜡	用于唇膏和睫毛膏等化妆品中

（2）矿物油脂和蜡　矿油和蜡是指以石油、煤为原料精制得到的烃类成分，该类原料价格便宜、来源方便、性质稳定，常用的有液状石蜡（白油）、凡士林等。

（3）高级脂肪酸与高级脂肪醇　多来源于动植物油脂、蜡的水解产物。常用的有月桂酸、肉豆蔻酸、棕榈酸、硬脂酸、鲸蜡醇、硬脂醇。

（4）合成油脂和蜡　是化妆品中油脂和蜡类原料的一个重要来源，可分为两类：一类是天然油脂和蜡类原料的衍生物，属于半合成原料，如角鲨烷、羊毛脂衍生物等；另一类是全化学合成的油脂和蜡类原料，如聚硅氧烷等。

2. 油脂和蜡类原料的作用　油脂的主要成分是甘油三酯，在化妆品中具有多方面的作用如下：

（1）屏障作用　可在皮肤表面形成憎水性（疏水性）油膜，抑制水分蒸发，抵御外部有害物质的侵袭。

（2）清洁作用　油脂可溶解皮肤上的污垢而便于清洗。

（3）滋润作用　油脂可使皮肤光滑并具有弹性，使毛发柔顺、光泽。

（4）乳化作用　高级脂肪酸及高级脂肪醇在乳液产品中具有辅助乳化的作用。

蜡是高级脂肪酸与醇形成的酯。蜡类原料可作为赋形剂，赋予产品一定的外观形态，还可稳定和提高产品的性能和质量。

（二）粉质原料

粉质原料是化妆品中的一类重要基质原料，主要用于爽身粉、香粉、粉底、胭脂等粉类化妆品中，其用量占产品配方总量的30%～85%，主要起遮盖、吸收、滑爽、附着和延展等作用。化妆品常用的粉质原料及功用，见表3-2-2。

表3-2-2　化妆品常用的粉质原料及功用

名称	主要功用
滑石粉	延展性在粉质原料中是最好的，附着性差，主要用于制造香粉、胭脂、爽身粉等
二氧化钛	遮盖力及着色力最强，同时也具有较好的附着性，主要用作香粉、粉饼及粉底等彩妆化妆品的遮盖剂
氧化锌	具有较强的遮盖力和附着力，对皮肤具有收敛性和杀菌性，主要用于香粉类化妆品
硅藻土	有很强的吸附功能，可清洁角质、清洁皮肤。用于面膜、粉底和香粉等化妆品
高岭土	黏附作用强，可抑制皮脂分泌，用于制造香粉、粉饼、胭脂等
碳酸钙	具有良好的吸收性，多用于香粉、粉饼等粉类化妆品
硬脂酸锌	有良好的黏附性和润滑性，用于胭脂、香粉等化妆品

（三）溶剂原料

溶剂原料在化妆品配方中主要起到溶解作用，同时具有滋润、保湿、收敛、增塑等作用，是绝大多数化妆品中必不可少的一类组分。

1. 水　是一种优良的溶剂，化妆品生产用水需去除水中的无机离子，达到纯水的要求，不含或尽量少含微生物。常选用去离子水或蒸馏水。

2. 醇类　低碳醇是香料、油脂的溶剂，使化妆品具有清凉感，并具有杀菌作用。常用的有乙醇、丙二醇、正丁醇等。

二、辅助原料

化妆品的辅助原料是指为化妆品提供某些特定性能而加入的除基质原料以外的所有原料，如香料、色素、防腐剂、抗氧化剂、表面活性剂、保湿剂等，对化妆品的成型、稳定、色泽、香气等方面起着重要作用，尽管用量较少，却是必不可少的，也包括各种功能性添加剂。

（一）表面活性剂

表面活性剂在化妆品中主要可用作清洁剂、乳化剂和增溶剂等。

1. 清洁剂　是通过润湿皮肤表面，乳化或溶解体表的油脂，使体表的污垢悬浮于其中以达到清洁作用的物质，常用于洗发液、沐浴液、洗面奶等洗涤类化妆品。化妆品用清洁剂主要以阴离子表面活性剂为主，常用的阴离子表面活性剂有月桂醇硫酸酯钠、月桂醇聚醚硫酸酯钠、月桂醇聚醚硫酸铵等。理想的清洁剂要求泡沫丰富、脱脂力适中、刺激性低。

2. 乳化剂　是指通过降低液体的表面张力，将互不相溶的液体均匀分散，形成分散体系的一类表面活性剂，可分为水包油（O/W）型乳化剂和油包水（W/O）型乳化剂。乳化剂一般以非离子表面活性剂与阴离子表面活性剂为主，常用的有硬脂醇聚醚-6、硬脂醇聚醚-25、甘油硬脂酸酯、月桂醇硫酸酯钠等。

3. 增溶剂　是促使原本不溶的物质溶解在某种溶剂中的表面活性剂。在水溶性透明啫喱中，一般需要加入少量不溶于水的润肤剂、香精等原料，为得到透明的啫喱产品，需要在配方中加入增溶剂。增溶剂一般是亲水亲油平衡值（HLB 值）较大的非离子表面活性剂，如 PEG-40 氢化蓖麻油、PEG-60 氢化蓖麻油等。

（二）香料和香精

在常温下能够散发出香气的物质叫作香料，将若干种香料按一定的比例和顺序调制成具有一定香气的调和香料就是香精，香精的香型和用量恰当，质量上乘，不仅能掩盖产品中原料的不良气味，还能给使用者带来愉悦感，提高对产品的喜爱程度。理想的化妆品用香精要求无刺激，不致敏。

（三）着色剂

着色剂是指具有鲜明浓烈色彩，可赋予产品特定颜色和外观的一类物质，是化妆品中不可缺少的原料。化妆品用着色剂分为有机合成色素（包括染料、色淀、颜料）、无机颜料和天然色素，其使用必须严格遵守新版《化妆品安全技术规范》中关于化妆品组分中限用着色剂的使用范围和浓度的规定。

（四）防腐剂

防腐剂是指能够防止或抑制微生物生长和繁殖的物质。在化妆品中，防腐剂用来保护产品，使产品免受微生物污染，延长产品的货架寿命。防腐剂对人体有一定刺激性，易引起化妆品导致的过敏性皮炎，属于限用类化妆品原料。我国《化妆品安全技术规范（2015 年版）》规定，在我国获准使用的化妆品防腐剂有 51 种。每种获准使用的防腐剂都规定了最大允许使用浓度，有的防腐剂还规定了使用范围或限制条件。理想的防腐剂要求无色、无臭，低浓度，具有广谱抗菌活性，与化妆品原料相容性好，在较广 pH 值下均有活性，对人体和环境安全。

（五）抗氧化剂

抗氧化剂是指能够防止和减缓油脂等化妆品成分氧化酸败的物质。理想的抗氧化剂应该安全无毒，稳定性好，与其他原料配伍性好，低用量就具有较强的抗氧化作用。化妆品中的抗氧化剂根据化学结构的不同大体上可以分为五类：酚类、胺类、有机酸、醇类、无机酸及其盐类。常用的抗氧化剂有生育酚（维生素 E）、丁基羟基茴香醚（BHA）及二丁基羟基甲苯（BHT）等。

（六）水溶性高分子化合物

水溶性高分子化合物具有增稠、增黏、保护胶体、稳定泡沫、成膜、润滑、保湿、营养等作用，是面膜和凝胶型化妆品的主要原料。早期化妆品中常用的高分子水溶性化合物多来自天然动植物，如海藻酸钠、果胶、黄原胶、瓜尔豆胶等，现代化妆品中大都为合成或天然改性水溶性高分子化合物，如聚乙烯醇、聚氧乙烯、聚乙二醇、甲基纤维素、乙基纤维素、羟丙基纤维素、变性淀粉等。

三、功能性原料

多样化的化妆品，满足了顾客多样的需求，也为解决不同类型的皮肤问题提供了保障。化妆品的功效主要是依靠在基质中添加功能性原料实现的，以下就常见的功效化妆品介绍其中的功能性原料。

（一）清洁功效化妆品原料

面部清洁是保证皮肤健康的关键步骤，也是护肤的首要步骤。清洁功效类化妆品主要包括洁面类化妆品和卸妆类化妆品两方面，起清洁作用的主要成分是表面活性剂。与传统的洗涤剂、清洗品不同，清洁功效化妆品的表面活性剂选择必须考虑人体皮肤的生理作用，需在保障皮肤正常生理作用的前提下有效地清除皮肤污物，实现温和、安全和效率并重。

（二）保湿功效化妆品原料

所谓保湿类化妆品，就是化妆品里面含有保湿成分，能保持皮肤角质层一定的含水量，能增加皮肤水分、湿度，以恢复皮肤的光泽和弹性。保湿功效化妆品主要通过添加保湿剂来保持皮肤水分的平衡，可以通过补充重要的油性成分、亲水性保湿成分和水分，并且作为活性成分和药剂的载体，使之易被皮肤所吸收，达到调理和营养皮肤的目的，使皮肤滋润、健康。保湿剂主要分油性保湿剂和水性保湿剂两类。

（三）美白功效化妆品原料

皮肤内的黑色素是影响机体美白程度的重要原因，当皮肤细胞受到紫外线辐射，皮肤细胞就会产生黑色素，黑色素积累、聚集并在皮肤表层沉淀，从而影响皮肤色泽。在黑色素细胞中，酪氨酸经过多种酶的作用和氧化反应最终形成黑色素。美白成分就是通过抑制黑色素形成过程中酶的活性，或通过影响黑色素细胞活性、黑色素代谢等途径减少皮肤中的黑色素。

（四）防晒功效化妆品原料

防晒剂是一类通过反射或吸收作用以防止紫外线伤害皮肤的物质，迄今为止，各国用于化妆品中的防晒剂有 60 余种，由于防晒剂在防护皮肤的同时，也具有一定的副作用，全球范围内多个国家和国际组织都对防晒剂进行了一些限制。按防护作用机制，防晒剂可分为物理紫外线屏蔽剂、化学紫外线吸收剂，还有来源于天然植物的紫外线吸收剂。

（五）抗衰老功效化妆品原料

衰老是生命进程的自然现象，虽然不可阻挡，但人们可通过一些手段来减缓衰老的步伐，抗衰老化妆品就是这样一类以延缓皮肤衰老为目的的化妆品。根据作用机制，抗衰老功效化妆品原料可分为：①具有保湿和修复皮肤屏障功能的原料，主要有甘油、吡咯烷酮羧酸钠、乳酸和乳酸钠、神经酰胺以及透明质酸等；②促进细胞增殖和代谢能力的原料，如细胞生长因子（包括表皮生长因子、成纤维细胞生长因子、角质细胞生长因子等）、脱氧核糖核酸（DNA）、维 A 酸酯、果酸、海洋肽、羊胚胎素、β-葡聚糖、尿苷及卡巴弹性蛋白、多肽等；③抗氧化类原料，如维生素 A、维生素 E、辅酶 Q_{10}、超氧化物歧化酶（SOD）、原花青素等。

（六）抗过敏功效化妆品原料

化妆品用的镇定安抚成分主要分两部分：一部分是针对受伤发炎的皮肤，进行消炎镇痛，成分有甘菊蓝、红没药醇、尿囊素、甘草萃取液、甘草酸等；另一部分则是以植物萃取液为主，具有辅助护理的效果，选择从植物中提取的天然成分，降低可能引发的刺激性，如芦荟、甘菊、金缕梅等。

（七）去屑功效化妆品原料

去头屑剂是指具有抗菌、控油和调节代谢及微生态等功能，从而减少附着于头皮、头发的头屑的化妆品原料。头屑的产生是由头部油脂分泌、微生物大量繁殖引起头皮瘙痒，加速头皮细胞的异常增殖引起的。通过抗菌，调节头皮微生态健康、抑制头皮细胞角化速度是减缓头屑产生的主要途径。去屑剂对皮肤有一定的刺激性，属于限用物质。理想的去屑剂要求安全、无刺激，与其他化妆品原料的配伍性好。常用的去屑剂有水杨酸、吡啶酮乙醇胺盐（OCT）、酮康唑、二硫化硒和氯咪巴唑（CLM）等。

（八）祛痘功效化妆品原料

痤疮，又名痘痘，是一种毛囊皮脂腺引起的皮肤病，包含粉刺、丘疹、脓疱、结节、囊肿和瘢痕等不同类型。由于化妆品不是药品，不具有治疗皮肤疾病的作用，只能从控油、收敛、预防炎症性痤疮生成等方面改善皮肤状态，常见成分包含植物萃取物（金盏菊、金缕梅、茶树、白桦树、薰衣草等）、水杨酸、维生素 B_3、壬二酸等。

自　测　题

一、单项选择题

1. 下列关于化妆品原料管理法规的说法，错误的是（　　）
   A.《已使用化妆品原料目录（2021 年版）》明确了原料选择范围，有助于保障原料使用的合法性和规范性
   B.《化妆品安全技术规范》列出了化妆品禁用、限用和准用原料目录，并规定了原料的相关要求
   C. 企业必须严格遵循相关法规，对于禁用原料可少量在产品中出现
   D. 监管部门会依据法规对化妆品原料的使用进行监督和检查，对违规行为予以处罚
2. 下列原料在化妆品中主要用于保湿的是（　　）
   A. 透明质酸　　B. 硅氧烷
   C. 硬脂酸　　D. 水杨酸

二、简答题

1. 简述我国化妆品原料的管理规定。
2. 简述化妆品中添加抗氧化剂的主要作用。

（孙珊珊　谢珍茗）

第4章 美容化妆品相关人体基础科学

学习目标

1. 素质目标

（1）培养学生跨学科理解美容化妆品的能力。

（2）强调实事求是的态度，增强科学意识和专业责任感。

2. 知识目标 使学生掌握与化妆品相关的皮肤、毛发和口腔的基础知识。

3. 能力目标

（1）提高学生分析皮肤、毛发和口腔生理功能的能力。

（2）培养学生评估化妆品成分对皮肤、毛发和口腔等生理功能影响的能力。

（3）指导学生合理选择和使用化妆品，维护皮肤健康。

美容化妆品对人体的护理在于与皮肤、毛发及牙齿的生理特性相协调。通过学习皮肤、毛发及口腔等与化妆品相关的人体基础科学知识，可以更好地理解化妆品对人体的作用。

第1节 与化妆品相关的皮肤知识

大多数化妆品都是涂在人体皮肤表面，与人体皮肤长时间持续接触。使用适宜的、良好的化妆品能起到清洁、保护、美化皮肤的作用；相反，使用不适宜或质量低劣的化妆品，会引起皮肤炎症或其他皮肤疾病。因此，为了更好地研究化妆品的功效，开发与皮肤亲和性好、安全有效的化妆品，有必要了解有关的皮肤科学。

一、皮肤的结构与特点

皮肤由外而内主要包括表皮、真皮和皮下组织。皮肤有屏障作用，能阻止有害物质入侵和防止养分及水分流失，并具有保护、缓冲、吸收、排泄、感觉、调节体温，以及参与物质代谢等作用，而皮肤基本结构与其生理功能息息相关。

（一）皮肤的结构

皮肤是覆盖于整个体表的重要且最大的器官，它不仅具有人体保护覆盖层，而且具有独特的独立功能，与人体的其他器官密切相连，起着保护人体不受外部刺激或伤害的作用。成人的皮肤总面积为 1.5～2.0m^2，重量占人体总重量的 15%～16%，皮肤的厚度为 0.5～4.0mm，并且随年龄、季节、性别的不同而异。一般来说，常与外界接触和易受摩擦，以及负重部位的皮肤较厚，感觉敏锐或不易摩擦部位的皮肤较薄。

皮肤由表皮、真皮和皮下组织构成，除毛发、甲、汗腺、皮脂腺等皮肤附属器外，还含有丰富的神经、血管、淋巴管和肌肉等。皮肤组织结构如图 4-1-1 所示。

1. 表皮　是皮肤最外层，是化妆品发挥功效的主要部位，平均厚度为 0.2mm，根据细胞的不同发展阶段和形态特点，由外向内可分为 5 层。表皮组织结构如图 4-1-2 所示。

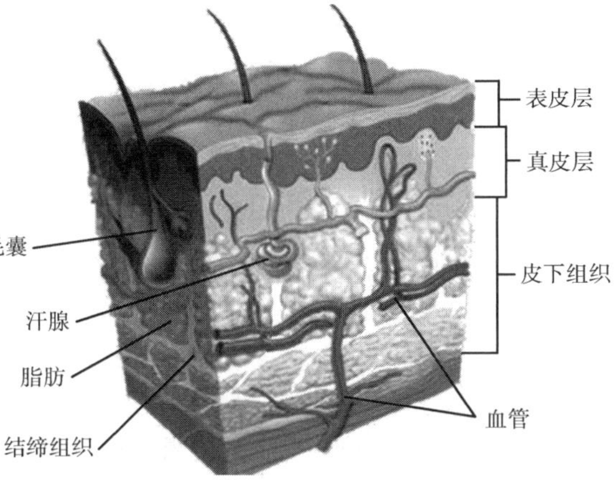

图 4-1-1　皮肤组织结构图

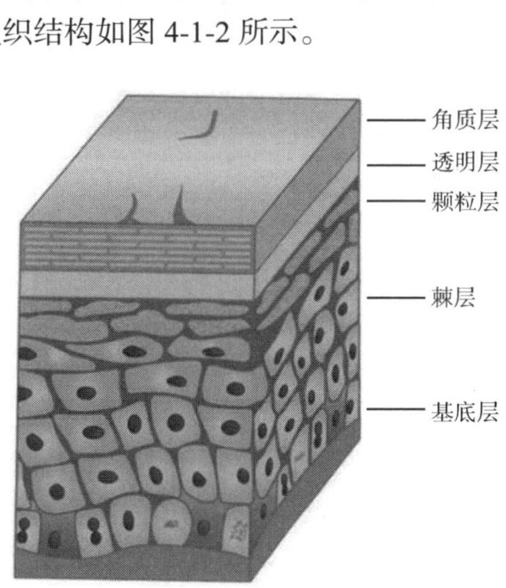

图 4-1-2　表皮组织结构图

（1）角质层　位于皮肤最外层，由数层角化细胞组成，含有角蛋白。它能抵抗摩擦，防止体液外渗和化学物质内侵。角蛋白吸水力较强，一般含水量不低于 10%，以维持皮肤的湿润。如低于此值，皮肤会变得干燥，出现鳞屑或皲裂。角质层越厚，皮肤吸收能力越差，角质层过薄，皮肤易干燥脱屑，易出现发红、敏感现象。

（2）透明层　位于颗粒层上方，由 2～3 层含有角蛋白的死亡扁平透明细胞组成。能防止水分、电解质、化学物质通过，故又称屏障带。此层只在无毛的厚表皮中明显易见，掌、跖部位最明显。

（3）颗粒层　位于棘层的浅层，由 2～3 层较扁的梭形细胞组成。细胞中含有富含组氨酸的蛋白质颗粒，可以将蛋白质释放到细胞间形成多层膜状结构，抵挡外界有害物质侵入皮肤，同时有折光作用，减少紫外线射入体内。

（4）棘层　位于基底层之上，是由皮肤的基底细胞不断增殖形成的细胞层。棘层细胞表面与相邻细胞的突起相连，形成细胞间桥，细胞间桥上可见着色较深的梭形小颗粒——桥粒。细胞间桥粒很突出，像棘突一样，故称为棘层。

（5）基底层　又称生发层，位于表皮底层，细胞呈单层立方状，借半桥粒与基底膜带相附着，垂直排列成栅栏状。基底细胞间含有黑色素细胞，占整个基底细胞的 4%～10%，能产生黑色素，并决定着皮肤颜色的深浅。

2. 真皮　皮肤的真皮层来源于中胚叶，由纤维、基质、细胞构成。

（1）纤维　真皮中纤维有胶原纤维、弹力纤维、网状纤维三种。

1）胶原纤维是真皮的主要成分，约占 95%，集合组成束状。在乳头层纤维束较细，排列紧密，走行方向不一，不相互交织。

2）弹力纤维位于网状层下部较多，盘绕在胶原纤维束下及皮肤附属器周围。除赋予皮肤弹性外，也构成皮肤及其附属器的支架。

3）网状纤维被认为是未成熟的胶原纤维，环绕于皮肤附属器及血管周围。在网状层，纤维束较粗，排列较疏松，交织成网状，与皮肤表面平行者较多。由于纤维束呈螺旋状，故有一定伸缩性。

（2）基质　真皮中基质是一种无定形的、均匀的胶样物质，充塞于纤维束间及细胞间，为皮肤各种成分提供物质支持，并为物质代谢提供场所。

（3）细胞　真皮中细胞主要有成纤维细胞、组织细胞和肥大细胞。①成纤维细胞能产生胶原纤维、弹力纤维和基质。②组织细胞是单核/吞噬细胞系统的一个组成部分，具有吞噬微生物、代谢产物、色素颗粒和异物的能力，起着有效的清除作用。③肥大细胞存在于真皮和皮下组织中，真皮乳头层最多，主要作用包括参与免疫应答与炎症反应等。

3. 皮下组织 由疏松结缔组织和脂肪组织组成，位于真皮下部，由结缔纤维束和大量脂肪组织所构成，又称皮下脂肪组织。皮下组织为真皮和表皮输送营养物质，促进表皮细胞的新陈代谢。在皮下组织丰富的部位，皮肤不容易产生皱纹，如腮部。而皮下组织较薄的部位，极容易产生皱纹，如眼部。

4. 皮肤附属器 主要是指汗腺、皮脂腺、毛发、指（趾）甲等。

（1）汗腺 根据分泌性质的不同，汗腺可分为局泌汗腺和顶泌汗腺两类。汗腺可以分泌汗液，调节体温。

（2）皮脂腺 广泛分布于全身，是皮肤的重要腺体。其分泌的皮脂可润滑皮肤、毛发，防止皮肤水分流失，还可抑制皮肤真菌、细菌的滋生等。在青春期分泌的皮脂相对旺盛，随着年龄的增长，皮脂腺分泌能力逐渐下降，导致皮肤干燥。

（3）毛发 分长毛、短毛、毫毛三种。毛发的主要功能是帮助机体调节温度。

（4）指（趾）甲 是手指或足趾末端延伸出来的紧密而坚实的角化上皮，指（趾）甲的主要功能是保护，它保护其下的柔软甲床在工作中少受损伤，并帮助手指完成较精细的动作。

（二）皮肤的生理功能

皮肤的生理功能是使体内各种组织和器官免受外界机械性、物理性、化学性或生物性侵袭或刺激，以维持机体的健康；其高度发育的神经感受器与神经传导系统，将外界环境的刺激与中枢神经系统联系起来，通过神经的调节使机体更好地适应外界的变化，维持机体的平衡及与外界环境的统一。

1. 皮肤的功能

（1）保护作用

1）对机械性损伤的防护：表皮角质层致密而柔软，对外界刺激有保护作用；真皮中胶原纤维、弹力纤维和网状纤维交织成网，具有伸展性和弹性；皮下脂肪具有缓冲作用，能够避免外界的机械冲击直接传递到身体内部，起到缓冲外部压力的作用。因此，在一定程度上，皮肤对外界的各种机械刺激，如摩擦、牵拉、挤压及冲撞等具有一定的防护能力，并能迅速恢复正常状态。

2）对低电压、电流损伤的防护：角质层含水量低，电阻值高，对低电压、电流有一定的阻抗能力。

3）对紫外线损伤的防护作用：角质层具有反射光线及吸收波长较短的紫外线（100～275nm）的功能。棘层、基底层细胞和黑色素细胞可吸收波长较大的紫外线（275～315nm）。黑色素颗粒有反射和屏蔽光线的功能，从而减轻光线对细胞的损伤。因此，适量日光照射可促进色黑素细胞产生黑色素，增强皮肤对日光照射的耐受性。

4）对微生物的防疫作用：皮肤表面由皮脂包覆着，呈弱酸性，pH 4.5～6.5，在健康、完整、洁净的皮肤上，致病菌难以生存、繁殖，也难以侵入体内。

5）防止体液丢失：皮肤的多层结构、致密的角质层和由皮脂腺分泌的皮脂，在皮肤表面与汗液及水分形成乳化脂类薄膜，可防止皮肤水分过度蒸发和体外水分的渗透，使角质层滋润，避免角质层的干燥，防止皴裂。正常皮肤屏障与受损皮肤屏障对比如图 4-1-3 所示。

（2）感觉作用 皮肤内含有许多感觉神经末梢，外界刺激作用于皮肤后，神经脉冲通过不同途径传递到中枢神经系统，产生触觉、冷觉、温热觉、痛觉、压觉及痒觉。

（3）体温调节作用 当外界气温降低时，交感神经功能增强，同时立毛肌收缩，皮肤毛细血管收缩，阻止热量散失，防止体温过度降低。当外界气温升高时，交感神经功能减弱，皮肤毛细血管扩张，汗腺功能活跃，促使热量散发，使体温不致过高，皮肤依靠辐射、传导和蒸发来维持人体恒定的体温。

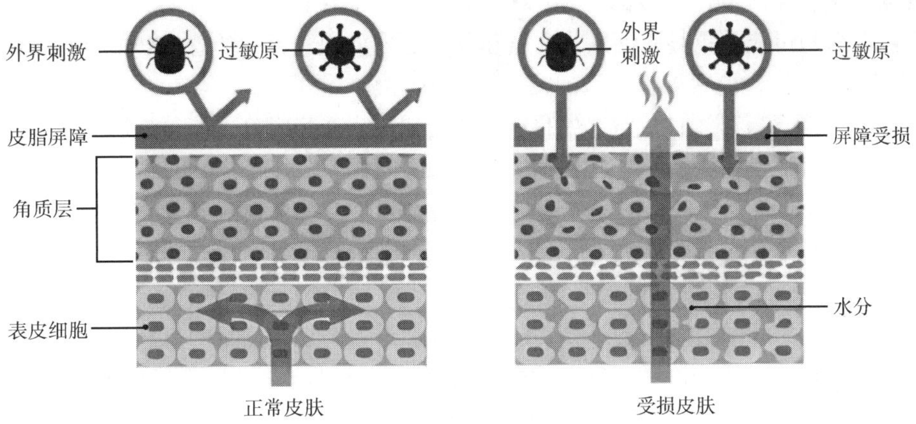

图 4-1-3　正常皮肤屏障与受损皮肤屏障对比图

（4）分泌和排泄作用　主要来源于真皮中汗腺分泌汗液和皮脂腺分泌皮脂。汗液主要由局泌汗腺分泌，汗液含 99.0%～99.5%的水和 0.5%～1.0%的无机盐与有机物质，体内部分新陈代谢产物可通过汗腺排泄。皮脂腺分泌皮脂，成为覆盖皮肤的主要脂质。皮脂腺细胞经历发展、成熟和分裂各阶段，不同皮肤部位的皮脂略有不同。

（5）吸收作用　皮肤具有防止外界异物侵入体内的功能，但也具有选择性地吸收外物的性质，如外用性腺激素和皮质类胆固醇激素均可经过皮肤吸收产生局部或全身影响，有些成分（如汞）也可通过皮肤吸收而引起中毒。能否吸收取决于皮肤的状态、物质性状以及混合有该物质的基剂。吸收量则取决于物质量、接触时间、接触部位和涂敷面积等。

（6）皮肤的其他生理作用　除上述的一些生理作用外，皮肤还有呼吸、代谢、免疫等作用。

2. 常见皮肤问题

（1）痤疮　俗称青春痘、粉刺、暗疮，古代中医又称面疮、酒刺。痤疮是一种发生于毛囊皮脂腺的慢性炎症性皮肤病。多发于头面部、颈部、前胸后背等皮脂腺丰富的部位，主要表现为粉刺、丘疹、脓疱、结节、囊肿等损害，多见于青年男女，影响容貌。

痤疮发病机制仍未完全阐明。痤疮的发生主要与皮脂腺分泌过多油脂、毛囊皮脂腺导管角化、堵塞、痤疮丙酸杆菌感染和炎症反应等因素密切相关。痤疮的发病机制是身体发育导致体内雄激素分泌旺盛，而雄激素支配皮脂腺产生更多皮脂，皮脂与脱落的表皮组织混合后堵塞毛孔引发痤疮。部分患者的发病还受遗传、免疫、内分泌、情绪及饮食等因素影响。

（2）敏感　敏感性皮肤是指易由受刺激而引起某种程度不适的皮肤。这种皮肤一般都比较白皙，毛孔较细小，但非常脆弱，易受刺激。

敏感的发生主要与遗传因素、天生特异体质、环境因素、护理因素、营养因素、精神因素、药物因素、疾病及内分泌紊乱等因素密切相关。敏感性皮肤人群可能由于神经系统的过度反应而对外部刺激产生强烈的反应；可能由于免疫系统的异常调节而对某些刺激产生过度的免疫反应，如过敏反应等。

化妆品中某些成分，如香料、防腐剂、表面活性剂等，可能对皮肤产生刺激作用，引发或加重敏感症状。频繁更换化妆品、使用不适合自己肤质的化妆品、卸妆不彻底等不当的化妆品使用方式也可能引发或加重敏感症状。

（3）色斑　是指局部性的皮肤色素增加而形成的黑色素沉着性、损容性的色素障碍性皮肤疾病。色斑的严重程度可以根据面部皮肤色泽的深浅来判断，多发于面颊和前额部位，日晒后加重，主要发病人群为女性。

色斑有很多类型，常见的有雀斑、黄褐斑、老年斑、晒斑、炎症后色素沉着。其发病原因根据不同的类型有不同的原因，有外在因素，也有内在因素，所表现出来的临床表现也不同，色斑的发病机制主要涉及黑色素细胞的异常活跃和色素沉着的加剧。在遗传、内分泌、紫外线等多种因素的刺激下，黑色素细胞可能变得异常活跃，合成和分泌更多的黑色素；随着皮肤的老化、代谢变慢以及内分泌等因素的影响，色素沉着可能加剧，导致色斑的形成。

某些化妆品可能含有刺激性成分，如香料、防腐剂等，这些成分可能对皮肤产生刺激作用，引发或加重色斑。频繁更换化妆品、使用不适合自己肤质的化妆品、卸妆不彻底等不当的化妆品使用方式也可能引发或加重色斑。一些质量不过关的化妆品可能含有超标的重金属等有害成分，长期使用这类化妆品会对皮肤造成慢性损害，影响皮肤的正常新陈代谢和功能，进而导致色素沉着和斑点形成。

（4）老化　是指生物随着时间的推移，自发的必然过程，它是复杂的自然现象。其表现为结构和功能衰退，适应性和抵抗力降低，皮肤松弛没有弹性，会造成脸部出现严重皱纹。

由于人们的生活环境、生活方式、皮肤保养方法、遗传等诸因素的不同，使得每个人衰老程度及速度具有很大差异。皮肤老化的发病机制是多因素共同作用的结果，包括细胞衰老、遗传因素、激素变化、紫外线辐射、环境污染和生活方式等。这些因素相互作用，导致皮肤结构和功能的逐渐退化。

化妆品中重金属、化学防腐剂、合成色素等有害物质可能破坏皮肤屏障功能，引发过敏反应或炎症反应，导致皮肤老化加速。频繁更换化妆品、使用不适合自己肤质的化妆品、卸妆不彻底等不正确的化妆和使用方法都可能引发皮肤问题，加速皮肤老化。但一些化妆品中添加的抗氧化成分（如维生素 C、维生素 E 等）能够抵御自由基的损害，保护皮肤免受氧化应激的影响，从而延缓皮肤老化的过程。

二、皮肤的分类

（一）皮肤的类型

根据皮肤角质层含水量、皮脂分泌量以及皮肤对外界刺激的反应性等，可将皮肤分为以下五种类型。

1. 中性皮肤　属于理想的皮肤状态。角质层的含水量在 20%左右，皮脂分泌适中，皮肤 pH 4.5～6.5，皮肤紧致、光滑且富有弹性，毛孔细小且不油腻，对外界环境不良刺激的耐受性较好。这种皮肤多见于儿童及青春期前的人群。

2. 干性皮肤　角质层含水量低于 10%，皮脂分泌少。此类皮肤由于缺乏皮脂，难以保持水分，故缺水又缺油，虽然肤质细腻，但是肤色晦暗、干燥且有细小皱纹，洗脸后紧绷感明显。老年人的皮肤多为此种类型。年轻人干性皮肤多为缺水，皮脂含量可以是正常、过多或略低。

3. 油性皮肤　皮脂分泌旺盛，皮肤弹性好，不易出现皱纹，但其皮脂的分泌量与其角质层的含水量（＜20%）不平衡，皮肤看上去油光发亮、毛孔粗大、皮肤色暗且无透明感，容易发生痤疮、毛囊炎及脂溢性皮炎等皮肤病。此种皮肤最常见于青春期及一些体内雄性激素水平高或具有雄性激素高敏感受体的人群。

4. 混合性皮肤　兼有油性皮肤和干性皮肤的特点，即面中部（前额、鼻部、下颌部）为油性皮肤，双侧面颊及颞部为干性皮肤。

5. 敏感性皮肤　也称为敏感性皮肤综合征，它是一种高度敏感的皮肤亚健康状态，处于此种状态下的皮肤极易受到各种因素的激惹而产生刺痛、烧灼、紧绷、瘙痒等主观症状。与正常皮肤相比，敏感性皮肤所能接受的刺激强度非常低，抗紫外线能力弱，甚至连水质的变化、穿化纤衣物等都能引起其敏感性反应。此类皮肤的人群常表现为面色潮红，皮下脉络依稀可见。

（二）皮肤的状态

皮肤状态主要指皮肤的含水程度、敏感性、衰老情况、皱纹等，人的成长经历婴儿期、儿童期、青春期、成年期、老年期，皮肤的状态也随之发生相应的变化。一般来说，婴儿期皮肤娇嫩，含水量高，但抵抗力较弱，易受外界刺激。儿童期皮肤逐渐增厚，弹性增强，但色素沉着开始出现，易受紫外线影响。青春期因激素变化导致油脂分泌旺盛，易出现痤疮等皮肤问题。成年期随着年龄增长，胶原蛋白减少，皮肤开始出现细纹和松弛。老年期皮肤进一步变薄，弹性下降，皱纹增多，色素沉着加重，皮肤屏障功能减弱，易干燥和敏感。每个阶段都需要针对性的皮肤护理。

身体不同部位的皮肤的状态角质层厚薄不同，对化妆品的吸收能力也不相同。掌、跖部角质层较厚，吸收较低。柔软、细嫩、角质层较薄的皮肤容易吸收，如婴儿及儿童的皮肤角质层较薄，吸收作用比成人强。无角质层的黏膜吸收作用较强。如表皮角质层破损，人体失去屏障作用，吸收就会变得非常容易。

（三）皮肤光生物学类型

皮肤光生物类型是由未曝光区皮肤对日晒后的反应性决定的，即日晒后还是红斑（晒伤）和黑化（晒黑）反应程度。大量研究表明，不管是白色人种、黑色人种还是其他的有色人种的皮肤，都存在从Ⅰ型到Ⅵ型各种不同日光反应性皮肤类型，说明皮肤的光生物类型不等同于肤色。对中国女性的一项调查发现，Ⅲ型皮肤占 70%以上，其次为Ⅱ型和Ⅳ型皮肤。具体皮肤分型如表 4-1-1 所示。

表 4-1-1　皮肤光生物学类型及肤色

皮肤类型	红斑	黑化	未曝光区肤色
Ⅵ	从不发生	极易发生，呈黑色	黑色
Ⅴ	罕见发生	容易发生，重度	棕色
Ⅳ	很少发生	容易发生，中度	白色
Ⅲ	有时发生	有时发生，中度	白色
Ⅱ	容易发生	很少发生，轻度	白色
Ⅰ	极易发生	从不发生	白色

第 2 节　与化妆品相关的毛发知识

一、毛发的组织结构

毛发由角化的上皮细胞组成，组织结构如图 4-2-1 所示。下面以头发为例，解读毛发的组织结构。

头发的纵向切面从下向上可分为毛乳头、毛球、毛根和毛干四个部分。露在皮肤外面的部分称为毛干，埋在皮肤里面的部分称为毛根，在毛根下端略微膨大的称为毛球，包含在由上皮细胞和结缔组织形成的毛囊内。毛球下端的凹陷部分称为毛乳头。毛乳头中有来自真皮组织的神经末梢、血管和结缔组织，为毛球提供营养。毛囊位于真皮和皮下组织中，分为内毛根鞘、外毛根鞘、结缔组织鞘。每个毛囊都与一块立毛肌相连，当精神紧张或受到寒冷刺激时，会引起立毛肌收缩。

对毛发的横截面进行观察（图 4-2-2），毛发从外向里可分为毛小皮、毛皮质、毛髓质三个部分。

（一）毛小皮

毛小皮是由扁平角质细胞交错重叠而成的鱼鳞片状结构，从毛根排列到毛梢，包裹着内部的皮质，又称为表皮层或角质层。虽然这层保护膜很薄，只占整个头发的 10%～15%，但具有重要的性能，可以保护头发不受外界环境的影响，保护皮脂并抑制水分的蒸发，保持头发乌黑、亮泽和柔韧。毛小皮由硬质角蛋白组成，膨胀力强，能一定程度抵御外界的物理损伤和化学物质的腐蚀。

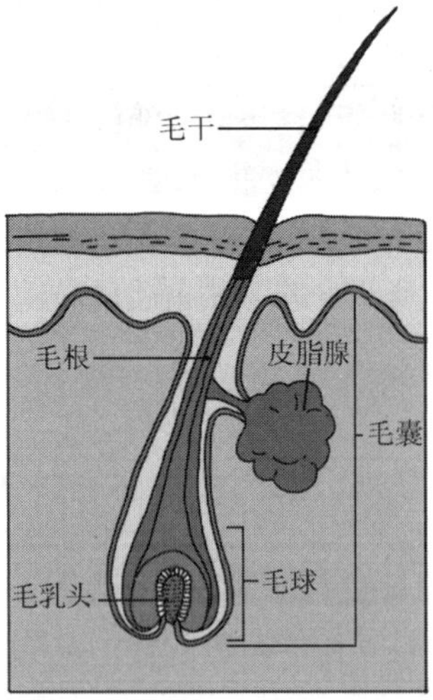

图 4-2-1 毛发的组织结构

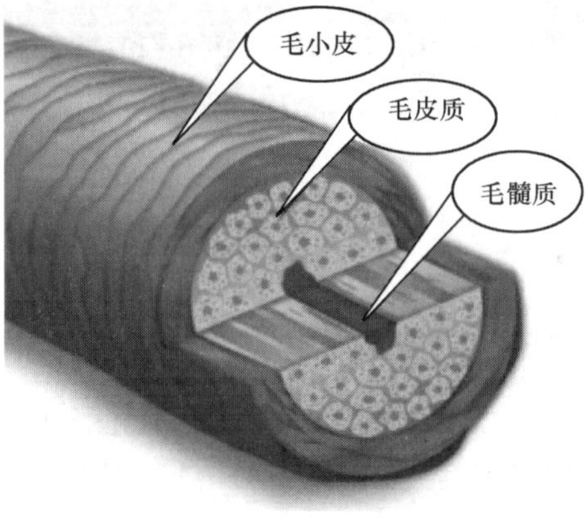

图 4-2-2 毛发横截面结构图

（二）毛皮质

毛皮质位于毛小皮的内侧，由含有黑色素的细小纤维质细胞所组成。纤维质细胞的主要成分是角质蛋白，角质蛋白由氨基酸组成。毛皮质是头发的主要组成部分，几乎占头发的85%～90%，是毛发性能的重要组成部分。

（三）毛髓质

毛髓质位于毛发的中心，含有少量黑色素粒子的空洞性细胞集合体，并排列成1～2排，呈立方体的蜂窝状。它内部有无数个气孔，这些饱含空气的孔洞具有隔热的作用，还可以提高头发的强度和刚性，可以有效保护头发，又几乎不增加头发的重量。较硬的头发含有髓质较多，但汗毛和新生儿的头发往往没有髓质。

二、毛发的分类

（一）按种族分类

毛发的类型很大程度上受种族、年龄、性别、生长的部位和头发粗细等因素的影响。一般来说，黄种人的头发圆而直，横切面为圆形；白种人的头发形拟羊毛，横切面为椭圆形；而黑种人的头发是弯曲的，其横切面介于前面两种之间，如图4-2-3所示。

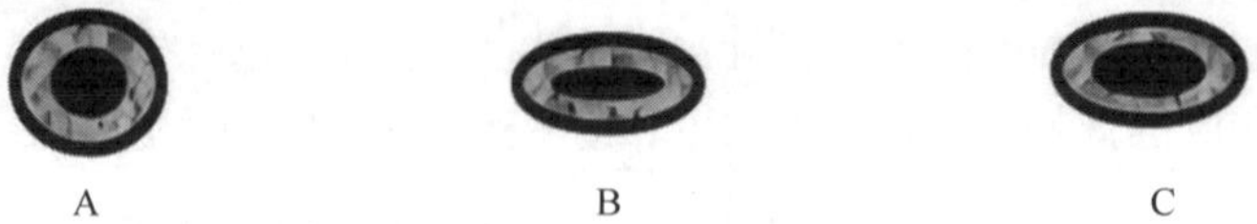

A B C

图 4-2-3 不同种族人群毛发的横截面

A. 黄种人，圆而直，横断面呈圆形；B. 白种人，形似羊毛，横断面呈椭圆形；C. 黑种人，弯曲，横断面介于前面两种之间

（二）按质地分类

毛发按质地特点可分为钢发、绵发、油发、沙发、卷发五种：①钢发，比较粗硬，生长稠密，含水量也较多，有弹性，并且弹力稳固；②绵发，比较细软，缺少硬度，弹性较差；③油发，油脂较多，弹性较强，抵抗力强，弹性不稳定；④沙发，缺乏油脂，含水量少；⑤卷发，弯曲丛生，软

如羊毛。

（三）按毛发外观分类

毛发按外观分类分为：①长毛，如头发、胡须、阴毛及腋毛；②短毛，如眉毛、睫毛、鼻毛、外耳道的毛及四肢、躯干的某些汗毛均属于短毛；③毫毛，指分存于面部、颈部、躯干及四肢的细软短毛。

三、毛发的化学组成

毛发的主要成分是角质蛋白，约占总成分的 97%。因角质蛋白是硬蛋白，不溶于水、稀中性盐、稀酸、稀碱和一般有机溶剂，所以毛发具有角质蛋白的特性。角质蛋白由多种氨基酸组成，其中胱氨酸的含量最高，为头发生长提供营养和成分。头发中各种氨基酸原纤维通过螺旋式和弹簧式的结构相互缠绕交联，形成角质蛋白的强度和柔韧，赋予头发独有的刚韧性能。其中 50%的蛋白质呈螺旋状结构，在 α-螺旋结构中，分子中的亲水基团大部分分布在螺旋周围，可以形成氢键、二硫键和盐键等。头发具有氨基酸和角质蛋白的双重特性，利用这些化学性质，可达到染发和卷发的目的。

头发中二硫键结构是维持头发弹性和形状很重要的结构，如果想要改变头发形状，就要改变这个结构。烫发通常会固定头发，加入还原剂，让头发中的二硫键断裂，赋予头发可塑性，然后再加入氧化剂，让二硫键重新建立，这时候的头发形成它所包裹的形状。

四、毛发的生长

毛发是由胚胎的外层演变而来，毛发生长的速度受年龄、性别、季节和类型等因素影响，头发的生长周期分为生长期、退行期和休止期三个阶段（图 4-2-4）。不同的生长阶段特点如下。

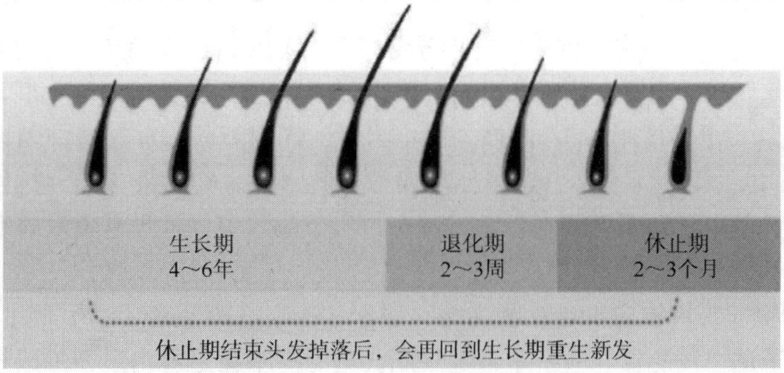

图 4-2-4　毛发的生长周期

（一）生长期

生长期又称成长型活动期，生长期可持续 4～6 年。生长期是毛发生长周期的活跃期，在此期间，构成毛发根部的细胞连续且快速地分裂。这种持续的分裂过程产生了新的头发，被推到了头皮表面，新毛发会取代旧头发，旧头发不再生长。正常情况下，头皮 90%的头发处于生长期。

（二）退行期

退行期又称萎缩期或退化期，为期 2～3 周。这个阶段毛发停止积极生长，形成杵状毛，毛发停止合成黑色素。

（三）休止期

休止期又称静止期或休息期，为期 2～3 个月。在这个阶段，毛囊逐渐萎缩，在已经衰老的毛囊附近重新形成 1 个生长期毛球，最后旧发脱落，但同时会有新发长出，并进入生长期及重复周期。

毛发在生长周期的每个阶段的生长速度随着部位的不同而变化。毛发的生长周期还受到包括激素、基因、营养、环境、生活方式和炎症等多种因素的综合影响，这些因素相互作用，共同决定了毛发的生长状态和健康程度。

五、常见毛发问题

（一）白发

白发指头发部分或全部变白，可分为先天性白发和后天性白发两种。

先天性白发往往有家族遗传史，以局限性白发较为常见，多见于前头发际部。先天性全白发较为罕见，常见于白化病患者。

后天性白发常见于老年性白发和少年白发两种。老年性白发属正常生理现象，多从 40～50 岁开始，通常起于两鬓，逐渐波及全头，随后胡须亦变白。这是由于人体器官的功能日益衰退，毛母黑色素细胞的生成逐渐减慢或停止。头发的颜色也逐渐发生变化，由黑色转灰色，进而发展为白发。少年白发多发生于儿童及青少年，常有家族史，除白发增多外，不影响身体健康。青春时期突然发生白发，其发病的原因有：营养障碍（如缺乏铜、锌、铁及维生素 B_{12} 等），精神状态不佳（如情绪激动、抑郁等）。

有了白发的人要注意保持精神愉快，避免过分紧张和抑郁；加强营养，多食微量元素含量高的食物，如动物的肝、心，蛋类。另外可经常使用含有维生素类的护发化妆品，亦可使用染发剂染黑头发。

（二）脂溢性脱发

引起脂溢性脱发的原因很多，首先，皮脂分泌过多，毛囊口过度角化，影响毛囊营养，使毛囊逐渐萎缩毁坏，引起脱发（油性皮脂溢）；其次，由于头屑过多，加上瘙痒而不断抓挠，长期以来，患部头发多稀疏脱落（干性皮脂溢）；此外，遗传因素、代谢障碍、神经精神因素、内分泌失调、缺乏维生素 B 等，以及卫生不良、汗液及脂垢腐败分解、微生物感染（如马拉色菌）或滥用洗发产品（如使用强碱性肥皂，频繁更换洗发水或洗头过度频繁）等，对此类脱发的发生和发展均可能有一定的影响。

要缓解脂溢性脱发，首先应少食动物脂肪和甜食，多吃蔬菜及富含维生素 B 的食物。注意清洁，避免抓挠。对于油性皮脂溢，应着重清除皮脂，避免皮脂在毛囊内淤积形成栓塞，可选用去污力较强的洗发用品，每周 1～2 次，清除皮脂；对于干性皮脂溢，则需去屑，以及止痒、杀菌和消炎药物，如选用硫黄、水杨酸、硫化硒、樟脑、吡啶硫酮锌、十一碳烯酸单乙醇酰胺琥珀酸酯磺酸钠等，同时适当减少洗头发的次数。

（三）化妆品脱发

头发用化妆品中能引起脱发的主要是烫发剂和染发剂。由于烫发剂中的还原剂巯基乙酸盐，染发剂中的对苯二胺及其衍生物等使头皮产生斑疹，从而引起脱发。特别是烫发剂中的巯基乙酸盐，能够使头发中的二硫键断裂。接触时间越长，二硫键断裂的越多，头发的强度越低，在受力的情况下易造成断发。此外，头发脱色和染发后很快就烫发也会引起断发。当然，上述断发是暂时现象，由于没有病变发生，头发很快就会再生。若化妆品使用不当，或使用劣质化妆品导致头皮和头发病变而引起的脱发，则需要重视。

第 3 节　与化妆品相关的口腔知识

牙齿是消化系统中一个重要组成部分，其主要功能是咀嚼食物。当牙齿咀嚼食物时，会产生压力和触觉，这种触觉的反射，可以传导至胃和肠，引起消化腺的分泌，有助于促进胃肠蠕动，完成消化的过程。牙齿的疾病，除了影响消化系统外，导致疾病的细菌及其产生的毒素，还可通过血液到达身体的其他部位，引起其他器官的疾病。此外，牙齿还有助于发音和端正面形等功能。如果缺失前牙，会导致发音不清晰。咀嚼运动能促进颌骨的发育和牙周组织的健康，单侧咀嚼会造成另一侧颌骨发育不足，面部不对称。牙齿全部缺失，会使面部凹陷，皱纹增加，显得苍老。因此保护好牙齿非常重要。

一、牙齿及其口腔组织的结构

所有牙齿都牢牢地固定在上下牙槽骨内。露在口腔里的部分叫牙冠；嵌在牙槽中看不见的部分称为牙根；中间部分称为牙颈；牙根的尖端叫根尖；牙冠咀嚼食物的一面叫咬合面，如图 4-3-1 所示。

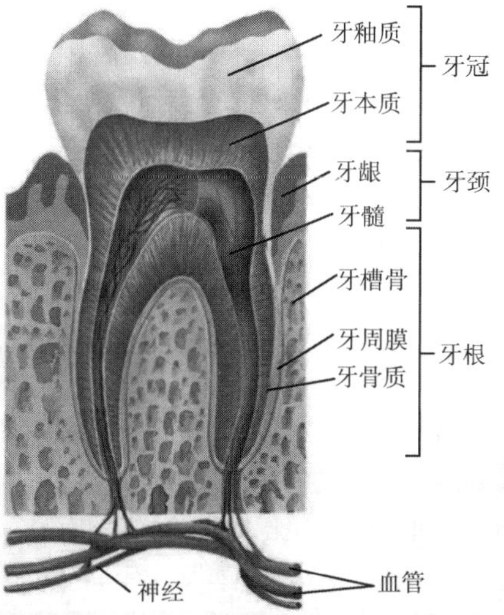

图 4-3-1　牙齿及其周围组织的结构

（一）牙体组织

牙齿的本身叫作牙体，牙体包括牙釉质、牙本质、牙骨质和牙髓四个部分。

1. 牙釉质　牙冠表面覆盖着牙釉质，又称珐琅质。牙釉质的厚度因部位不同而有差异，牙颈部最薄。牙釉质是人体中最硬的组织，几乎与磷灰石同样硬度，在接近牙釉质和牙本质交界处（特别是牙颈），硬度较小。牙釉质的高硬度，使它可以承受数十年的咀嚼压力和摩擦力，将食物磨碎研细，而不会在行使功能中被压碎。

牙釉质为乳白色，具有一定的透明度。薄而透明度高的牙釉质，能透出下方牙本质的浅黄色，使牙冠呈黄白色；厚而透明度低的牙釉质则使牙冠呈灰白色，牙髓已死的牙齿透明度和色泽都会改变。牙釉质内没有血管和神经，可以保护牙齿不受外界的冷、热、酸、甜和各种机械性刺激的影响。

2. 牙本质　是构成牙齿的主体，呈淡黄色，一种高度矿化的特殊组织。冠部牙本质外盖有牙釉质，根部盖有牙骨质。牙本质的硬度低于牙釉，由 70%左右的无机物、30%左右的有机物和水组成。无机物主要为羟基磷灰石微晶，有机物为 19%～21.5%，主要是胶原蛋白，另有少量不游性蛋白和脂类等，牙本质中有很多小管，是牙齿营养的通道，其中有许多极微细的神经末梢。所以牙本质是有感觉的，一旦牙釉质被破坏，牙本质暴露，外界的机械、温度和化学性刺激就会引起牙齿疼痛，这就是牙本质敏感症。

3. 牙骨质　是覆盖在牙根表面的一种很薄的钙化组织，呈浅黄色，硬度不如牙本质，与骨相似，含无机物 45%～50%，有机物和水 50%～55%。无机物中主要以羟基磷灰石为主，有机物主要为胶原蛋白。由于其硬度不高且较薄，当牙骨质暴露，容易受到机械性的损伤，引起过敏性疼痛。

4. 牙髓　位于髓腔内的一种特殊的疏松结缔组织。牙髓能持续形成牙本质，提供抗感染防御机制，维持牙体的营养代谢，如果牙髓坏死，则牙釉质和牙本质因失去营养支持而变得脆弱，牙釉质失去光泽且容易折裂。牙髓被牙本质所包围，牙本质受牙髓的营养支持和神经支配，也保护牙髓免受外界刺激。

牙髓的血管来自颌骨中的齿槽动脉分支，它们经过根尖孔进入牙髓，称为牙髓动脉。牙髓的神经来源于三叉神经的分支，自根尖孔进入牙腔，在牙腔内形成密集的神经纤维丛，牙髓中的神经纤维主要是痛觉的纤维。

（二）牙周组织

牙齿周围的组织称为牙周组织，包括牙周膜、牙槽骨和牙龈。

1. 牙周膜 位于牙根与牙槽骨之间的结缔组织。主要是联结牙齿与牙槽骨，使牙齿固定在牙槽骨中，并调节牙齿所承受的咀嚼压力以及缓冲外来压力，使其不直接作用于牙槽骨。牙周膜是纤维性结缔组织，由细胞、纤维和基质所组成。在牙周膜内分布着血管、淋巴管及神经等。不仅可以提供牙骨质和牙槽骨所需的营养，而且在病理情况下，通过牙周膜的成牙本质细胞和成骨细胞重建牙槽骨和牙骨质。牙周膜一旦受到损害，无论牙体如何完整，也无法维持其正常功能。

2. 牙槽骨 颌骨包围牙根的突起部分，又称为牙槽突。容纳牙齿的凹窝称为牙槽窝，游离端称为牙槽嵴顶。牙槽骨随着牙齿的发育而增长，而牙齿缺失时，牙槽骨也会随之萎缩。牙槽骨是骨骼中变化最活跃的部分，它的变化与牙齿的发育和萌出、乳牙的退化、恒牙移动和咀嚼功能等均有关系。在牙齿萌出和移动的过程中，受压侧的牙槽骨骨质发生吸收，而牵引侧的牙槽骨质再生，临床上即利用这一原理进行牙齿错位畸形的矫正治疗。

3. 牙龈 围绕牙颈和覆盖在牙槽骨上的那部分牙周组织，俗称肉牙。牙龈是口腔黏膜的一部分，由上皮层和固有层组成。其作用是保护基础组织，牢固地附着在牙齿上，它对细菌感染构成重要屏障。

二、常见口腔及牙齿问题

常见牙病主要包括龋病、牙周病和牙本质敏感症等。牙病发病的原因有全身和局部的因素，全身因素包括营养缺乏，内分泌和代谢障碍等；局部因素主要是附着在牙面上的沉积物对牙齿、牙龈和牙周组织的作用。牙面沉积物有软、硬两种。软的是牙菌斑和软垢；硬的是钙化了的牙结石。陈斑、软垢和牙结石与龋齿、牙周病的发病和发展有较密切的关系。

（一）龋病

龋病是牙齿在多种因素影响下，硬组织发生慢性进行性破坏的一种疾病。临床症状主要是初期表现为白色斑块或黄褐色斑点，中后期对冷、热、甜、酸敏感，出现龋洞，疼痛逐渐加剧。治疗不及时可以继发牙髓炎和根尖周炎，甚至能引起牙槽骨和颌骨炎症。如不及时治疗，病变继续发展，可形成龋洞，终至牙冠完全破坏消失，其发展的最终结果是牙齿丧失。龋病是近代人类比较普遍的疾病之一。不分性别、年龄、种族和地区，在世界范围内广泛流行，如图 4-3-2 所示。

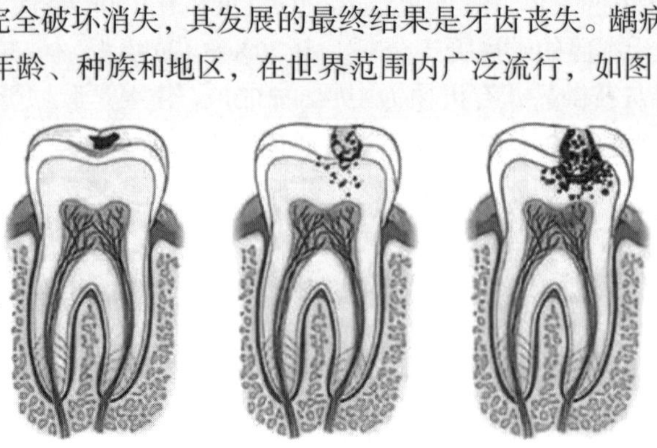

图 4-3-2 龋病按病变侵入深度分类示意图

（二）牙周病

牙周病是指牙齿支持组织发生的疾病，其类型有牙龈病、牙周炎以及咬合创伤和牙周萎缩等，其中牙龈病最为普遍，牙周病是引起成年人牙齿丧失的主要原因之一，也是危害人类牙齿和全身健康的主要口腔疾病。主要表现为牙龈出血，多在刷牙或咬硬物时出现，偶尔自发出血。牙龈慢性炎症扩展到深部牙周支持组织，形成牙周袋，牙齿逐渐松动，最终脱落或拔除。

（三）牙本质敏感症

牙本质敏感症又称牙齿感觉过敏症或过敏性牙本质，是牙在受到外界刺激，如温度（冷、热）、化学物质（酸、甜）以及机械作用（摩擦或咬硬物）等所引起的酸痛症状，其特点为发作迅速、疼痛尖锐、时间短暂。牙齿感觉过敏症是各种牙体疾病共有的症状。

牙本质敏感症并非一种独立的疾病，而是很多种牙体疾病的共有症状，如龋坏、磨损、楔状缺损、外伤牙折、牙釉质发育不全和酸蚀等，使牙本质暴露，可产生该症。有的牙本质并未暴露也会出现上述症状，如更年期女性、妇女月经期、神经症和头颈部放射治疗等，牙本质并未暴露，全口牙齿会出现敏感症状。

自　测　题

一、单项选择题

1. 表皮由外向内可分为五层，分别是（　　）
   A. 角质层、透明层、棘层、颗粒层、基底层
   B. 角质层、颗粒层、透明层、棘层、基底层
   C. 角质层、透明层、颗粒层、棘层、基底层
   D. 角质层、棘层、透明层、颗粒层、基底层
2. 头发的纵向切面从下向上可分为四个部分，分别是（　　）
   A. 毛小皮、毛皮质、毛髓质和毛干
   B. 毛乳头、毛球、毛根和毛干
   C. 毛小皮、毛囊、毛根和毛干
   D. 毛囊、毛皮质、毛髓质和毛干
3. 毛发生长期可持续（　　）
   A. 4～6 年　　B. 2～3 周
   C. 约 3 个月　　D. 2～3 年
4. 牙体包括四个部分，分别是（　　）
   A. 牙釉质、牙本质、牙骨质和牙髓
   B. 牙槽骨、牙冠、牙根和牙颈
   C. 根尖、牙本质、牙髓和牙冠
   D. 咬合面、牙本质、牙冠和牙髓
5. 油水比例平衡，pH 5.0～5.6，含水量为 25%左右；毛孔细小，纹理细腻，皮肤光滑、润泽、有弹性，皮肤类型是（　　）
   A. 干性皮肤　　B. 中性皮肤
   C. 油性皮肤　　D. 混合性皮肤

二、简答题

1. 简述中性皮肤的特性。
2. 简述龋病的临床症状。

（林玉红）

第5章 美容化妆品基础理论

学习目标

1. 素质目标

（1）培养学生对化妆品学科科学性的重视。

（2）培养学生求实求真的科学态度，强化科学素养与专业担当。

2. 知识目标 理解表面活性剂、乳液、抗氧化剂和防腐剂的作用机制，及其在化妆品中的应用。

3. 能力目标

（1）运用化妆品乳化理论分析化妆品性能特点。

（2）运用化妆品防腐技术及抗氧化技术保障化妆品的安全性。

第1节 表面活性剂与化妆品乳化理论

一、表面活性剂理论

（一）表面活性剂的概念

表面活性剂是指能够显著改变其他物质的表面性质（表面张力，表面润湿度等）的物质，作为一类重要的化妆品原料，具有去污、润湿、分散、发泡、乳化、增稠等多种功能。至今，表面活性剂包括皂基、硫酸盐、氨基酸等多种类型，广泛应用于精细化工的所有领域。

（二）表面活性剂的原理

在自然界中存在的任何物质都是以气体、液体或固体三种状态之一存在，两相接触便会产生接触面。通常把固体或液体与气体的接触面称为固体或液体的表面。而把固体与固体、液体与液体或液体与固体的接触面称为界面。表面与界面无本质区别，有时统称为界面。

在没有外力的影响下，液体总是趋向于收缩成为球状，如水银珠和荷叶上的露珠。使液体表面收缩的力是垂直通过液体表面上任一单位长度、与液面相切的收缩表面的力，称为表面张力，其单位通常为牛顿/米（N/m）。

液体表面自动收缩是为了减少表面积，从而降低表面自由能。表面自由能是液体增加单位表面积时能量的增加，单位可用焦耳/平方米（J/m^2）或牛顿/米（N/m）表示。表面自由能与表面张力都是液体的基本物理性质，虽意义不同但单位相同。

（三）表面活性剂的结构特点

表面活性剂分子结构具有两亲性，即同时含有亲水（疏油）基团和疏水（亲油）基团，也被称为两亲化合物。亲水基由一个以上极性基团组成，如羧酸、磺酸、硫酸、氨基、胺基及其盐、羟基、酰胺基、醚键等，具有亲水性质；亲油基由非极性烃链组成，通常是有 8 个碳原子以上的烃链，具有亲油性。以硬脂酸钠（$C_{17}H_{35}COONa$）为例，它就是由亲水基—COONa 和亲油基—$C_{17}H_{35}$ 组成的。同一分子中，极性的基团和非极性的基团分别处于分子的两端，形成不对称的结构。典型的表面活性剂两亲结构如图 5-1-1 所示。

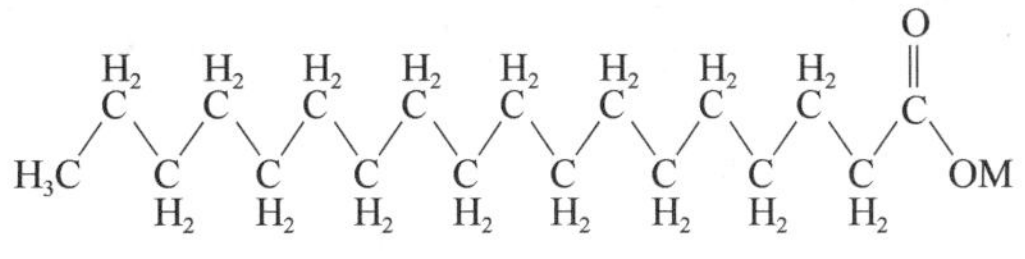

图 5-1-1　表面活性剂结构示意图

表面活性剂分子的独特结构使其具备两大基本特性：①能够在溶液表面形成一层吸附膜，这通常被称作单分子吸附层；②在溶液内部，它们能够自发地聚集形成多种有序分子聚集体，这些聚集体被称为胶束。这种性质使表面活性剂产生了许多应用性能，如乳化、润湿、起泡等。

（四）表面活性剂的分类及作用

1. 表面活性剂的分类　按照亲水基的类型，可以将表面活性剂分为离子和非离子表面活性剂。离子表面活性剂可以在水溶液中发生电离，并产生带正电或带负电的离子。根据亲水基离子的类型，离子表面活性剂可分为阳离子、阴离子和两性表面活性剂。非离子表面活性剂在水溶液中不发生解离，没有离子生成。

（1）离子表面活性剂

1）阴离子表面活性剂：阴离子表面活性剂是表面活性剂领域中历史悠久、产量最高、种类最为丰富的一类产品。按照亲水基结构主要可分为：羧酸盐、硫酸酯盐、磺酸盐及磷酸酯盐等，阴离子表面活性剂在化妆品中的应用主要用作乳化剂、增溶剂、润湿剂和活效组分增效剂，由于价格经济实惠，在毒理学上具有安全性，此类表面活性剂在皮肤和毛发洗涤用品中被大量使用。然而，其不足之处在于对硬水的抵抗能力较弱，与某些配方成分的相容性差。

2）阳离子表面活性剂：阳离子表面活性剂在工业上大量使用的历史不长，但需求量逐年快速增长。阳离子表面活性剂分子结构中包含阳离子基团，大多是有机氮化合物的衍生物，也有一些新型阳离子表面活性剂的正离子电荷由磷、硫、碘和砷等原子携带。根据化学结构，阳离子表面活性剂主要可分为脂肪胺盐、烷基咪唑啉盐、烷基吡啶盐、β-羟基胺、磷化合物。阳离子表面活性剂在化妆品中主要用作护发素中的柔顺剂、抗静电剂，以及杀菌剂等。它们具有良好的杀菌、抗静电及柔顺毛发作用。它们的优点在于能够耐受硬水环境，并且在酸性条件下亦可使用；缺点在于种类较为有限，与配方中其他组分的相容性不佳，刺激性相对较大，因此在实际应用中的采用并不广泛。

3）两性表面活性剂：两性表面活性剂是指在同一分子亲水基中既有阴离子又有阳离子的表面活性剂，这种结构使得两性表面活性剂在不同 pH 介质中可表现出阳离子或阴离子表面活性剂的性质。两性表面活性剂由于其温和性和良好的表面活性，被广泛应用于个人洗护用品，如洗发水、洗手液等及卸妆品和护肤品中。它们可以提供优异的柔软平滑性和抗静电性，有一定的杀菌性和抑霉性，以及良好的乳化性和分散性，可与其他类型表面活性剂混用，但一般不作主表面活性剂。常用于化妆品中的两性表面活性剂主要有氨基酸盐型、甜菜碱型、咪唑啉型、磷酸酯盐型等。

（2）非离子表面活性剂　非离子表面活性剂分子在水中不电离，呈电中性，按照亲水基的种类和结构，可分为聚乙二醇型、多元醇型、烷醇酰胺、聚醚烷基多苷等。应用最多的一类主要是由聚乙二醇基构成的，另外一类就是以多元醇，如甘油、季戊四醇、蔗糖、葡萄糖、山梨醇等为基础构成的。在化妆品领域中，非离子表面活性剂的应用最为广泛，由于其低刺激性，非离子表面活性剂在膏霜、乳液类产品，以及需要增溶的水剂类产品中应用广泛。非离子表面活性剂的优势包括种类繁多、选择范围宽广、适用的 pH 范围广泛、对硬水具有良好的稳定性、乳化能力强、配方兼容性好及低刺激性等；其不足之处在于部分品种的价格相对较高。

（3）特殊类型表面活性剂　有十分优异的应用性能，它们的结构和传统表面活性剂不同，主要有以下几类。

1）氟表面活性剂：指疏水基碳氢链中的氢原子部分或全部被氟原子取代的表面活性剂。这类化合物表面活性很高，既具有疏水性，又具有疏油性，碳原子数一般不超过 10，如氟代醚和全氟代辛酸钠等。

2）含硅表面活性剂：活性介于氟表面活性剂和传统碳氢表面活性剂之间，通常以硅烷基和硅氧烷基为疏水基。

3）高分子表面活性剂：通常将分子量在 2000 以上的称为高分子表面活性剂，根据其来源可分为天然和合成两大系列；高分子表面活性剂起泡性小，洗涤效果差，但其分散、乳化、絮凝、低泡、稳定等作用优良，多用作分散剂或乳化剂等，如聚乙烯醇、聚丙烯酰胺等。

4）生物表面活性剂：是由细菌、酵母等微生物在特定条件下，通过其代谢过程所分泌产生的，具有特定表面活性的代谢产物，如糖脂、多糖脂、脂肽等，其疏水基多为羟基，亲水基是糖脂基、羧基、磷脂基、多羟基等。生物表面活性剂不仅展现出增溶、乳化、湿润、发泡及分散等特性，并能有效降低表面张力，而且还具备无毒、可生物降解、生态友好以及卓越的高表面活性等优势。

在化妆品中目前应用最多的是非离子和阴离子表面活性剂。

2. 表面活性剂的作用与用途

（1）乳化作用及乳化剂　在化妆品领域中表面活性剂应用最广的就是乳化作用。化妆品中的乳液、膏霜等都是油水混合体系，油与水彼此难以溶解，要将油在水中分散或水在油中分散，并形成稳定的分散体系，只有添加了表面活性剂，降低了表面张力才可以实现。这种具有促进油水分散并使分散体系相对稳定的表面活性物质被称为乳化剂，这一作用被称为乳化作用。这种油水分散体系称为乳液，有水包油（O/W）和油包水（W/O）两种基本类型。

（2）增溶作用及增溶剂　表面活性剂具有增大难溶或微溶于水的有机化合物溶解度的能力，使溶液变得透明，这一现象被称作增溶效应，具备此类增溶效果的表面活性剂被称为增溶剂。

（3）洗涤作用及洗涤剂　表面活性剂具有清除人体表面油脂和污垢的作用，被称为洗涤作用，具有洗涤作用的表面活性剂被称为洗涤剂。

（4）润湿作用及润湿剂　润湿指的是固体表面原有的气体被液体所取代的现象，通常采用的液体为水。能够加强这一取代能力的物质被称作润湿剂，而这一过程则被称为润湿作用。

（5）分散作用及分散剂　当固体粉末被添加到液体中时，它们会倾向于聚集并下沉或上浮；通过加入表面活性剂，能够有效减少固体颗粒间的聚集现象，从而使这些颗粒在溶液中保持稳定的悬浮状态。这种使颗粒悬浮溶液得以稳定的作用称为分散作用，具有这种作用的表面活性物质称为分散剂。

（五）表面活性剂的性能指标

1. 胶束和临界胶束浓度

（1）胶束　是由表面活性剂分子在水溶液中形成的有序聚集体，通常在表面活性剂浓度超过某一特定值时自发形成。在胶束结构中，表面活性剂的疏水基团朝向内部，而亲水基团朝向外部，这种结构有助于增溶疏水性物质（图 5-1-2）。胶束的形状和大小可能因表面活性剂的类型和浓度而异，常见的形状包括球形、棒状、蠕虫状和囊泡等。

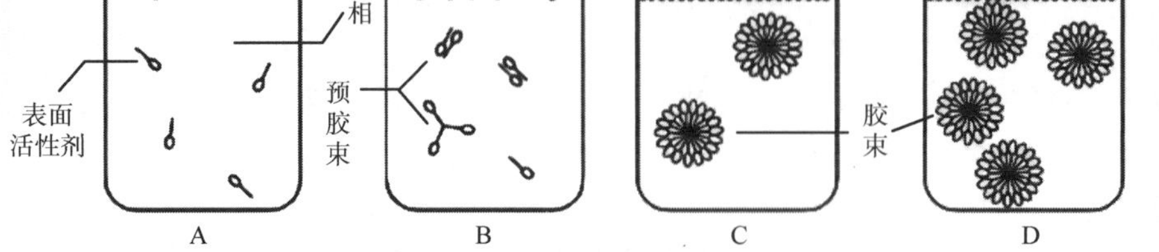

图 5-1-2　胶束形成的过程

A. 分散；B. 部分聚集；C. 胶束形成；D. 胶束数量增加

（2）临界胶束浓度（CMC） 是指表面活性剂溶液中开始自发形成胶束的最低浓度。CMC 是表面活性剂的一个重要特性参数，对于研究表面活性剂的工业应用和生物利用具有关键作用。当表面活性剂的浓度达到 CMC 时，溶液的物理化学性质会发生突变，标志着胶束的形成。CMC 以下，表面活性剂主要以单体形式存在；当表面活性剂浓度超过 CMC 时，胶束的数量随浓度增加而增加，但 CMC 值由表面活性剂分子结构决定，与溶液浓度无关。

2. 亲水亲油平衡值（HLB 值） 表面活性剂的亲油或亲水程度可以用亲水亲油平衡值的大小判别，HLB 值越大代表亲水性越强，HLB 值越小代表亲油性越强。

当前，表面活性剂的 HLB 值均参照以下标准设定：石蜡 HLB=0，油酸 HLB=1，油酸钾的 HLB=20，所有表面活性剂的 HLB 值均落在 0～20 的范围内。HLB 值与表面活性剂的基本性能和应用性能有关。HLB 值在实际应用中有重要参考价值，如表 5-1-1 所示。亲水亲油转折点 HLB 值为 10。HLB 值小于 10 为亲油性，大于 10 为亲水性。根据 HLB 值的不同，表面活性剂在分散系统中呈现不同的作用。

表 5-1-1 HLB 值及其用途

HLB 值	用途	HLB 值	用途
1～3	油包水（W/O）型乳化剂	8～18	水包油（O/W）型乳化剂
3～6	润湿剂	13～15	洗涤剂
7～9	润湿剂	15～18	增溶剂

3. 离子表面活性剂的 Krafft 点 离子表面活性剂在水中的溶解度随温度变化具有特殊性质。通常情况下，溶质的溶解度随温度升高而增加，但离子表面活性剂在水中的溶解度在达到一个特定的温度之前增加缓慢，当温度超过这一特定点时，溶解度会突然急剧增加，这个特定的温度称为 Krafft（克拉夫特）点。

Krafft 点是离子表面活性剂溶解度急剧升高的特征温度点。在 Krafft 点以下，表面活性剂主要以水合晶体的形式存在，而在 Krafft 点以上，表面活性剂开始形成胶束，从而大大增加了其在水中的溶解度，如图 5-1-3 所示。

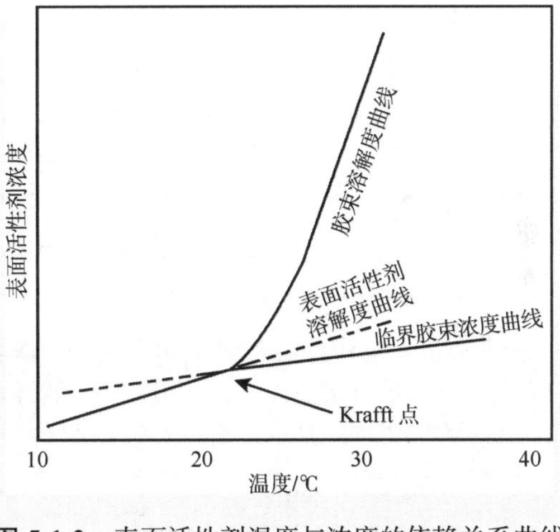

图 5-1-3 表面活性剂温度与浓度的依赖关系曲线

二、化妆品乳化理论

（一）乳液的概述

乳液（emulsion）是指一种或几种液体以微小液滴的形式均匀分散在另一种与其不互溶（或部分互溶）的液体中所形成的分散体系。

乳液的形成通常需要借助乳化剂，乳化剂在油水两相界面上形成定向排列，降低界面张力，使互不相溶的油水两相形成稳定的乳液。乳化剂的选择对乳液的稳定性至关重要。

（二）乳液的分类

乳液是由两种不相混合的液体形成的分散体系，常见的分类方式为根据相和粒径大小来分类。

1. 根据相分类 在化妆品中，常见的乳液一相是水相，另一相是与水不相溶的油相。如果外相是水，内相是油，就称为水包油（O/W）型乳化体系。如果外相是油，内相是水，称为油包水（W/O）型乳化体系。如图 5-1-4 所示。

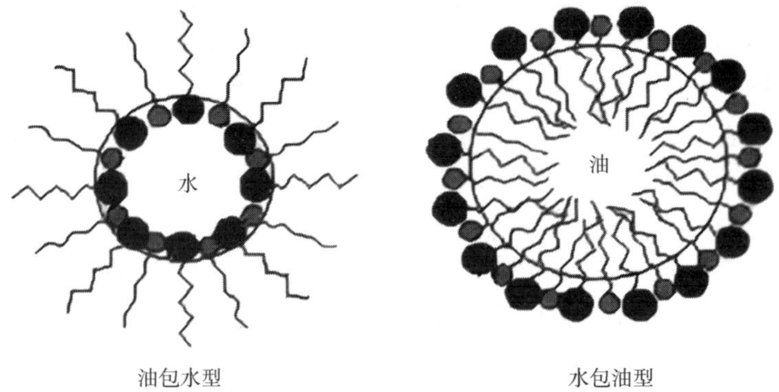

图 5-1-4 水包油型乳化体系和油包水型乳化体系

2. 根据分散相的粒子大小来分类 根据分散相的粒子大小，可以将乳液分为普通结构乳液与特殊结构乳液，特殊结构乳液包括纳米乳液、微乳液、多重结构乳液、液晶结构乳液等。

（1）普通结构乳液 是指分散相粒径大于 1000μm 的乳化体系，乳化体呈现乳白色，大部分普通结构乳液属于热力学不稳定、动力学具有一定稳定性的体系，由于只有简单的 O/W 型乳化体系或 W/O 型乳化体系，该体系在化妆品稳定性和肤感上具有一定的局限性。

（2）微乳液 是由两种或两种以上互不相溶液体与表面活性剂和助表面活性剂组成（或乳化形成）的一种流动、透明、热力学稳定、各向同性的液体，由 T.P. Hoar 和 J.H. Schulman 于 1943 年发现，其分散液滴粒径大小为 1～100μm。

微乳液的稳定性较低，易受到重力、温度等外界因素影响而出现分层或聚集现象。外观多为乳白色或不透明，可以通过简单的机械搅拌或常规乳化设备制备。

（3）纳米乳液 是一种热力学稳定的液体分散体系，由两种不互溶的液体（通常是油和水）组成，其中一种液体以纳米级液滴的形式分散在另一种液体中。这些液滴大小通常为有 10～1000nm。

由于粒径小，纳米乳液具有更高的稳定性，不易发生分层或聚集。其分散相液滴在介质中均匀分布，具有更好的均一性和稳定性。纳米乳液的制备过程通常需要使用高压均质、微射流等技术。

无论是微乳液还是纳米乳液，根据制备技术的不同，它们可被划分为水包油型、油包水型和双连续相型三大类型（图 5-1-5）。

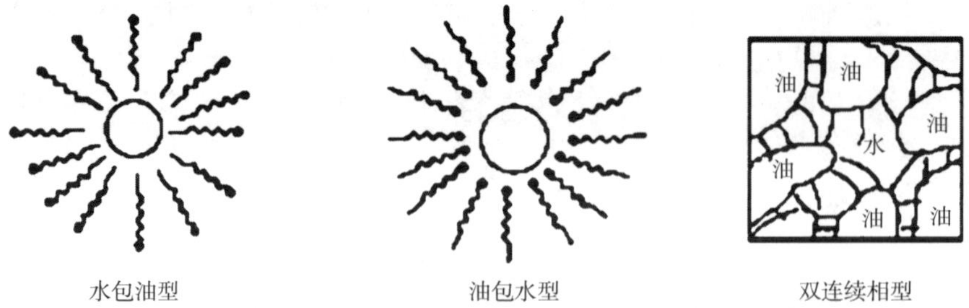

图 5-1-5 微乳液的水包油型、油包水型和双连续相型三种类型

（4）多重结构乳液 是一种复杂的乳液体系，它由两种不相溶的液体（通常是油和水）通过乳化剂的作用，将一种液体以微小液滴的形式分散在另一种液体中，形成的多相分散体系。

常见的多重结构乳液主要有两种类型，即水包油包水（W/O/W）乳液和油包水包油（O/W/O）乳液。

由于其复杂的内部结构，多重结构乳液的液滴尺寸通常大于普通结构乳液，一般在微米级甚至更大。多重结构乳液的稳定性通常比普通结构乳液差，容易受到外界因素（如温度、压力、电解质等）的影响而发生相分离或破坏。但多重结构乳液可以同时携带不同相的物质，提高功效成分的生物利用度，使其在化妆品领域的应用具有很大的潜力。

（5）液晶结构乳液　是近几年来化妆品领域备受关注的乳化体系，这种液晶结构可以使添加到分散相的活性成分更缓慢地释放并促进渗透力。与传统防晒体系相比，液晶结构可协同增效化学防晒剂，使肤感变得清爽。因此，这种特殊结构能有助于特殊化妆品发挥更大的护理美肤作用。

（三）乳液的鉴别

乳液类型的鉴别对于理解乳液的性质和行为至关重要，乳液的类型决定了其稳定性、外观、质点大小以及热力学性质。根据油相（用 O 表示）和水相（用 W 表示）的一些不同特点，可以采用一些简便的方法对乳液的类型进行表面鉴定，主要方法如下。

1. 稀释法　取两滴乳液分别涂于玻片上两处，在这两滴乳液处分别滴入水和油，若液滴在水相中呈均匀扩散，而在油相中不起变化，则该乳液为 O/W 型；若在油相中渐渐溶解，而在水相中不起变化，则为 W/O 型。

2. 染色法　选择一种只溶于油相而不溶于水相的染料，取少量染料加入乳液中，并摇荡。若整个乳液皆被染色，则油相是外相，乳液就为 W/O 型；若只是液珠呈现染料的颜色，则油相是内相，乳液就为 O/W 型。

3. 电导法　多数油相是不良导体，而水相是良导体，通过测定分散体系的导电性即可判断乳液的类型。对 O/W 型乳液，其水相电导高，电阻较低；相反，对 W/O 型乳液则其电阻高。

（四）乳液的稳定性及影响因素

1. 乳液的稳定性　是指乳液在储存和使用过程中保持其原有物理状态和性能的能力，即乳液不发生相分离、析出、变稠、变稀、颜色变化或微生物增长等现象。稳定性好的乳液在使用过程中能保持均一、舒适的肤感和有效的功能性。

2. 影响乳液稳定性的因素

（1）界面张力　乳液是一种热力学不稳定体系。界面张力是两种液体相接触界面处的表面张力，对乳液稳定性有重要影响。界面张力越低，乳液中液滴越易分散，形成更细小液滴，增加界面面积，从而提高乳液稳定性。通常降低界面张力的方法是加入表面活性剂。

（2）界面膜的性质　界面膜的强度和紧密程度是决定乳液稳定性的重要因素之一。乳化剂分子在油水界面形成界面膜，为了得到高强度的界面膜和稳定的乳液，应使用足量的乳化剂，选择适宜分子结构的乳化剂。

（3）界面电荷　乳化剂在液滴界面上的吸附形成带电荷的界面膜，由于带电荷的液滴之间存在静电排斥力，增加液滴表面电荷密度，有助于防止液滴聚集和合并，从而提高乳液的稳定性。

（4）分散介质的黏度　乳液中，分散介质的黏度增大时，会减缓分散相液滴的运动速度，减少液滴间的碰撞和聚结，从而提高乳液的稳定。众多能溶解于分散介质的高分子化合物，常被用作增稠剂，以增强乳液的稳定性。

（5）相体积比　即分散相体积与乳液总体积的比例。分散相体积增大，界面膜面积会随之扩大，造成体系的稳定性降低。当分散相体积增大到一定程度时，乳化剂可以形成两种类型的乳液，可能发生变型。

（6）液滴大小及其分布　乳液中液滴的尺寸及其分布状况对乳液的稳定性具有显著影响，液滴尺寸分布范围越窄，乳液越趋于稳定。在平均粒径相同的条件下，单一分散的乳液相较于多分散的乳液表现出更高的稳定性。

（7）温度　部分乳液在面对温度变化时会出现形态转变。例如，由大量脂肪酸与脂肪酸钠混合形成的膜所稳定的油包水（W/O）型乳液，在温度升高后，会促使脂肪酸更快地扩散至油相中，导致界面膜中的脂肪酸含量减少，进而容易转变为由钠皂稳定的水包油（O/W）型乳液。

（五）乳化技术

乳液的形成过程并非一个自发过程，需要增加额外功来增加体系的能量，根据所需外界输入能量的大小不同，乳化技术可分为高能乳化法和低能乳化法。

1. 高能乳化法　包括高压均质、超声乳化及微射流等，这些均需大量能量输入，以实现将常规乳液中的大液滴通过拉伸与破碎过程，细化成众多微小液滴，故此法特别适用于制备粒径处于纳米尺寸的纳米乳液。尽管高能乳化法在乳液制备中展现出显著效果，但其主要弊端在于能耗巨大，其中仅小部分能量有效用于乳化过程，而大部分则被损耗。不过，该方法亦有其独到之处，即所需的表面活性剂浓度相对较低，这一特点尤其有利于高碳链、高黏度油相纳米乳液的制备。

2. 低能乳化法　是一种不依赖于外部机械装置，而是利用化学能，特别是通过表面活性剂自发曲率变化来制备乳液的方法。由于其制备过程温和且在大规模生产中能显著节能，低能乳化法日益受到人们的重视。该方法主要分为自乳化法和转相法两大类。转相法进一步细分为相转变温度法（PIT）、相转变组分法（PIC）、乳液转相点法（EIP）、D 相乳化法以及液晶乳化法等多种技术。

（六）乳化体系的评价

理想的乳化体系不仅要求具有良好的乳化效果和稳定性，还应考虑安全性、经济性、适应性和加工便捷性等多个方面。

1. 良好的乳化效果　乳化剂应能有效地将两种不相溶的液体（如油相和水相）分散成均匀的乳液，且乳液滴的大小应尽可能均匀。

2. 稳定性　乳化体系应能在一定时间内保持稳定，不易发生分层、聚结或破乳现象。这意味着乳化剂应具有足够的界面活性，能在油水界面形成稳定的薄膜，防止液滴相互聚合。

3. 适宜的 HLB　乳化剂的 HLB 应与被乳化体系相匹配，以确保最佳的乳化效果。HLB 过高或过低都可能导致乳化效果不佳。

4. 安全性　乳化剂及其乳化体系应对人体和环境安全无害，无刺激性、无毒性，且符合相关法规标准。

5. 经济性　乳化剂的成本应合理，能在保证乳化效果的同时，满足大规模生产的经济性要求。

6. 适应性　乳化体系能适应不同的环境条件（如不同温度、pH 等），以保持其稳定性和乳化效果。

7. 易于加工　乳化剂应易与体系中的其他成分混合，且乳化过程应简单、高效。

第 2 节　美容化妆品防腐理论

一、化妆品中的微生物

化妆品中含有多种有机营养素，极易受到微生物的影响导致变质，于是防腐剂成为必需成分。但防腐剂的种类、结构对其防腐效果、化妆品的整体功效与刺激性等都会产生影响。化妆品内防腐剂的应用及其检测不仅是相关研究者重点关注的问题，而且是广大化妆品消费者极为重视的内容。

（一）概述

对化妆品造成影响的微生物主要是致病菌，以细菌和真菌为主。

1. 致病细菌　化妆品中常见细菌分为革兰氏阳性菌与革兰氏阴性菌，形态上分为球菌（如葡萄球菌、链球菌等）、杆菌（如铜绿假单胞菌、大肠埃希菌等）、螺杆菌等。细菌在化妆品中的存在可能导致液体分层、混浊及异味等现象。某些细菌如铜绿假单胞菌、金黄色葡萄球菌等对人体有害，可能引起皮肤感染或其他疾病。

2. 致病真菌

（1）霉菌　化妆品中常见霉菌有木霉属、曲霉属、根霉属、脉孢菌属、短梗霉属等。被霉菌污染的化妆品会产生霉斑和霉臭味，霉菌的大量繁殖和孢子释放可能导致皮肤和指甲的感染，如癣等。

（2）酵母菌　化妆品中常见酵母菌包括假丝酵母属和红酵母属等。被酵母菌污染的化妆品会产生一种发酵所特有的酸味，还可能导致产品浑浊、分层、变色。酵母菌的过度生长可能会引起皮肤刺激和感染。

化妆品被微生物污染不仅影响产品的质量，还可能对使用者的健康造成威胁。因此，化妆品的生产和储存过程中必须采取有效的控制措施，以防止微生物的污染和生长。同时，化妆品对微生物的含量有严格的要求，包括菌落总数、酵母菌和霉菌总数等指标，以确保产品的安全性和有效性。

（二）微生物染污化妆品的途径

化妆品在生产、使用和保存期间容易被污染。微生物可以通过以下途径污染化妆品。

1. 化妆品原料　化妆品的制作原料，如天然的动植物成分及其提取物，为微生物生长和繁殖提供了营养物质，可能导致微生物大量滋生繁殖。

2. 生产设备　在化妆品的生产过程中，如果设备、生产环境等消毒不彻底，微生物可能会附着在设备上，从而污染产品。

3. 生产过程　化妆品的生产过程中，若消毒措施不到位，也可能造成微生物的感染。

4. 包装容器和环境　化妆品的包装容器和环境，如果消毒不彻底或存在污染，也会成为微生物污染化妆品的途径。

5. 化妆品使用　化妆品在储存和消费者使用过程中，手的反复接触也可能造成污染。因此，为了抑制微生物的生长和防止化妆品发生腐败、变质，化妆品中一般会添加一种或多种防腐剂，并通过生产过程控制和添加防腐剂等措施来防止微生物污染。

二、防腐原理和化妆品中的防腐剂

根据《化妆品安全技术规范》，防腐剂被定义为“以抑制微生物在化妆品中的生长为目的而在化妆品中加入的物质”。防腐剂的选择和使用需综合考虑产品特性、消费者需求和安全性，以确保化妆品的品质和消费者健康。防腐剂可以是天然来源或合成成分，广泛用于食品、药品和化妆品中，以防止微生物污染和化学变化引起的腐败。

（一）防腐的原理

化妆品的防腐主要通过添加防腐剂实现。防腐剂的有效性依赖于其达到抑制微生物所需的特定浓度，并与微生物细胞直接发生作用来完成。按其作用机制主要分为两大类：

1. 破坏细胞膜完整性类　这类防腐剂首先与细胞外膜接触，吸附并穿过细胞膜进入细胞质内，破坏细胞膜的完整性，导致细胞内容物流失并中断其能量生成过程，从而抑制微生物的生长和繁殖。常见的通过这一方式发挥作用的防腐剂有苯氧乙醇、各种有机酸和对羟基苯甲酸酯类等。

2. 与细胞核酸相互作用类　这类防腐剂通过与细胞内的核酸发生反应，抑制关键酶的活性或使之失活，从而抑制微生物的增长。常见的通过这一方式发挥作用的防腐剂有咪唑烷基脲、异噻唑啉酮以及碘丙炔醇丁基氨甲酸酯（IPBC）等。

（二）常用防腐剂

各国准许用于化妆品防腐剂的种类有一百余种。我国在《化妆品安全技术规范（2015 年版）》中规定了可用于化妆品的防腐剂，并对化妆品准用防腐剂的用量、使用范围等都做出了明确的规定。化妆品中的防腐剂分类方式如下。

1. 根据化学结构分类

（1）苯甲酸及其植类和酯类　苯甲酸及其衍生物尼泊金酯类（例如对羟基苯甲酸甲酯、对羟基苯甲酸丙酯等），在化妆品防腐剂领域扮演着重要角色。由于不同种类的尼泊金酯在防腐效能和抗菌谱上存在差异，对羟基苯甲酸酯类因其抗菌范围广泛且刺激性较低，被广泛认为是全球化妆品中最常用的防腐剂。

（2）甲醛释放体及醛类衍生物　典型的甲醛释放体类防腐剂包括多聚甲醛、戊二醛、双咪唑烷基脲和咪唑烷基脲等。这些防腐剂因其成本效益高、杀菌效果显著以及良好的水溶性而被广泛采用。然而，由于它们在极性环境和水溶液中能迅速释放甲醛，通常被应用于淋洗类化妆品。

（3）醇类　主要包括苯氧乙醇、苯甲醇和溴基丙二醇等。苯氧乙醇作为一种高效的防腐剂，特别擅长抑制铜绿假单胞菌，常与其他防腐剂配合使用以增强防腐效果。苯甲醇在抑制霉菌和某些细菌方面表现良好。溴基丙二醇则因其广泛的抗菌谱和对革兰氏阴性菌较强的抑制效果而被认可，但由于单独使用时效果不理想，通常与其他防腐剂混合使用以获得更好的防腐效果。

（4）其他有机化合物　其他结构的防腐剂包括异噻唑啉酮及其衍生物、聚氨丙基双胍、羟甲基甘氨酸钠和 IPBC 等。异噻唑啉酮及其衍生物因其广泛的抗菌性、低毒性和环保特性而被广泛采用，但高浓度使用时可能引起皮肤刺激，因此在中国主要用于淋洗类化妆品。IPBC 作为一种新型化妆品防腐剂，抑制真菌特别有效，常与其他防腐剂配合使用以增强防腐效果。

2. 根据发展趋势分类　随着化妆品市场的不断扩大和消费者需求的日益多样化，对防腐剂的需求也在不断增长，推动了化妆品防腐剂行业的快速发展。防腐剂的主要发展趋势如下。

（1）复合型防腐剂　这类防腐剂可以分为具有相同抗菌谱的防腐剂复合和不同抗菌谱的防腐剂复合。相同抗菌谱的复合可以减少单一防腐剂的使用量，而不同抗菌谱的复合则能够扩大抗菌范围。与单一防腐剂相比，复合型防腐剂具有更广泛的抗菌谱、更强的抑菌活性，并且能够延长产品的保质期。然而，复合型防腐剂的开发不仅仅是简单的混合，还需要考虑各防腐剂之间以及与表面活性剂的相互作用，因此这一领域仍有待进一步的研究和开发。

（2）天然防腐剂　随着消费者对天然成分和无刺激产品需求的增加，天然防腐剂应运而生。中草药提取物和各种植物精油因其强效的抑菌性、低毒性和低刺激性而受到广泛认可。

（3）功效性防腐剂　某些植物提取物不仅具有抗菌作用，还具有抗氧化、美白和抗衰老等多重功效。例如，丁香酚不仅具有抗菌作用，还具有消炎和抗氧化作用；甘草提取物甘草酸除了抑菌外，还具有美白、抗衰老和祛痘的功效。随着消费者对化妆品功效性要求的增加，功效性防腐剂能够满足这些需求，同时控制材料成本，其发展趋势越来越受到重视。

（三）防腐体系的评价

1. 安全性评价　在化妆品配方中防腐剂原料仅仅符合国家法规规定已远远不够，为了达到在有效抑制微生物生长的情况下将对人体皮肤造成的安全隐患降到最低的目的，通常进行以下评估。

（1）防腐剂单个组分的毒理风险性评估　防腐剂单个组分的使用应遵守从合规到安全的准则，各个国家是否允许作为化妆品原料，是否有限制条件或者浓度均有详细的规定。原料的合规性以各个国家所颁布的法律法规为准则，如我国的《化妆品安全技术规范》中对化妆品准用防腐剂做了要求，详细限制了含量和使用生产化妆品的种类及条件。

防腐剂单个组分的毒理学数据可从供应商提供的化学品安全技术说明书（MSDS）中获取或者通过毒理动物或者细胞层面的试验获得，另外可以通过官方或者半官方提供的评估报告进行衡量。

常用的毒理试验测试如下：急性经口和急性经皮毒性测试、皮肤和急性眼刺激性腐蚀性试验、累积毒性试验、致突变试验、致畸试验、皮肤光毒性和光敏感试验、亚慢性经口和经皮毒性试验、慢性毒性/致癌性结合试验等 12 个评价方向。

（2）防腐剂在化妆品配方中的毒理风险性评估　通过长期系统毒理试验并计算出相应的安全边际值可以衡量和判断防腐剂在终产品中是否对人体健康造成潜在威胁。安全边际值可以根据以下四方面数据计算获得：①累积毒性试验数据获得防腐剂单个组分的最低安全剂量组浓度；②在终产品配方中的浓度；③结合产品的每日暴露值；④经皮吸收率获得的全身暴露量（SED）。

（3）防腐剂在配方中的人体安全性评估　化妆品最终产品都是用于人体的，经过系列的毒理风险性评估之后会将终产品的评估作用于人体上，直接、客观、科学地观察不同防腐剂体系对人体皮肤的急性刺激性、累积刺激性或者致敏性。对于应用到眼部周围的产品评价防腐剂引起眼周皮肤刺激的情况，尤其是甲醛释放体系类防腐剂。常用的人体安全性评估方法有：24h 封闭性斑贴测试、开放性斑贴测试、脸部刺痛测试，人体试用测试等。

2. 化妆品防腐剂的使用限量规定

（1）尼泊金酯类　根据《化妆品安全技术规范（2015 年版）》的规定，尼泊金酯类防腐剂的使用限量有明确规定，单一酯类最大允许浓度为 0.4%（以酸计），混合酯类：总量不得超过 0.8%（以酸计），丙酯及其盐类、丁酯及其盐类单独或混合使用时，其浓度不得超过 0.14%（以酸计）。

（2）咪唑烷基脲　根据《化妆品安全技术规范（2015 年版）》的规定，咪唑烷基脲作为化妆品防腐剂的最大允许使用浓度为 0.6%。

（3）甲基氯异噻唑啉酮和甲基异噻唑啉酮的混合物　根据《化妆品安全技术规范（2015 年版）》的规定，甲基氯异噻唑啉酮和甲基异噻唑啉酮的混合物（通常以 3∶1 的比例混合）作为防腐剂，仅准用于淋洗类产品，不能和甲基异噻唑啉酮同时使用。最大允许用量为 0.0015%。

（4）甲醛　根据我国和欧盟的规定，甲醛被列为限用物质。在化妆品中，除了口腔卫生用品外，甲醛的游离含量不得超过 0.2%，而在口腔卫生产品中，甲醛的最大允许浓度为 0.1%。

3. 防腐测试

（1）防腐挑战测试　可采用实验室的杀灭时间法、抑制圈法、部分抑制生长法以及生长防止法等，通过实验室的多种方法初步反映防腐效果，也可模拟化妆品在消费者使用过程中的高浓度微生物污染，评价防腐体系在不同基质产品中的效能和时效性。此测试周期短、样品需求少、可测试多种微生物并同步评估多样品，近年来被广泛接受。我国常用的是中国香料香精化妆品工业协会推荐的 28 天“单次接种挑战”方式，该方法将防腐剂混入化妆品基质，一次性接入多种微生物，定期检测残余微生物数量，评价抗菌效果。关键在于挑战用菌选择、样品准备、接种方式和数量、检测时间等。

（2）防腐剂的安全性测试　防腐剂本身的安全性以及防腐剂适用于不同配方中的安全性。对于一个具体的配方来说，添加预设的样品应按照相关的标准（斑贴试验、人体试验）进行安全性测试，以评价终产品的安全性符合要求。

（3）防腐剂的稳定性测试　包括防腐剂添加后本身在配方中的稳定性，也包括防腐剂添加后与配方其他组分的相容性。对于前者来说，一般是将产品进行老化试验或者测试经过稳定性观察的样品中防腐剂含量，与添加量及添加后的初始测定值进行对比，来判断防腐剂是否稳定；后者是通过配方的稳定性测试进行观察，确定化妆品配方中的防腐剂没有沉淀或者析出。

第 3 节　美容化妆品抗氧化理论

一、化妆品氧化概述

化妆品中的氧化是指化妆品中的油脂和其他易被氧化的成分在自由基的作用下发生化学变化，

导致产品变质、变色和气味改变。随着时间的推移，抗氧化剂的研究和应用不断发展，广泛被开发及应用于食品科学和化妆品科学领域。

抗氧化剂是一类能够中和自由基的化学物质，它们可以减少自由基引起的氧化反应，并保护细胞免受损伤。在化妆品中，抗氧化剂的主要作用是防止产品的氧化、稳定配方，减少自由基的产生，从而保护皮肤的健康。

二、化妆品抗氧化剂及抗氧化理论

（一）氧化机制

大多数化妆品中含有油脂类成分，这些油脂中含有的不饱和脂肪酸通过光照或者与氧气接触，易被氧化而引起变质，这种氧化变质的现象叫作氧化酸败。油脂氧化酸败的化学本质是由于油脂水解而产生游离脂肪酸，其中不饱和脂肪酸的双键与氧气作用，发生加成反应而生成过氧化物，过氧化物继续分解成低分子的醛、酮、酸等羰基化合物，这些物质具有特殊气味，降低产品的 pH，会引起产品颜色发生改变。油脂氧化酸败过程通常认为是按游离基（自由基）发生的链式反应进行的，反应过程包括链的引发期、传递期、终止期 3 个阶段。

（二）影响化妆品氧化的因素

影响油脂氧化的因素有很多，分为内部因素和外部因素两种。内部因素就是油脂本身，包括油脂的不饱和程度以及油脂中是否存在生育酚等天然抗氧化剂。油脂的不饱和程度越高，越容易被氧化。促进油脂发生酸败的外部因素有氧气、光照、温度、水分、金属离子和微生物等，其中氧气是造成油脂酸败的最主要因素，氧含量越高，酸败速度越快。

（三）抗氧化剂作用机制

抗氧化剂能有效延长油脂的氧化诱导期并减缓其氧化过程。根据不同抗氧化剂的结构、特性和作用机制，其抗氧化原理主要包括以下几点：

1. 清除自由基 这类抗氧化剂主要是酚类物质，能够与脂类化合物中的自由基发生反应，将自由基转化为更稳定的产物，如使醌类结构中未成对电子在苯环上离域，从而延缓或阻断链增长反应，阻止氧化过程的进行。反应如下。

$$RO\cdot + AH \longrightarrow ROH + A\cdot$$

$$ROO\cdot + AH \longrightarrow ROOH + A\cdot$$

其中，RO· 表示烷氧自由基，AH 表示抗氧化剂，A· 表示抗氧化剂供氢后形成的自由基。

2. 螯合金属离子 油脂或加工过程中存在的微量金属离子，尤其是二价或更高价态的重金属如铁、铜、钴等，可以加速链反应，促进脂质化合物氧化。一些螯合剂，如乙二胺四乙酸（EDTA）、柠檬酸、磷酸衍生物等能与金属离子形成络合物，降低氧化还原电势，稳定金属离子的氧化态，发挥抗氧化作用。

3. 猝灭单线态氧（$^1O_2$） 在光照条件下，单线态氧可与不饱和脂肪酸直接发生氧化反应。常用的单线态氧猝灭剂包括维生素 E 和 *β*-胡萝卜素（*β*-carotene）等。例如，*β*-胡萝卜素与单线态氧的反应如下：

$$^1O_2 + \beta\text{-carotene} \longrightarrow {}^3O_2 + \beta\text{-carotene}^*$$

4. 降低氧浓度 空气中的氧气与油脂发生氧化反应，导致油脂酸败。降低氧浓度或除去氧气可以延缓氧化反应。常用的氧清除剂包括维生素 C 及其衍生物等。

5. 酶抗氧化剂 生物体内的自由基促进脂类化合物的氧化。常用的脂氧合酶抑制剂包括超氧化物歧化酶、过氧化氢酶和葡萄糖氧化酶等。

（四）抗氧化剂的要求及结构特征

1. 化妆品对抗氧化剂的要求　化妆品中添加的抗氧化剂应无色、无臭、无味、无毒、无刺激、无过敏性，与其他组分相容性好，可均匀分散，不会影响化妆品的质量。同时，抗氧化剂不易被氧化，否则会因自身氧化导致结构遭到破坏，而起不到抗氧化作用。

2. 抗氧化剂的结构特征和功能

（1）活泼氢原子　抗氧化剂分子如胺类、酚类、氢醌类分子，其活泼氢原子可参与抗氧化反应。

（2）给电子基团　抗氧化剂在氨基、羟基所连的苯环的邻位、对位引入给电子基团，这可以使胺类、酚类抗氧化剂的极性减弱，更容易释放氢原子，增强其链终止反应的能力。

（3）低活性自由基　为了减少链引发反应，抗氧化自由基的活性应保持在较低水平，以避免引发新的自由基反应。

（4）共轭体系　抗氧化剂的共轭体系越大，其抗氧化效果通常越好，这是因为大的共轭体系能够更有效地稳定自由基。

这些结构特征共同决定了抗氧化剂的效能和作用方式，使其能够有效地保护化妆品中的有机成分不受氧化作用的影响，延长产品的保质期。

（五）化妆品常用抗氧化剂

在各类化妆品成分中，目前常见的抗氧化剂主要可以分为以下几类。

1. 按化学结构分类

（1）酚类抗氧化剂　通过提供氢原子中和自由基，常见的有维生素 E（生育酚）、丁基羟基甲苯（BHT）和丁基羟基茴香醚（BHA）等。

（2）醌类抗氧化剂　通过氧化还原反应清除自由基，典型代表是辅酶 Q_{10}（泛醌）。

（3）胺类抗氧化剂　通过捕获自由基发挥作用，常见的有谷胱甘肽、*N*-乙酰半胱氨酸（NAC）等。值得注意的是胺类物质可能具有一定的刺激性，因此在化妆品中的使用需谨慎。

（4）有机酸类抗氧化剂　通过螯合金属离子和清除自由基抗氧化，常见的有抗坏血酸（维生素 C）、阿魏酸、酒石酸、柠檬酸等。

（5）酯类抗氧化剂　通过提供氢原子中和自由基，常见的有抗坏血酸棕榈酸酯、生育酚乙酸酯等。

此外，醇类、无机酸以及盐类也常作为抗氧化剂应用于化妆品中，不同化学结构的抗氧化剂在化妆品中各有优势。

2. 按溶解性分类

（1）水溶性抗氧化剂　主要作用于水相环境，常见的有抗坏血酸及其衍生物、谷胱甘肽、阿魏酸、*N*-乙酰半胱氨酸（NAC）及某些植物提取物（如茶多酚的水溶性部分）等。

（2）油溶性抗氧化剂　主要作用于脂相环境，常见的有维生素 E（生育酚）及其酯类、辅酶 Q_{10}（泛醌）、某些植物精油等。

（3）水油两亲性抗氧化剂　部分抗氧化剂兼具水溶性和油溶性特性，如泛醇（维生素 B_5 前体）等。

选择合适的抗氧化剂时，需根据配方的水相或油相需求进行选择，同时可以考虑复配使用，以增强抗氧化效果。

（六）化妆品抗氧化活性评价

1. 抗氧化体系评价方法　化妆品中使用的抗氧化剂种类繁多，选择哪种抗氧化剂及其用量需通过实验确定。尽管目前尚无统一的抗氧化活性评价标准，但主要的评价方法如下。

（1）脂质过氧化评价方法　这类方法通常使用油、脂肪、亚油酸、脂肪酸甲酯或低密度脂蛋白作为底物，通过测定底物和氧化剂的消耗、中间产物或终产物的形成来评估抗氧化效果。常用的方法包括过氧化氢法、共轭二烯氢过氧化物法、硫氰酸铁法、硫代巴比妥酸法和羰基制法等。

（2）清除自由基能力评价方法　根据抗氧化剂发生的化学反应，可分为基于氢原子转移的方法和基于电子转移的方法。基于氢原子转移的方法，即抗氧化剂（AH）提供氢原子猝灭自由基（X·），反应活性与抗氧化剂提供氢原子的能力有关，与 pH 和溶剂无关。基于电子转移的方法，即抗氧化剂通过转移电子使某些结构（金属离子、羰基、自由基）被还原，反应活性与去质子化和反应组分的电离电位有关。

这些方法为抗氧化体系的评价提供了科学依据，有助于客观准确地评价抗氧化剂的抗氧化活性。由于缺乏统一的评价标准，不存在所谓的“最好”抗氧化剂。因此，对抗氧化剂活性的评价也需结合多种方法进行综合评价。

2. 抗氧化体系要求

（1）广泛的 pH 稳定性　抗氧化剂应在较宽的 pH 范围内保持有效，即使在微量或少量存在时，也能展现出显著的抗氧化效果。

（2）安全性　抗氧化剂应具有无毒或低毒性的特性，确保在规定的使用剂量内可以安全使用。

（3）化学稳定性　抗氧化剂在储存和加工过程中应保持稳定，不分解、不挥发，并且能够与产品中的其他原料相容，不与包装容器发生任何反应。

（4）溶解性和兼容性　抗氧化剂应在产品被氧化的相（油相和水相）中具有良好的溶解性，被氧化后的产品应无色、无味，且不会产生沉淀。

（5）经济性　抗氧化剂的成本应在适宜范围内，以确保其在商业应用中的可行性。

自　测　题

一、单项选择题

1. 表面活性剂根据亲水基离子的类型，分为两性、阳离子和（　　）表面活性剂
   A. 阴离子　　B. 非离子
   C. 正离子　　D. 负离子
2. 乳液的类型包括水包油型和（　　）
   A. 圆圈型　　B. 哑铃型
   C. 油包水型　　D. 套圈型
3. 在化妆品中，乳化是一个重要的过程，它涉及将两种不相溶的液体（如油和水）混合在一起，形成一个稳定的乳液。以下最准确地描述了乳化理论的核心原理是（　　）
   A. 通过机械搅拌将油和水混合均匀
   B. 利用表面活性剂降低油水界面的表面张力，使油滴分散在水中形成稳定乳液
   C. 加热油和水使它们相互溶解
   D. 添加增稠剂使油和水形成稠密的混合物
4. 以下化妆品中常用的表面活性剂是（　　）
   A. 甘油　　B. 十四烷基硫酸钠
   C. 维生素 E　　D. 胶原蛋白
5. 下列成分常被用作美容化妆品中的抗氧化剂是（　　）
   A. 甘油　　B. 维生素 E 或 C
   C. 矿物油　　D. 硬脂酸

二、简答题

1. 简述表面活性剂的分类及作用。
2. 简述影响化妆品氧化的因素。

（谢珍茗　徐　婧）

第6章 普通化妆品、特殊化妆品及口腔用品

学习目标

1. 素质目标

（1）树立化妆品科学使用与选择的正确观念，培养严谨的科学态度。

（2）强化化妆品使用中的安全意识，尤其是对特殊化妆品和口腔用品的规范使用。

2. 知识目标

（1）了解普通化妆品、特殊化妆品及口腔用品的分类依据和作用原理。

（2）熟悉常见的普通化妆品、特殊化妆品和口腔用品的有效成分、选择及使用方法。

3. 能力目标

（1）能够根据自身需求和产品特点，合理选择并正确使用各类化妆品。

（2）能够分析及判断产品成分的合理性与安全性。

随着人们对美的追求和对健康皮肤的关注不断增加，化妆品行业迅速发展，其功效和分类也日益复杂。根据《化妆品监督管理条例》，我国化妆品分为普通化妆品和特殊化妆品两类。普通化妆品按使用目的和功效宣称，可分为肤用类普通化妆品、发用类普通化妆品、美容修饰类化妆品和芳香类化妆品，而特殊化妆品包括防晒化妆品、美白祛斑类化妆品、染发类化妆品、烫发类化妆品、防脱发类化妆品及新功效化妆品（图 6-0-1）。将按照此分类，对不同功效化妆品从分类、原理、成分、评价、选择与使用等方面进行介绍。

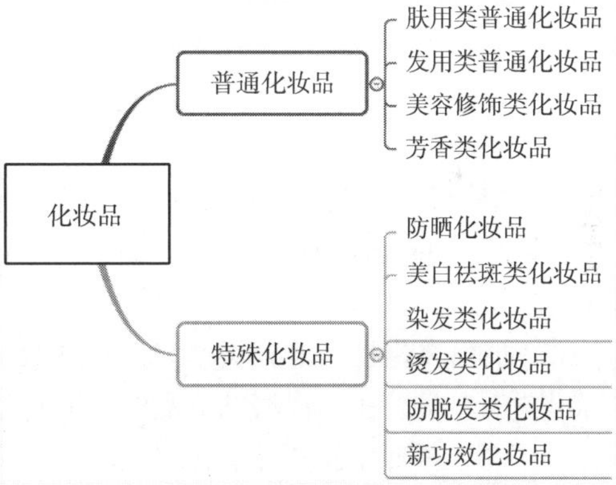

图 6-0-1 化妆品的分类

第 1 节　普通化妆品

一、肤用类普通化妆品

肤用类普通化妆品是指用于面部及身体皮肤，具有清洁皮肤、维持和改善皮肤状态，保护皮肤免受外界环境的侵害，提升肌肤美丽和健康的化妆品。常见的肤用类普通化妆品包括清洁类、保湿类、抗衰除皱类、祛痘类、面膜类、抑汗除臭类等（图 6-1-1）。

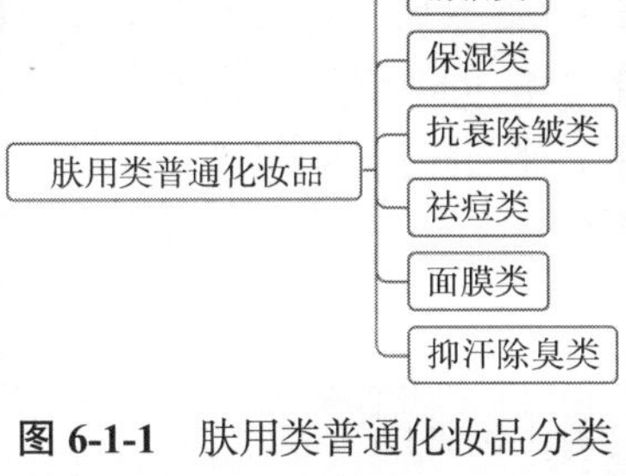

图 6-1-1 肤用类普通化妆品分类

（一）清洁类化妆品

面部清洁是保证皮肤健康的关键步骤，也是护肤的首要步骤。清洁类化妆品主要包括洁面类化妆品和卸妆类化妆品两方面。

1. 洁面类化妆品

（1）清洁原理　皮肤的清洁可以通过溶解、乳化及摩擦的方式实现。不同的作用原理也诞生了不同类型的清洁功效化妆品。

1）溶解：是皮肤清洁最直接的方式，水、醇类可以溶解水溶性或醇溶性的物质，如皮肤表面的盐类、溶于醇的彩妆成分等；如果是油溶性的物质，如抗水彩妆、防晒剂等，则需使用有机溶剂如矿物油、动植物油等将其溶解出来，再冲洗干净。洁面水、洁面啫喱、卸妆类化妆品就是在此原理下诞生的一大类清洁功效化妆品。

2）乳化：是使用表面活性剂，利用其分子一端亲油一端亲水的特殊结构，根据相似相溶原理，表面活性剂的亲油端插入到油污内部，亲水端在摩擦作用和水的冲洗作用下将油污分散并带走（图 6-1-2）。

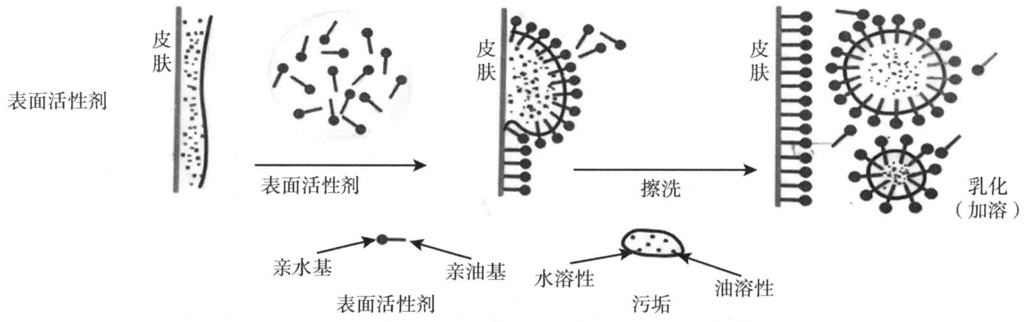

图 6-1-2　表面活性剂清除皮肤污垢示意图

3）摩擦清洁：是通过机械作用，利用物质间的直接接触来除去皮肤表层的杂质。清洁效果通常随着摩擦力的增强而提升。为了提高清洁效率，许多洁面产品中常通过添加均匀的微粒增强摩擦作用。

（2）洁面类化妆品的分类　当前市场上，用于清洁皮肤的化妆品种类繁多，并可依据不同的分类标准进行划分。在选择清洁产品时，消费者应考虑自身的皮肤类型，并对不同类型的清洁产品性质有所了解，按照清洁需求科学选择。以下简要介绍几种常见的面部清洁类化妆品。

1）洁面皂：是以油脂为原料，与强碱试剂共同形成阴离子表面活性剂——皂基制造而来的，是偏碱性的皂化配方制品。洁面皂通常具有更强的清洁能力，适用于油性或混合性皮肤，但不适合干性或敏感性皮肤。

为了改善洁面皂洗后皮肤紧绷的不舒适感，通常在洁面皂中添加一些舒缓或保湿类的成分，包括各种植物油、维生素 E、羊毛脂、高级酯醇类等，产生柔肤、不干燥的效果，形成柔肤配方的洗面皂及乳霜皂；也有使用黏结剂将多种合成的表面活性剂黏结成块状，形成不含皂基的中性或弱酸性的香皂。

2）洗面奶：是由油相原料、水相物、部分游离态的表面活性剂、营养剂、保湿剂和香精等成分构成的乳液状产品，适合大多数皮肤类型，能有效清除脸部油脂与污垢，同时保持肌肤水分平衡。

洗面奶根据乳化剂的不同可分为皂化配方的洗面奶和合成表面活性剂配方的洗面奶，前者与洁面皂配方类似，成分栏中会同时出现脂肪酸与碱剂；而以合成表面活性剂为主要成分的洗面奶，表面活性剂的好坏决定了洁面类产品的品质和性质特色。

3）洁面乳：一般呈乳液或者乳霜状，由于不含皂基和发泡剂成分，使用过程中基本上没有泡沫。洁面乳质地更浓厚，适合干性或偏干性皮肤，能在清洁的同时提供额外的滋养效果。

4）洁面粉：是干粉状态的洁面产品，主要是为了保持其中额外添加的成分的活性，如美白成分、酵素和收敛毛孔成分等。洁面粉加水后可以揉出丰富泡沫，因其清洁力强，携带方便等优点令其非常受欢迎。

5）洁面泡沫：是一种温和的洁面产品，通过按压泵头产生丰富泡沫，能深层清洁皮肤，特别适合油性皮肤使用。

（3）洁面类化妆品的主要成分　洁面类化妆品中表面活性剂是非常重要的一类原料，在配方中起到洗涤、发泡、乳化和稳泡等作用，常用的表面活性剂有以下几种。

1）阴离子表面活性剂：此类表面活性剂主要为产品提供良好的去污力和丰富的泡沫。①十二烷基硫酸钠（SLS，SDS）又称为月桂硫酸钠、发泡粉，属于烷基硫酸酯盐类表面活性剂，去脂力极强，是目前油性皮肤或男性专用洁面乳常用的清洁剂。与其他表面活性剂相比，SLS 表面活性剂对皮肤的刺激性较大，若长期使用，会降低皮肤自身防御能力，引起皮炎、皮肤老化等现象。因此，含有这类表面活性剂的产品不适合敏感性及干性皮肤使用。②脂肪醇琥珀酸酯磺酸盐属于中度去脂力的表面活性剂，包括单酯型和双酯型。这类表面活性剂对皮肤刺激性较低，具有较好的发泡力，容易清洗，洗后皮肤软滑，常与其他洁面成分复配，可降低后者的刺激性。③烷基磷酸酯盐（MAP）具有优异的去污能力，泡沫适中，亲肤性好的特点，此类表面活性剂对油脂成分有良好的洗涤性、渗透性和生物降解性，与其他表面活性剂配伍性好，可用于洗面奶、沐浴露等洁肤化妆品。④*N*-酰基氨基酸及其盐，属于氨基酸型阴离子表面活性剂。此类表面活性剂具有优良的去污、发泡、乳化及抗静电能力，同时因具有低刺激、低毒性、生物降解性好、与其他表面活性剂相容性好、泡沫丰富而细腻等特点，能柔软皮肤，可在皮肤表面形成保护膜，减少配方成分对皮肤的刺激作用，敏感性皮肤也可反复使用。特别适合用于无过敏、低刺激的高档洁面产品及婴儿制品。

2）两性表面活性剂：此类表面活性剂大多具有刺激性低、发泡性好、去脂能力中度的特点。代表性成分如椰油酰胺丙基甜菜碱（CAB），又称为月桂酰胺丙基甜菜碱。性质温和，刺激性小，具有优良的去污、抗静电、柔软、发泡和增稠等性能，泡沫细腻稳定；能与其他类型表面活性剂相容，可降低阴离子表面活性剂的刺激性，并具有抗菌、调理效能。广泛用于沐浴液、洗手液及泡沫洁面产品等清洁类化妆品。

3）非离子表面活性剂：此类表面活性剂具有良好的发泡性、性质温和，刺激性低。代表成分如烷基葡萄糖苷（APG）是一类新型非离子表面活性剂，具有无毒、无刺激、溶解性好、清洁力适中、起泡力强、泡沫细腻、生物降解迅速彻底、配伍性好等优点，且对皮肤有保湿、柔软作用。

（4）洁面类化妆品的功效评价

1）理想的洁面类化妆品评价原则：评价洁面类化妆品时，应遵守以下原则。①接触皮肤后，能借助体温或缓和的按摩使之液化，黏度适中，易于涂抹；②配方结构合理，对皮肤无刺激性；③含有足够的油分，有优异的溶解性，能迅速经由皮肤表面渗入毛孔，清除毛孔内的污垢；④用后能使皮肤感觉舒适、柔软、无油腻感，易于擦拭。

2）洁面类化妆品评价方法：通常有以下几类。①偏光照相或录视频。这是检测皮肤早期表现最敏感、最实用的方法，可检测出肉眼观察不到的刺激反应。②比色仪测量皮肤颜色变化。受到刺激的皮肤，局部会出现红斑，通过测量可以确定清洁类化妆品是否引起皮肤刺激。③经皮水分丢失（TEWL）量的测定。若 TEWL 量明显增加，说明化妆品中使用的表面活性剂的去油污能力太强，也可能说明化妆品在皮肤上的保湿功能有缺陷。

（5）洁面类化妆品的选择与使用　选择适合的洁面类化妆品，一是要依据使用者的皮肤类型，不同皮肤类型的人应该选择适合的化妆品；二是要根据产品的清洁成分和产品类型来选择，不同的清洁成分清洁能力不同，不同剂型产品清洁机制不同，而且使用肤感也不同。

1）根据清洁成分选择：如前所述，乳化类清洁产品按表面活性剂类型的不同可分为非离子表面活性剂及离子（阳离子、阴离子及两性）表面活性剂。不同类型的表面活性剂对油脂的清洁能力不同，呈现以下变化规律：阴离子表面活性剂＞阳离子表面活性剂＞两性表面活性剂＞非离子表面活性剂。

2）根据皮肤类型选择：①中性皮肤：中性皮肤一般选择泡沫型洗面奶，但在秋冬季节或感觉皮肤比较干的时候也可以改用无泡型洗面奶。②干性皮肤：干性皮肤不建议使用泡沫型洗面奶，可以使用清洁油、清洁霜或者是无泡型洗面奶。③油性皮肤：油性皮肤或者面疱性皮肤不宜强调使用去脂力过强的产品，应使用温和、中度去脂力的清洁产品，并且增加洗脸次数，配合定期的敷脸，才能深层清洁毛孔，改善不佳的肤质。④混合性皮肤：使用清洁力度适宜的皂基或泡沫型洗面奶，配合适宜手法使面部得到适度清洁。⑤敏感性皮肤：适度的清洁是敏感性皮肤的保养重点，除清洁时水温选择接近皮肤的温度，也不宜频繁使用清洁类产品，谨防清洁过度；不适宜使用碱性配方或含果酸浓度高的制品。

3）根据不同年龄选择：20 岁左右的年轻皮肤油脂分泌比较旺盛，洁面时可以选择皂类、泡沫类产品；30 岁左右的皮肤油脂分泌量开始减少，建议选择洁面乳进行温和洁面，或者泡沫型洗面奶。

2. 卸妆类化妆品 是指那些具有特殊配方，能够温和而彻底地去除脸部及眼部的彩妆、油脂、污垢和防晒露等难以用普通清洁方法清除的物质的一类护肤产品。

（1）卸妆产品概述 卸妆类化妆品通常含有能溶解油性成分的溶剂或乳化剂，以及有助于滋养和保护皮肤的其他辅助成分。

（2）卸妆类化妆品的分类 卸妆产品根据其形态和使用方法的不同，可以分为多种类型，包括卸妆油、卸妆乳、卸妆水、卸妆膏和卸妆湿巾等。

1）卸妆油：是一种加了乳化剂的油脂，通常以植物油或矿物油为基础，通过“油溶油”的原理，有效溶解防水型或持久型的彩妆（图 6-1-3）。

卸妆油所用的油脂及乳化剂品质是决定产品质量的关键要素。卸妆油中的乳化剂帮助油脂的去除，卸妆油所用的油脂一般由矿物油、植物油和合成油脂构成，其安全性、品质及使用感官各有优劣。

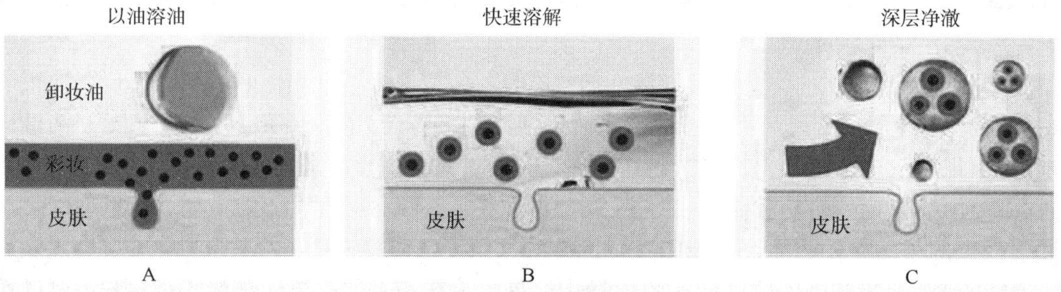

图 6-1-3 卸妆油的卸妆原理

A. 以油溶油；B. 快速溶解；C. 深层净澈

2）卸妆乳/霜：乳霜状的卸妆产品是使用卸妆油与水、乳化剂，一起乳化而成的，包括卸妆霜、卸妆乳等，因其质地温和，虽然卸妆效果不及卸妆油，但没有强刺激性，使用方便，适合干性或敏感性肤质。

3）卸妆水/卸妆液：是不含油分的卸妆产品，这类产品便捷易用，不需要冲洗，可直接用化妆棉蘸取后擦拭面部使用，适用于油性或混合性皮肤。水性卸妆产品根据卸妆目的及成分，可分为弱清洁力卸妆液和强清洁力卸妆液。

（3）卸妆类化妆品的主要成分

1）油相：卸妆类化妆品中最常用的油脂包括植物油、矿物油和合成脂等，具有溶解皮肤油污、彩妆的作用。植物油最安全，但原料成本最高，优点是亲肤性好，不会产生过敏、刺激，缺点是易氧化酸败；矿物油的亲肤性、安全性也很好，但常带有从石油中蒸馏出来的无法清除的杂质，透气性较差，常堵塞毛孔；合成脂是人造的油脂，易渗入皮脂及毛孔中，卸妆效果最强，但安全性较差，刺激性强，易导致面疱或粉刺。

2）乳化剂：卸妆产品中常用的乳化剂有山梨醇脂肪酸酯、聚山梨酯、硬脂酸辛酯等，乳化剂的含量愈高代表清洁力越强，也较具刺激性，且容易导致肌肤干燥。

（4）卸妆类化妆品的功效评价　主要可以从卸妆力、温和度、保湿度以及特殊功效等多个维度进行评价。

1）卸妆力：是评价卸妆产品最重要的指标之一。一款优秀的卸妆产品应该能够彻底卸除面部彩妆，包括底妆、眼妆、唇妆等，且不留下任何残留。评价依据：通过实际使用测试和用户反馈，观察产品是否能够彻底卸除彩妆，以及是否会有残留。

2）温和度：是评价卸妆产品是否适合敏感肌肤或日常使用的关键指标。一款温和的卸妆产品应该能够在有效卸妆的同时，不对皮肤造成刺激或损伤。评价依据：查看产品的成分表，了解是否含有刺激性成分；通过实际使用测试，观察产品是否会引起皮肤不适或过敏反应。

3）保湿度：是评价卸妆产品是否能够保持皮肤水润状态的重要指标。一款保湿效果好的卸妆产品可以在卸妆的同时，为皮肤提供必要的水分和滋养。评价依据：通过实际使用测试，观察皮肤在卸妆后的水润度和光泽度；查看产品的保湿成分和功效介绍。

4）特殊功效：除了基本的卸妆力、温和度和保湿度外，一些卸妆产品还具备特殊的功效，如去角质、抗氧化、提亮肤色等。评价依据：查看产品的特殊成分和功效介绍；通过实际使用测试，观察产品是否能够达到宣传的特殊效果。

（5）卸妆类化妆品的选择与使用　卸妆产品的选择除了根据个人肤质类型外，也应根据卸妆的目的和产品特性来综合选择。

1）卸妆油：适合浓妆或防水妆容，含有乳化剂，将彩妆乳化后容易被水冲洗掉。使用时需干手干脸，按摩后加水乳化，最后用水冲洗。

2）卸妆乳：卸妆力介于卸妆油和卸妆水之间，质地清爽，延展性好，适合日常妆容，用后肌肤不紧绷。

3）卸妆凝胶：吸附性强，易于清洗，洗后肌肤不紧绷，适合各种肤质。

4）卸妆水：质地清爽，适合淡妆或油性/混合性肌肤，需要配合化妆棉使用。

5）卸妆膏：膏状质地，适合大多数肤质，清洁力仅次于卸妆油，使用后皮肤不会感觉干燥

敏感性肌肤及过敏人群应避免使用快速的卸妆产品，如卸妆湿巾、卸妆凝胶等，以免对皮肤造成刺激。要选择成分单纯的卸妆产品，如纯植物油或婴儿油或多元醇类化合物组成的卸妆水。

（二）保湿类化妆品

保湿类化妆品是指以保持皮肤外层组织中适度水分为目的一类化妆品。保湿类化妆品的特点是不仅能保持皮肤内水分的平衡，还可作为功效性成分的载体，使之易为皮肤所吸收。

1. 皮肤保湿的机制　正常情况下，皮肤角质层之所以能够保持适度的水分，一方面是由于皮肤表面的皮脂膜能够防止角质层中水分过快蒸发；另一方面是由于皮肤角质层中存在有天然保湿因子（NMF）。天然保湿因子（NMF）指在人体肌肤的角质层中存在的一种具有保水作用的吸附性水溶性物质，是低分子量水溶性物质的复杂的混合物。主要成分有吡咯烷酮羧酸（PCA）、氨基酸类、酸和乳酸盐、尿素、无机盐等，在皮肤中主要作用包括保湿作用、维持皮肤屏障功能及维持皮肤柔软和弹性（图 6-1-4）。

2. 保湿类化妆品保湿机制　保湿类化妆品模拟皮肤保湿机制，在化妆品基质中添加各种具有保湿作用的成分使其发挥理想的保湿作用。其保湿机制主要概况为以下几个方面。

（1）防止水分蒸发的封闭保湿　这种保湿途径的特点是保湿剂不是被皮肤所吸收，而是在皮肤表面上形成油膜作为保湿屏障，使皮肤中水分不易蒸发散失。这类保湿剂不溶于水，可长久附着在皮肤上，保湿效果好，代表性原料是凡士林。此类保湿产品的缺点是过于油腻，只适用于极干性皮肤或极干燥的冬季使用。对于偏油性的皮肤则不适合，易阻塞毛孔而引起粉刺与痤疮等皮肤病。

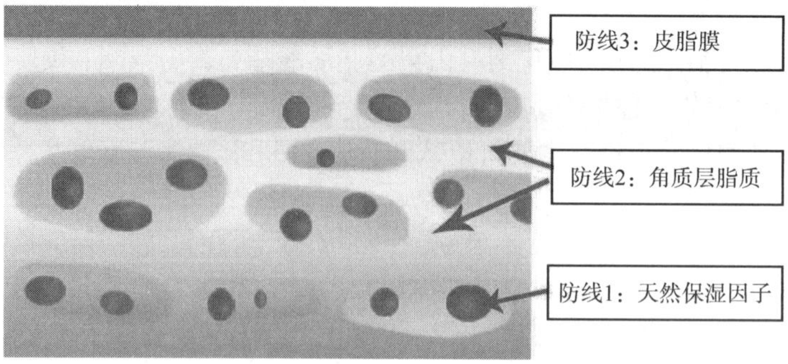

图 6-1-4 角质层保湿机制示意图

（2）吸取水分的吸湿保湿　这种保湿途径的特点是保湿剂能够从周围外界环境或皮肤深层吸取水分并保存于角质层中而保持皮肤的湿润状态。此类保湿剂最典型的就是多元醇类化合物，如甘油、丙二醇、聚乙二醇等。这类保湿剂在皮肤周围外界湿度较低时，反而会从皮肤内层吸取水分，使皮肤更干燥，影响皮肤的正常功能。

（3）结合水分的锁水保湿　这种保湿途径的特点是保湿剂既不是油溶性，也不是水溶性，而属于亲水性物质、能够形成一个网状结构，使自由水变成结合水而不易蒸发散失，从而达到保湿的目的，是一类比较高级的保湿成分，如透明质酸等。此类保湿产品亲水而不油腻，使用起来很清爽，适用范围广，适用于各类肤质、各种气候条件。

（4）修复角质层的修复保湿　这种保湿途径的特点是通过添加各种营养成分，以提高皮肤本身的保护功能来达到理想的保湿效果。例如，维生素 E 可聚集在皮肤的角质层，帮助角质层修复其防水屏障，阻止皮肤内及角质层水分散失。

3. 保湿类化妆品的分类　保湿类化妆品种类繁多，根据产品剂型，保湿类化妆品可分为以下几种类型。

（1）化妆水　是用来涂搽用的透明液体护肤用品。它是以水为基质、含有部分乙醇，并加入其他具有不同作用的添加剂制得的水剂型制品，但它不是乙醇溶液制品。化妆水主要具有保湿、柔软、清洁、收敛、抑菌等作用。

（2）乳液　又称奶液，是由水相、油相和乳化剂经乳化制成，对皮肤作用温和，给皮肤一种滑嫩不腻、舒适的感觉。乳液是使用广泛的护肤用品剂型。

（3）膏霜剂　保湿膏霜是根据用途或涂敷的需要制成油包水（W/O）型或水包油（O/W）型乳化体系，半固体的称为膏霜或香脂，流体的称为蜜或乳液。这类护肤化妆品包括润肤霜和蜜、营养霜、保湿霜、增白霜、调理霜、日霜、晚霜等。

4. 保湿类化妆品的主要成分　保湿剂是指能够保持、补充皮肤角质层中水分，防止皮肤干燥，或能够使已干燥、失去弹性、干裂的皮肤变得光滑、柔软、富有弹性的一类物质。通常把具有防止水分蒸发作用的油脂类保湿剂又称为润肤剂。按化学结构不同，保湿剂主要有以下几类：

（1）脂肪醇类　脂肪醇的化学结构特征是分子内含有醇羟基。低级多羟基醇易溶于水，醇羟基与水分子可形成氢键，使水分子不易挥发，从而发挥保湿作用；高级醇则不溶于水，能够在皮肤表面形成油膜，发挥封闭性保湿作用。

1）甘油：又称丙三醇，是常用的保湿剂。为无色、无臭、透明、有甜味的黏稠液体，易溶于水。甘油是性能良好的保湿剂，还可用作防冻剂，是 O/W 型乳液化妆品所不可缺少的原料，广泛用于护肤膏霜等化妆品。

2）丙二醇：是无色、无臭、略带苦辣味的黏稠液体。可溶于水、乙醇及大部分有机溶剂。丙二醇黏性低于甘油，手感好，在化妆品中可与甘油合用，也可替代甘油作为保湿剂。此外，也可用作其他有机物的溶剂。

3）1, 3-丁二醇：是无色、无臭、略有甜味的透明黏稠液体。溶于水和乙醇。不仅具有良好的保湿性，而且还具有抗菌作用，对皮肤无刺激。可用于膏霜、化妆水等化妆品，也可作为精油、色素的溶剂。

4）木糖醇：是白色晶体或者白色粉末状晶体，是从白桦树、橡树、玉米芯和蔗糖等植物中提取出来的一种天然甜味剂。纯的木糖醇是一种五碳糖醇，具有一般多元醇的保湿性能，可作为保湿剂添加到护肤产品中，可增加产品涂抹的润滑感。

5）泛醇：又称 D-泛醇，是维生素 B_5 的前体，故又称为维生素原 B。泛醇易被皮肤吸收，作为皮肤护理的保湿剂，渗透性好，同时能够刺激上皮细胞的生长，促进伤口愈合，具有消炎作用。

6）十六醇：又称鲸蜡醇，在化妆品中不但具有优良的保湿作用，还可起到增稠作用，常用于护肤膏霜等化妆品。

（2）有机酸及其盐类　有机酸分子中含有的羧基属于极性基团，可以与水分子作用形成氢键，使水分不易挥发，从而发挥保湿作用。由于有机酸直接加入化妆品中，一方面影响产品的 pH，另一方面会对皮肤产生刺激作用，一般多以有机酸盐或酯的形式用于化妆品中，这样不仅可以克服上述两方面的弊端，同时也可增大其在水或油中的溶解度。常用的有机酸及其盐类保湿剂如下。

1）乳酸：是自然界中广泛存在的有机酸，是人体天然保湿因子中的主要成分。易溶于水，对皮肤和头发均有较好的亲和作用，且与其他成分相容性好。其在表皮细胞间隙中结合水分，且能修复表皮屏障功能，保湿性能优于甘油。

2）乳酸钠：是天然保湿因子之一，为淡黄色黏稠液体，易溶于水。具有较强的吸湿和保湿能力，其保湿性优于甘油。常与乳酸组成缓冲溶液，用于润肤膏霜、乳液等化妆品。

（3）脂肪酸酯类　脂肪酸酯是一般保湿类化妆品中常用的保湿成分，主要分为低级醇脂肪酸酯和高级醇脂肪酸酯两类。

1）低级醇脂肪酸酯：代表性原料包括月桂酸乙酯、豆蔻酸异丙酯、豆蔻酸丁酯、棕榈酸异丙酯、棕榈酸丁酯等。这些合成油质原料渗透性好，应用在护肤膏霜、乳液中，可在皮肤表面形成一层黏度低、延展性好、无油腻感的润滑膜，阻碍表皮水分的过快蒸发。常与各种植物油脂配合使用，以调节膏体性能，而且能够提高其他润肤剂的渗透力，应用极为广泛。

2）高级醇脂肪酸酯：代表性原料包括豆蔻酸脂鲸蜡醇、豆蔻酸豆蔻醇酯、聚乙二醇单油酸酯等，有润肤调理作用，普遍应用于护肤膏霜、乳液中。

3）各种植物油：目前很多植物油作为保湿剂已被广泛用于各类护肤膏霜、乳液等化妆品中。

（4）酰胺类　此类保湿剂中含有羧基、羟基、酰胺基等亲水基团，对水有较好的亲和作用，具有良好的保湿性。

1）神经酰胺：又称为酰基鞘氨醇，是皮肤角质层细胞间脂质的主要成分，约占角质层脂质含量的 35%～40%，与胆固醇、胆固醇酯、脂肪酸等物质构成了细胞间脂质，在角质层中具有重要的生理功能。角质层中神经酰胺随年龄增长逐步减少直至消失，经皮肤补充神经酰胺以改善皮肤干燥及衰老等现象是一条有效而又可靠的途径。此外，神经酰胺也是毛发中脂质的主要成分，微量的神经酰胺可增加毛发毛皮细胞间的黏合力，修饰毛发表面，增加毛发的疏水性，具有调理毛发的功能。

2）尿素：是天然保湿因子之一，易溶于水。具有保湿及柔软角质的功效，且能改善粉刺。可作为保湿剂及角质柔软剂添加于护肤品中。尿素能够帮助皮肤保持水分，减少经皮水分流失，提高皮肤的水合作用。此外，尿素还具有改善皮肤屏障功能的作用，它有助于分解角蛋白，促进皮肤细胞再生，从而增强皮肤的防护功能和健康。在化妆品中，尿素通常以较低浓度（≤15%）存在，主要发挥保湿作用，而在较高浓度时，尿素可以作为角质溶解剂，用于治疗如银屑病等皮肤疾病。

3）尿囊素：是一种无毒、无味、无刺激性、无过敏性的白色晶体，是尿素的衍生物。作为日化产品的添加剂，尿囊素主要具有以下功能：增强肌肤、毛发最外层的吸水能力，改善肌肤、毛发和口唇组织中的含水量；软化角质层，增加皮肤的柔软性及弹性；促进表皮细胞再生，加快伤口愈合，是良好的皮肤创伤愈合剂。

（5）氨基酸与水解蛋白类

1）甜菜碱：又称为生物碱型两性离子保湿剂。为具有甜味的白色晶体粉末，易潮解。易溶于水和乙醇，具有很强的吸湿性，是一种吸收快、活性高的新型保湿剂。应用于个人护理产品时，本品能够迅速渗透到皮肤与毛发组织内部，增加其水分保持能力，提升细胞活力，赋予皮肤和毛发以滋润、滑爽的感觉。

2）聚谷氨酸：又称为纳豆菌胶。主要是通过微生物发酵产生水溶性多聚氨基酸，经过分离精制而得到的一种白色晶体粉末。易溶于水。这种生物高分子具有长效保湿、安全温和、生物降解性好等优点，作为保湿剂可用于护肤化妆品。

3）玉米谷氨酸：由玉米蛋白通过发酵法和化学水解法制备得到，与皮肤亲和性好，具有良好的吸湿作用。作为保湿剂，玉米谷氨酸与其他具有黏弹性的蛋白质不同，可赋予皮肤丝一般柔软的感觉。

4）动物水解胶原蛋白：由药用明胶水解制得，易溶于水，是分子量较低的蛋白质，与皮肤和头发表面的蛋白质分子亲和力较大。在护肤品中，动物水解胶原蛋白与皮肤表面的蛋白质结合，起到天然保湿剂的作用，同时也可降低其他制剂的刺激性。水解胶原蛋白在化妆品中的应用发展速度很快，能滋润肌肤，赋予其平滑感觉，是化妆品的重要原料。

（6）多糖类

1）透明质酸：是一种直链高分子多糖，也是存在于真皮基质中的一种氨基多糖类物质，简称 HA。透明质酸为白色、无臭、无定形固体。其水溶液不仅具有较高的黏度，而且还具有高的黏弹性和渗透压，使其具有较强的保水作用。透明质酸是性能优良的功能性生化物质，广泛存在于哺乳动物的眼球玻璃体、角膜、关节液、脐带及结缔组织中。透明质酸在真皮中含量占氨基多糖（糖胺聚糖）的 70%左右，主要作用是维持真皮结缔组织中的水分，使结缔组织处于疏松状态，从而使皮肤饱满光滑，柔软细嫩。由于透明质酸在真皮中的特异保水性能，在护肤品中常作为保湿剂使用。

2）甲壳质：是一种从海洋甲壳类动物的壳中提取出来的多糖物质，常见的来源包括虾壳、蟹壳等海洋生物的外壳，以及某些藻类、菌类和软体动物的骨骼。甲壳质为白色无定形半透明物质，无臭、无味，分子量较高，可达 100 万以上，几乎不溶于水及各种有机溶剂，限制了其使用范围。目前，一般都利用甲壳质为原料，制成水溶性甲壳质衍生物，以扩大其使用范围。在化妆品中以成膜剂、毛发保护剂等形式应用，具有保湿、修复、抗氧化等作用。

3）海藻酸钠：既是保湿剂又是增稠剂，其双重作用在某种程度上也恰恰限制了其作为保湿剂时的应用范围。例如，在一些肤感要求清爽的保湿膏霜乳液中，海藻酸钠用量比例应有所降低。

4）葡聚糖：是以葡萄糖为单糖组成的同型多糖，分为 α-葡聚糖和 β-葡聚糖。其中 β-葡聚糖是一种天然多聚糖，具有深层修复、保湿作用，能够清除体内过剩自由基，增强皮肤屏障功能，具有防晒及晒后修复功能。可作为保湿剂、抗衰老功能性原料用于各类肤用化妆品。

5）银耳多糖：从银耳中提取制得，其水溶液有极高的黏性。锁水能力及成膜性均优于透明质酸，形成的膜更柔软、富有弹性。相关实验研究显示，银耳多糖也具有抗氧化能力。银耳多糖作为保湿剂、肤感调节剂及抗衰老功能性原料应用于护肤产品。

5. 保湿类化妆品的功效评价 保湿性是护肤化妆品最基本的功能，评价化妆品对皮肤的保湿效果，实际上就是测试和评价化妆品对皮肤水分的保持作用。目前国内外测试保湿效果的方法主要有以下几种。

（1）肉眼视觉主观半定量判断 保湿性是护肤化妆品最基本的功能，评价化妆品对皮肤的保湿效果，实际上就是测试和评价化妆品对皮肤水分的保持作用。目前国内外测试保湿效果的方法包括经典测量法和仪器测定法。最简单的方法，以皮肤的干燥程度为参数。例如，采用视觉模拟标尺评分法，用一条长 10cm 的标尺，标有 10 个等距离刻度，两端分别标为“0 分”和“10 分”。“0 分”表示皮肤不干燥，“10 分”代表极度干燥。测量时将刻度面向受试者，让受试者自己在直尺上标记能代表自己皮肤干燥程度的相应刻度位置，以此评分。

（2）直接测量角质层水分　使用红外线、磁共振光谱仪或其他成像技术，以无创的方法直接定量测定皮肤角质层中水分子的浓度。

（3）间接测量角质层水分　通过测量电导、电容、阻抗、瞬时热传导等物理参数，间接反映角质层的水含量。

（4）测量经皮水分丢失（TEWL）　反映的是水从皮肤表面的蒸发量，是皮肤屏障功能的重要参数。正常皮肤的特性之一就是皮肤水分和透皮水蒸发含量之间保持一定的比例。干燥性皮肤就是皮肤屏障功能受到破坏，透皮水蒸发值增加。使用具有修复皮肤屏障作用的保湿产品后，经皮失水率应降低。因此 TEWL 值是评价保湿剂功效的一个重要参数。

6. 保湿类化妆品的选择与使用

（1）按皮肤类型选择使用　油性皮肤皮脂分泌多，毛孔粗大，易出现痤疮，所以保持皮肤清洁，抑制皮脂过多分泌尤为重要。油性皮肤的油分虽多但多数缺水，因此去油的同时要注意保湿。

干性皮肤缺乏油脂，易干燥，产生紧绷感、皱纹和色素，需要保湿、滋润，防止皮肤老化及色素生成。

中性皮肤是最理想的皮肤，可选择使用化妆品的范围比较大，以保湿为基础，可适当去油、收敛或美白。中性皮肤护理时应注意随气候变化选用不同的化妆品。

混合性皮肤兼具干性与油性皮肤的特点，其干性区与油性区化妆品的选择使用可分别参照上述。

敏感性皮肤由于对外界多种因素特别是含有香料、色素的化妆品极易产生过敏反应，更需要特别保养，最好选择特殊功效护肤品。

（2）按性别选择使用　男性需要选择油脂含量少的化妆品。女性皮肤护理除了保湿及防晒外，还可用一些富含营养成分的护肤品及抗老化产品。

（3）按年龄选择使用　婴幼儿应选择不含香料、乙醇、无刺激，能维持皮肤水油平衡，不宜经常更换护肤品，以免皮肤过敏或产生不适症状，并且要注意保湿、防晒。青年皮肤护理主要是加强皮肤清洁、控油、保湿和防晒。老年人皮肤护理要点是：选择含油脂较多的霜剂或乳液护肤品以保湿、滋润皮肤，同时外搽防晒剂，避免色斑产生，最后还需要补充一些抗氧化产品，如维生素 E、维生素 C 等富含营养成分的抗老化护肤品。

（三）抗衰除皱类化妆品

随着社会经济发展，抗衰除皱类美容护肤越来越受到人们的关注，具有延缓皮肤衰老作用的化妆品已经成为诸多化妆品生产厂家研究的热点方向。

1. 抗衰除皱类化妆品原理　延缓皮肤衰老可以针对引起衰老的原因和衰老所引起的病理变化进行，可通过以下几种途径得以实现。

（1）深层保湿　皮肤的老化与角质层含水量下降有着密不可分的关系。补充足够的水分，并使其在皮肤角质层中的含量维持在恒定的水平，是维持肌肤弹性和光泽的必要条件。因此，保湿剂是抗衰嫩肤产品中必不可少的成分。

（2）高效防晒　紫外线照射导致的光老化速度远远大于人体皮肤自身的衰老进程。因此，不适度的日晒是造成皮肤皱纹和弹性组织变性的主要原因，防止紫外线照射应是抗衰嫩肤化妆品必备的功能。

（3）清除自由基　自由基可从多方面对皮肤造成损伤，加速皮肤的衰老，因此，清除自由基已成为抗衰嫩肤化妆品的研究方向。有许多产品采用超氧化物歧化酶（SOD）来达到清除自由基的目的。

（4）补充营养　皮肤的营养除了来自人体内部，还需要从外界不断补入，以改善因肌肤老化而导致的营养不足，加速皮肤的新陈代谢，令肌肤充满活力，减少皱纹产生，延缓衰老。

（5）增强细胞新陈代谢　细胞功能的衰退是衰老的实质，通过增强细胞的增殖和代谢能力以提高组织细胞功能，是抗衰嫩肤的根本对策。此外真皮组织细胞外基质的含量与质量的改变也是皮肤衰老的又一关键因素，因此，重建皮肤细胞外基质，也是抗衰嫩肤的有效途径。

2. 抗衰除皱类化妆品的分类

（1）按产品剂型分类　根据产品的物理形态，抗衰除皱类化妆品主要可以分为水剂、精华、乳液、膏霜、凝胶、面膜等。

（2）按抗衰老机制分类　根据产品中的活性物质抗衰老机制，抗衰除皱类化妆品可以分为清除自由基类、防护紫外线类、细胞修复类、保湿类。

3. 抗衰除皱类化妆品的主要成分　具有延缓皮肤衰老的作用，常见的有以下几类。

（1）抗氧化活性原料

1）超氧化物歧化酶（SOD）：是一种生物抗氧化酶，广泛分布于从细菌、真菌到高等植物、高等动物，包括人类的各种生物体中，能够使体内过氧化物自由基经过歧化作用而被清除，从而达到解毒的作用。SOD 能有效地消除人体内生成过多的致衰老因子——超氧自由基，因而具有调节体内的氧化代谢和延缓衰老、抗皱等生物学作用和效果。

2）谷胱甘肽过氧化物酶（GTP-P_X）：是以谷氨酸、甘氨酸和半胱氨酸为主的过氧化氢还原酶。GTP 可在过氧化氢生成的同时就催化分解它为水和氧气，从而保护皮肤的不饱和脂质膜。可治疗脂质过氧化物引起的皮炎，减轻色素沉着，有抗衰老作用。

3）维生素 E：又名“生育酚”，是生物学上最重要的抗氧化剂。它是自由基的去除剂，阻止过氧化脂质的生成，又能保护 SOD，降低可溶性胶原蛋白向不可溶性胶原蛋白的转化速度，从而保持皮肤的弹性，减少皮肤皱纹。

4）维生素 C：又名抗坏血酸，同维生素 E 一样具有抗氧化作用。此外，它还可以刺激胶原蛋白的合成，同时又具有美白作用。由于维生素 E 和维生素 C 易氧化，在化妆品中使用时，常常将其包裹在微囊或一定的载体中，与氧、光线隔离以防止过早氧化。

5）辅酶 Q_{10}：是组成细胞线粒体呼吸链的成分之一，辅酶 Q_{10} 是细胞自身产生的天然抗氧化剂，类似于维生素 E，能抑制线粒体的过氧化，减少自由基生成，提高体内 SOD 等酶的活性，抑制氧化应激反应诱导的细胞凋亡，应用于化妆品中具有显著的抗氧化，调理皮肤，延缓衰老的作用。

6）麦角硫因：化学名 2-巯基-L-组氨酸三甲基内盐，是一种含有疏水性侧链的 L-组氨酸衍生物，属于一种天然存在的抗氧化剂。其结构中含有一个巯基，是其抗氧化的关键基团。麦角硫因主要来源于某些食用菌类（如香菇、金针菇等）、深海鱼（如三文鱼、金枪鱼等）、酵母等食物中，也可通过微生物发酵来生产。麦角硫因可通过清除自由基、抑制炎症因子的产生、与糖类发生反应减少糖化作用、促进细胞的修复和再生，使皮肤保持年轻状态。

（2）细胞修复类原料

1）细胞生长因子：细胞的生长分裂能力反映了细胞的状态。细胞生长因子是生物活性多肽，能够刺激靶细胞增殖和分化，主要包括表皮生长因子、成纤维细胞生长因子、角质细胞生长因子等。

2）果酸：是指从天然水果中萃取出来的多种有机酸的总称。果酸作为抗衰嫩肤原料主要是通过加速细胞更新速度和促进死亡细胞脱离等方式来达到改善皮肤状态的目的，令皮肤光滑、柔软、富有弹性。一般情况下，果酸分子量越小，浓度越高，则抗皱效果越好，但刺激性也越大。通常加入消炎、抗刺激物质，以降低果酸引起的刺激。在化妆品配方中的浓度一般为 2%～8%。

3）羊胚胎素：是从母羊胎盘中抽取并提炼的一种活性胚胎细胞精华，含有表皮细胞生长因子、脱氧核糖核酸（DNA）、超氧化物歧化酶、糖胺聚糖、脂蛋白、酵素、维生素、卵磷脂、胸腺素及矿物质等营养成分，这些物质能够渗入皮肤深层组织，刺激人体组织细胞分裂和活化，促进老化细胞分解排出，延缓皮肤衰老。

4）β-葡聚糖：是酵母细胞壁提取物，具有激活免疫和生物调节器的作用。β-葡聚糖可刺激皮肤细胞活性，增强皮肤自身免疫保护功能，修护皮肤，减少皮肤皱纹产生，延缓皮肤衰老。

5）尿苷：是一种天然的核苷类化合物，存在于灵芝、冬虫夏草、北柴胡等中药中，由尿嘧啶与核糖（呋喃核糖）环组成，是生物体中核糖核酸及一些辅酶的成分，为白色结晶性粉末或针状结晶，能够加速皮肤细胞的新陈代谢和皮肤角质层的再生，特别适用于状况不良或需要特殊护理的皮肤类型。

4. 抗衰除皱类化妆品的功效评价　抗衰化妆品的评价方法主要通过一系列实验室和临床的方法来评估其对皮肤的抗衰老效果，这些方法包括生化法、细胞法、3D 皮肤模型法、离体皮肤法和人体法。评价抗衰除皱类化妆品的功效性是一个复杂的过程，需要综合运用不同的实验技术和方法（图 6-1-5）。

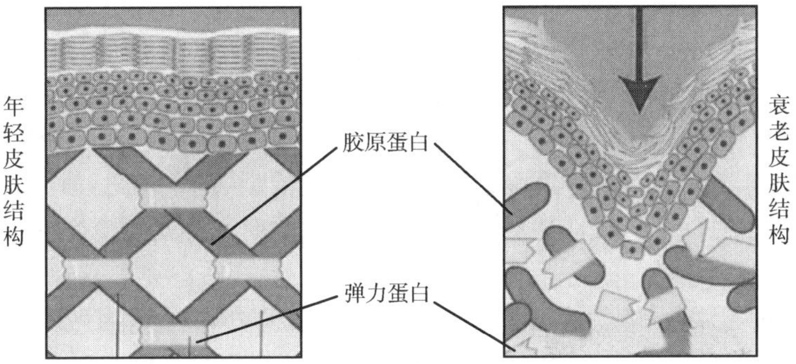

图 6-1-5　以蛋白为指针的生化法评价化妆品的抗衰除皱功效

5. 抗衰除皱类化妆品的选择与使用　不同年龄预防皮肤衰老的作用机制不同：

（1）20～30 岁预防为主，可选含抗氧化成分（如维生素 C、维生素 E）的产品，每日早晚基础护肤时使用精华液和面霜，注意防晒。

（2）30～40 岁需要注重皮肤细胞的修复，加强保湿修复，选含胶原蛋白、透明质酸、神经酰胺等皮肤细胞修复功效的抗衰除皱类化妆品。

（3）40 岁以上人体内自主清除自由基的能力差，所以在选择抗衰除皱类化妆品时，应注重选择含有自由基清除剂的产品，同时着重保湿抗皱，选高浓度透明质酸、神经酰胺产品，简化护肤步骤。

当然，无论哪个年龄段的人群，必要的保湿与防晒措施都不能忽视。

（四）祛痘类化妆品

祛痘主要为抗痤疮，痤疮的形成主要与毛囊皮脂腺内的皮脂分泌过多、毛囊皮脂腺导管角化过度和痤疮丙酸杆菌的过度增殖和炎症反应等有关。但需指出的是，痤疮为一种皮肤病，必须由皮肤科医师治疗，祛痘类化妆品只能起到辅助作用。

1. 祛痘类化妆品的原理　根据对痤疮发病机制的认识，抗痤疮化妆品在进行配方设计时主要从以下几方面进行。

（1）抑制皮脂分泌　皮脂分泌亢进是由雄激素所支配，因此对于痤疮的皮肤问题，内调激素比外治更重要。少数雄激素的外用制剂也具有一定的减少皮脂分泌的作用，但其中有些原料目前主要作为治疗痤疮的外用药活性成分使用，作为化妆品原料则受到政策法规的限制或禁用。

（2）溶解及去除角质和油脂　粉刺发生时，毛囊漏斗内致密的角质栓堵住毛囊口，毛囊扩张。为排出毛囊漏斗内的角栓，使毛囊口通畅，可使用硫黄等功效性成分使角质溶解或剥离。

（3）抗炎抑菌　微生物感染及炎症介质是痤疮发病的重要因素，抑菌消炎是防治痤疮的途径之一。

2. 祛痘类化妆品的分类

（1）清洁类　痤疮患者多伴有皮脂溢出，清洁是为了有效去除皮肤表面多余的皮脂和皮屑，保证毛囊的通畅。清洁的同时不能破坏皮肤正常的脂质结构和导致皮肤刺痛、红斑、瘙痒等。因此，清洁剂性质应当温和，抗痤疮类清洁剂内常添加一些抗痤疮的活性成分。目前常用的类型有皂类、乳液、泡沫剂、凝胶。

（2）水剂类　爽肤水可以去除洁面后皮肤残留的皮脂，而收缩水可以加入金缕梅、水杨酸、间苯二酚等溶解角质成分，减少皮脂分泌，同时收缩毛囊皮脂腺开口，减少皮脂排泄。

（3）多重功效祛痘类化妆品　近年来各化妆品企业在不断开发出具有抑菌、抗炎、去角质、保湿、去痘印等多重功能的祛痘类化妆品。

3. 祛痘类化妆品的主要成分

（1）皮脂抑制剂

1）硫黄：具有抗菌作用，能杀灭皮肤中的寄生虫，如疥虫、螨虫，同时具有溶解皮肤角质层、去除皮肤表面多余皮脂、溶解角栓的作用。常用来制备洗剂、霜剂、软膏等，外用于痤疮皮损。

2）B 族维生素：作为皮脂抑制剂，主要包括维生素 B_6 和维生素 B_2。它们通常作为痤疮治疗的辅助手段，与抗生素药物及日常护理配合使用，以提高治疗效果。由于 B 族维生素外用无法进入皮肤内，无法经过肝脏代谢形成活性形式，此类维生素的使用方式主要是口服补充，用于痤疮、脂溢性皮炎等疾病。

3）锌剂：锌元素可以通过皮脂抑制、抗炎杀菌和免疫调节等机制治疗痤疮。锌剂的使用方式多样，包括口服和外用。口服锌剂如硫酸锌、葡萄糖酸锌等，可以补充体内锌含量，改善痤疮症状。外用锌剂，如含锌的洗面奶或药膏，可以直接作用于皮肤，帮助控制皮脂分泌和减轻炎症。锌剂因其便宜、有效、副作用少，常被推荐用于痤疮治疗。

（2）角质溶解剂

1）水杨酸（SA）：是一种 β-羟基酸，具有去角质、抗炎和抗菌的作用。水杨酸的脂溶性使其能深入毛囊，溶解角质栓，改善毛孔阻塞，促进粉刺排出。日常使用时，通常以 1%～2%的浓度局部涂抹于粉刺或痘痘处，早晚各一次，以辅助改善和温和护理皮肤（图 6-1-6）。

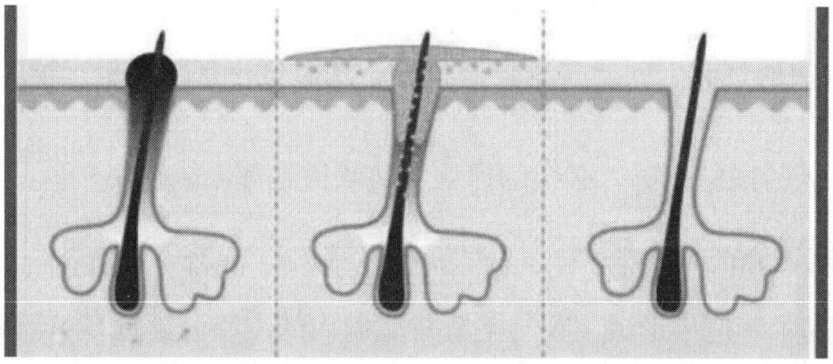

图 6-1-6　水杨酸祛痘原理

A. 溶解油脂；B. 疏通毛孔；C. 调节角质代谢

2）过氧化苯甲酰：是一种常用的局部痤疮治疗药物，具有抗菌、溶解角质和粉刺溶解活性。其作用机制主要是通过释放新生态氧和苯甲酸，破坏痤疮丙酸杆菌和抑制游离脂肪酸形成，可用于中度痤疮。

3）间苯二酚：具有抗细菌、抗真菌和溶解角质的作用。其抗痤疮的作用机制主要是通过使蛋白变性和溶解角质，并略有抗菌作用。间苯二酚的局部使用形式可以用于治疗湿疹、痤疮、银屑病、疣等皮肤疾病，使用方式通常是制成洗剂或软膏后外涂。

4）白柳皮提取物：主要活性成分是水杨苷，具有抗炎和镇痛作用，减少毛囊壁不正常脱落现象，预防痤疮的产生。白柳皮提取物还能通过软化角质，减少毛孔阻塞，对青春期粉刺、寻常型痤疮有较好效果。含 10%白柳皮提取物的产品的消炎作用优于 1%的水杨酸，且刺激性更低。

（3）抗菌与抗炎成分

1）金缕梅提取物：含有的没食子酸和单宁等化合物具有抗炎作用，能抑制痤疮丙酸杆菌诱导的炎症性痤疮问题。此外，金缕梅提取物作为一种收敛剂和抗氧化剂，常被添加到祛痘化妆品中，用于局部治疗痤疮和其他皮肤炎症。

2）马齿苋提取物：是一种从马齿苋的茎和叶中提取的生物活性成分。马齿苋提取物含有多种抗炎成分，能够有效减轻皮肤炎症，缓解皮肤红肿和瘙痒等症状；同时富含抗氧化成分，能够中和自由基，减少氧化应激，从而延缓皮肤衰老，此外具有保湿、修复等作用，温和不易过敏，被广泛应用于护肤品中。

3）茶树油：是以桃金娘科植物互叶白千层的叶中提取出来的无色或淡黄色的油状液体，具有独特的芳香气味。在化妆品中，茶树油主要因其卓越的抗菌、抗炎特性而被广泛应用。它能有效抑制痤疮丙酸杆菌等微生物的生长，因此常被加入控油祛痘类护肤品中。此外，茶树油还具有抗炎和调节皮脂分泌的作用。使用时通常稀释后涂抹于患处，以减少对皮肤的刺激。

4）红没药醇：是一种从没药树中提取的倍半萜类化合物，呈无色至淡黄色的澄清液体或结晶性粉末状，具有独特的香气，具有抗炎抑菌的作用。红没药醇稳定性好，与皮肤有很好的相容性，能降低皮肤炎症，减轻皮肤粉刺，防止暗疮产生，提高皮肤的抗刺激能力，修复炎症皮肤，可作为主剂或助剂用于防治痤疮等皮肤疾病。

5）姜根提取物：是姜科植物姜的根茎提取物，含有多种活性成分，如姜醇、姜烯和姜辣素等。姜根提取物通过抑制炎症因子 COX-2 和 PGE-2 的表达，减轻皮肤泛红和肿胀，具有舒缓抗炎作用。同时，姜辣素等成分具有抗氧化性，能够清除自由基，减少痤疮炎症后的色素沉着。姜根提取物添加在祛痘类化妆品中时要注意使用浓度，浓度过大时对损伤性皮肤刺激更大。

4. 祛痘类化妆品的功效评价　祛痘类化妆品的功效评价方法有临床评估、仪器测试及主观评价等方法，国内外目前尚无统一标准。国内多依据《化妆品祛痘功效测试方法》团体标准，采用随机盲法试验，评估受试者使用产品前、使用后 2 周、使用后 4 周的面部皮损消退程度来反映产品效果；也可从抗炎、控油、抑菌作用途径方面进行体外评价。

5. 祛痘类化妆品的选择与使用　痤疮患者的皮肤已经受损并伴有炎症，在选用化妆品方面应注意以下几点。

（1）清洁类产品应以控油、温和、少刺激为原则，可选用皮肤科专用洁肤皂；不宜频繁使用抗菌清洁剂；洁肤凝胶较温和，可作为日常洁肤用品。

（2）化妆水主要选用收缩水和爽肤水，量不宜多，特别是急性期的患者不适宜使用；男性痤疮患者可选用含过氧化苯甲酰的剃须水。

（3）润肤品最好选用含油脂少的乳液和露剂等，或含有水杨酸、硫黄等抗痤疮原料的润肤品。

（4）应尽量选用标签上印有“不导致粉刺”或“不导致痤疮”的化妆品。

（5）避免使用具有刺激性的磨砂膏去角质，不宜化浓妆，洗脸水不宜过热等。

（五）面膜类化妆品

面膜类化妆品是一种敷于面部的美容产品，旨在为皮肤提供营养和保湿，是集清洁、护肤和美容为一体的多功能化妆品。

1. 面膜类化妆品概述　面膜类化妆品通过隔绝皮肤与空气，提高皮肤温度，促进面膜中的营养物质（维生素、水解蛋白等）和药物成分渗透进皮肤，增强皮肤功能。在皮肤停留一段时间后，面膜的黏附作用帮助去除老化角质和毛孔污垢，实现深层清洁。面膜提供营养治疗，改善肤质，是一种集滋养与清洁于一体的高效护肤方式。

2. 面膜类化妆品的分类　根据不同的标准，面膜类化妆品有多种分类方法。

（1）按产品形态分类　凝结性面膜（硬膜、软膜、蜜蜡面膜、可干啫喱面膜），非凝结性面膜（保湿啫喱面膜、矿泥面膜、粉膏面膜、油膏面膜、蛋奶面膜、蜂蜜面膜、果蔬面膜、草药面膜），电离面膜，胶原面膜（骨胶原面膜），其他面膜（稀土磁面膜、纯金面膜）。

（2）按功效分类　保湿面膜、营养面膜、防皱面膜、美白祛斑面膜、消粉刺面膜、防敏面膜。若按性质可分：中草药面膜（人参面膜、当归面膜）、化学面膜、植物面膜（果酸面膜、芦荟面膜、荔枝面膜、黄瓜面膜、绿茶面膜）、矿物质面膜、海洋生物面膜（海藻面膜、鱼精蛋白面膜）、动物面膜（胎盘面膜、蚕丝面膜、蜂蜜面膜、牡蛎面膜、珍珠面膜、胶原水解蛋白面膜）、生物面膜（透明质酸面膜、人表皮生长因子面膜）、类激素面膜（牛初乳营养因子面膜、丹参酮面膜）。

（3）按使用方式分类

1）洗去型面膜：通常是泥状或膏状，涂抹在面部停留一段时间后将面膜洗掉，侧重于清洁功效。

2）免洗型面膜：通常为乳、霜状或啫喱状，可较长时间停留于皮肤表面，无须特意清洗。

3. 面膜类化妆品的主要成分　面膜类化妆品的成分种类较多，具有不同的护肤功效。清洁面膜一般含有高岭土、膨润土等吸附力强的成分，有助于吸附皮肤表面及毛孔内的杂质，也有在面膜中使用含吸油能力的泥类成分、保湿或去角质成分，这样改善后的清洁面膜能在比较轻薄的使用感官下同时达到良好的清洁效果。保养面膜含有高浓度的精华液，包括保湿剂、抗氧化剂、营养成分，如美白祛斑、消炎、镇定、抗老、除皱等相关成分。功效型面膜根据不同的功效需求，包含果酸、VC、胎盘素、胶原蛋白等特定成分。

4. 面膜类化妆品的功效评价　面膜的功效是多方面的，可以通过人体功效评价试验和体外功效评价试验等对面膜类化妆品的深层洁肤作用、保湿作用、促进营养物质的吸收和减少皱纹等功效进行评价。

5. 面膜类化妆品的选择与使用　是护肤过程中重要的一环。根据不同肌肤问题明确护肤需求，如保湿补水、美白提亮、抗老紧致、清洁祛痘等。尽量选择成分简单、天然的面膜，避免一些可能引起过敏的成分，如香精、乙醇和某些防腐剂。

使用面膜前一定要充分卸妆并且清洁肌肤，确保肌肤表面无残留物。将面膜贴在脸上时，要避开眼周和唇周等敏感部位，尽量让面膜与肌肤紧密贴合，不要留有气泡。一般敷面膜的时间为15～20分钟，不宜过长，以免肌肤过度水合。敷完面膜后要及时用清水洗脸，避免面膜中的增稠剂残留在肌肤上。敷完面膜后要进行后续的护肤步骤，如涂抹乳液或面霜以锁住水分和营养。面膜不宜频繁使用，一般每周2～3次即可，过度使用可能会导致肌肤敏感或产生依赖。使用面膜后要注意观察肌肤的反应，如出现皮肤发红、水疱、刺痛、灼烧感或严重过敏反应，要立即停止使用并咨询皮肤科医师。

（六）抑汗除臭类化妆品

体臭是由于汗腺和皮脂腺分泌物中的有机物被皮肤上细菌所降解，产生了具有特殊气味的小分子挥发性物质。发生于腋下者也称为腋臭或狐臭。抑汗除臭类化妆品是主要是通过抑制汗液分泌以及抑制细菌繁殖的作用，去除或减轻汗液等的臭味。清除体臭的化妆品，是针对体臭人士所设计和生产的一种化妆品。

1. 抑汗除臭类化妆品机制　抑汗除臭类化妆品减轻或祛除体臭的途径有以下三种：①抑制汗液分泌，体臭的产生源于汗液的分泌，通过使用收敛剂，抑制汗液的过量分泌，从而达到间接减轻体臭的目的；②利用杀菌剂，抑制细菌的繁殖，减轻细菌的分解作用，消除产生体臭的来源；③利用现代配香技术，设计除臭香精，使体臭与香精气味混合，结合成使人愉快的气味，或将不良气味的强度降低至可以接受的水平。

2. 抑汗除臭类化妆品的分类　根据产品的形态和使用方式，抑汗除臭类化妆品可以大致分为以下几类。

（1）按产品形态分类

1）粉状产品：以滑石粉等粉质原料作为基质，加入一定量的收敛剂配制而成。具有抑汗、吸汗、滑爽等作用。但由于附着力差，抑汗效果可能不如其他类型产品。

2）液状产品：液体配方简单，便于涂抹和携带。能够快速渗透皮肤，发挥收敛和除臭作用。

3）膏状产品：膏霜类产品多在雪花膏型配方的基础上加入收敛剂而制得 O/W 型乳化体系。由于收敛剂多为水溶性盐类，溶解在水中能形成连续相的 O/W 型乳化体系，因此具有较好的收敛抑汗效果。携带和使用方便，同时能够长时间保持肌肤干爽。

（2）按功能分类

1）抑汗类化妆品：利用收敛剂使皮肤表面的蛋白质凝结，阻塞汗液的排出，从而抑制汗液的过多分泌，间接防止汗臭。

2）除臭类化妆品：通过抗菌剂抑制产生体臭的致病菌的生长，或通过化学除臭剂与臭味物质反应消除臭味，以及使用芳香剂直接掩盖或消除不良气味。

（3）其他分类　除了上述按产品形态和功能分类外，抑汗除臭类化妆品还可以根据其他特点进行分类，如是否含有特定植物提取物、是否适合敏感肌肤等。

3. 抑汗除臭类化妆品的主要成分　抑汗除臭类化妆品可以制成液状、膏霜状、粉状三种。其中粉状是以滑石粉等粉质原料和抑汗剂组成，但因附着力差，抑汗效果不如其他抑汗除臭类化妆品而逐步被淘汰。液体抑汗除臭类化妆品主要由抑汗剂、乙醇、水、保湿剂、增溶剂和香精等组成。膏霜抑汗除臭类化妆品由油质原料、水分和乳化剂等基础原料以及抑汗除臭的活性成分所组成。

抑汗除臭类化妆品中主要的抑汗除臭活性成分主要包括以下几类：①金属盐类，如氯化铝、碱式氯化铝、硫酸钾铝、苯酚磺酸锌、尿囊素二羟基铝、尿囊素氯羟基铝、明矾等，其中铝盐除具有抑汗作用外，还有杀菌、抑菌作用；②酸类，其中有机酸如单宁酸、柠檬酸、琥珀酸、乳酸、酒石酸等，无机酸如硼酸等；③吸附性除臭剂，如分子筛等。

部分中草药提取物也具有一定的收敛和除臭作用，如金缕梅、地衣、龙胆、百里香、丁香、广木香、藿香、荆芥、山金车花、茶树油、鼠尾草提取液等。需要注意的是，抑汗除臭类化妆品中的抑汗剂和杀菌剂等功能性原料多为化妆品限用物质，因此其使用浓度应符合我国《化妆品安全技术规范》的规定。

4. 抑汗除臭类化妆品的选择与使用　在使用抑汗除臭类化妆品时，需要注意以下几点：在使用前进行皮肤测试，以避免过敏反应；不要过量使用，以免产生不适或影响皮肤健康。抑汗除臭类化妆品应存放在阴凉干燥处，避免阳光直射和高温环境。

二、发用类普通化妆品

头发的清洁、护理和修饰是美容的一项重要内容。发用类普通化妆品就是一类能够满足上述要求，用于清洁、护理和美化头发的一类日用化妆品，主要包括洗发类、护发类、整发类、去屑类等（图 6-1-7）。

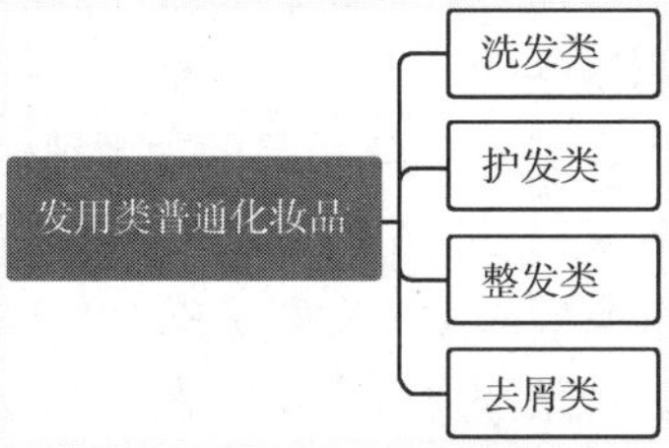

图 6-1-7　发用类普通化妆品分类

（一）洗发类化妆品

洗发类化妆品主要用于洗净附着在头皮和头发上的灰尘、油脂、汗垢、头屑及不良气味等。早期的洗发类化妆品功能单一，自 20 世纪 80 年代，随着改革开放和生活水平提升，洗发类产品逐渐普及。21 世纪初，消费者对产品安全性和功效性要求提高，洗发类化妆品步入高质量发展，产品功能多样化，成分升级，市场细分明显。

1. 洗发类化妆品概述　洗发类化妆品的清洁能力主要依赖于表面活性剂。表面活性剂是一类既含有亲水基团又含有疏水基团的物质。疏水基团能与头发和头皮表面的油脂、灰尘等污物结合，将其从头发和头皮上分离。亲水基团则与水分子结合，帮助将分离出的污物溶解在水中，从而被冲洗掉（图 6-1-8）。为了减少对头皮的刺激并维持头皮的健康状态，洗发类化妆品通常会通过添加酸碱调节剂（如柠檬酸）来调节其 pH，使其与皮肤的 pH 相近。

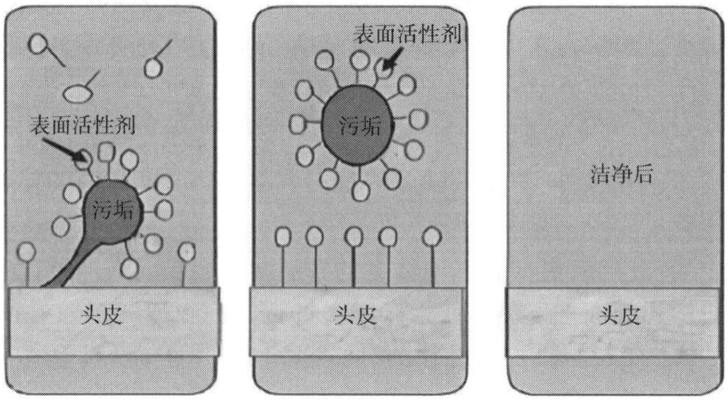

图 6-1-8 洗发用品作用机制示意图

2. 洗发类化妆品的分类 洗发类化妆品的种类很多，按形态分类有液状、膏状、凝胶状等；按功能分类有普通类、调理类、去屑止痒类等，主要是向洗、护、养多功能方向发展。

（1）液状类 按外观性状可分为液状透明型和液状乳浊型两类。

1）液状透明型：具有外观透明、泡沫丰富、易于清洗等特点，在整个市场上占有很大比例。液状透明香波由于要保持香波的透明度，在原料的选择上受到很大限制，以便产品即使在低温时仍能保持透明清晰，不出现沉淀、分层等现象。

2）液状乳浊型：包括乳状和霜状两种。由于外观呈不透明状，原料的选择范围较广，可加入各种调理剂。

（2）膏状类 即洗发膏，由于呈不透明膏状体，故可加入多种具有调理、滋养等作用的物质。

（3）凝胶类 呈透明胶冻状，可配成多种浅淡色泽，使外观晶莹剔透，令人悦目。

3. 洗发类化妆品的主要成分 表面活性剂是洗发类化妆品中的主要成分，主要发挥洗涤、发泡、稳泡和增稠等作用，根据其在洗发类化妆品中发挥作用的不同又可分为主表面活性剂和辅助表面活性剂两类；其他添加剂的作用主要是改善洗发类化妆品的使用性能及感官效果等，主要包括调理剂、增稠剂、螯合剂、澄清剂、珠光剂、防腐剂、色素、香精、去屑止痒剂及营养剂等。表面活性剂主要发挥洗涤和发泡作用，目前最为常用的是一些阴离子表面活性剂，主要有脂肪醇硫酸盐、脂肪醇聚氧乙烯醚硫酸盐、单脂肪酸甘油酯硫酸盐、脂肪醇醚磺基琥珀酸酯盐、*N*-酰基谷氨酸盐等。辅助表面活性剂的作用主要是增泡、稳泡、增稠、增加洗净力及降低主表面活性剂的刺激性等。

4. 洗发类化妆品的功效评价 通常涉及多个方面，包括清洁效果、去屑能力、控油性能、护发效果以及安全性等。清洁效果是洗发类化妆品最基本且最重要的功效之一。品质好的洗发产品应能够有效去除头发和头皮上的油脂、污垢和死皮细胞，同时不损伤头发和头皮。评价清洁效果时，可以观察洗发后头发的清爽度和头皮的洁净感，以及是否有残留物。

5. 洗发类化妆品的选择与使用 洗发类化妆品的具体效果可能因个人发质和头皮状况而异。在选择洗发产品时，建议根据自己的需求和发质特点进行选择，并关注产品的成分表和质量检测报告等信息。

（二）护发类化妆品

护发类化妆品的主要作用就是补充头发油分和水分的不足，赋予头发自然、健康、光泽和美观的外表，同时还可减轻或消除头发或头皮的不正常现象，以达到滋润、保护、修饰头发及固定发型的目的。

1. 护发类化妆品概述　护发类化妆品是指用于保护、修复和改善头发发质的日用化学制品，产品通过特定的成分和配方实现其对头发的保护和修复作用。

（1）形成保护层　护发类化妆品，如护发素和发膜，通常含有阳离子表面活性剂作为主要成分。这些成分具有正电荷，而头发在洗发后通常带有负电荷。当护发产品被涂抹在头发上时，阳离子型表面活性剂的正电荷部分会吸附在头发的负电荷表面，形成一层保护膜。这层保护膜有助于减少头发的摩擦和静电，使头发更加顺滑和易于梳理。

（2）补充油分和水分　护发产品中的保湿剂和赋脂剂成分能够补充头发在洗发过程中失去的油分和水分。保湿剂，如甘油、丙二醇等，能够吸收并锁住水分，防止头发干燥。

（3）修复受损发质　对于受损发质，护发产品中的修复成分能够深入发芯，修复因烫发、染发或频繁洗发等造成的损伤。这些修复成分可能包括蛋白质、氨基酸、维生素等，它们能够补充头发所需的营养，修复受损的发质结构，使头发恢复健康状态。

（4）抗静电和减少摩擦　护发产品中的抗静电剂成分能够减少头发之间的静电作用，使头发更加服帖和易于管理。同时，护发产品形成的保护膜还能够减少头发之间的摩擦，防止头发打结和断裂。

2. 护发类化妆品的分类　护发类化妆品按剂型分为护发液（油）、乳液、膏体、凝胶和气雾剂等，按使用方式可分为水洗型、免洗型和护发素等，按产品类型可分为护发素、发蜡、发油、发乳、焗油等。

3. 护发类化妆品的主要成分　以护发素为例，护发类化妆品的配方组成可分为主体成分和辅助成分两大类。

（1）主体成分　护发素的主体成分多为季铵盐阳离子表面活性剂，有时再配以硅油和水溶性高分子化合物等。其中，阳离子表面活性剂容易吸附于头发，形成单分子吸附膜，赋予头发柔软、光泽及弹性，消除静电，使头发易于梳理；用于护发素的硅油类原料是经聚醚类（聚乙二醇或聚丙二醇），或氨基改性的二甲基硅氧烷，或环状聚硅氧烷，能在头发表面形成一层透气性良好的薄膜，具有抗尘、减少静电、增加头发光泽、提高头发梳理性的功效；水溶性高分子化合物能在头发表面形成具有一定强度的高分子化合物薄膜，从而起到护发定型的作用，如海藻酸钠、黄芪胶、聚乙烯吡咯烷酮等。

（2）辅助成分　护发素的辅助成分有保湿剂、赋脂剂、乳化剂、防腐剂、抗氧剂、香精、色素等。其中保湿剂有甘油、丙二醇、聚乙二醇、山梨醇等；赋脂剂有白油、植物油、羊毛脂、高级脂肪酸、高级脂肪醇等；乳化剂主要为单硬脂酸甘油酯、聚氧乙烯失水山梨醇脂肪酸酯、聚氧乙烯脂肪醇醚等脱脂力弱、刺激性小、与其他原料配伍性好的非离子表面活性剂。

此外，还可以加入一些特殊添加剂如水解蛋白、维生素 E、霍霍巴油等，以配制一些特殊功效的护发素，为头发提供滋养、修复、保护和美化的效果。

4. 护发类化妆品的功效评价　品质好的护发产品应具备良好的清洁效果、保湿与滋润效果、修复与护理功效、特殊功效（如去屑、防脱发）等，同时还应具备良好的使用感和安全性。

5. 护发类化妆品的选择与使用　不同发质和头皮状况的人应选择适合自己的护发产品。例如，油性头皮的人应选择控油效果好的护发产品；干性发质的人则应选择滋润效果好的护发产品。此外，在使用护发产品时还应注意避免接触到头皮和眼睛等敏感部位。

一般来说，护发产品应在洗发后使用，涂抹于头发上并轻轻按摩片刻，然后用清水冲洗干净。对于免洗型护发产品，则可以直接涂抹在头发上，无须冲洗。

（三）整发类化妆品

整发类化妆品也称整饰头发用化妆品，其主要作用为增加头发光泽、梳整头发、保持发型。由于这类产品在功能和用途上常是综合性的，有时难以与护发类化妆品区分。

1. 整发类化妆品概述 整发类化妆品能够固定发型，是其配方中含有高聚物，它们能在头发表面形成一层薄膜，并具有一定的强度，以保持良好的发型。常用的高聚物为聚乙烯吡咯烷酮（PVP）、乙烯吡咯烷酮与乙酸乙烯酯的共聚物（PVP/VA）、丙烯酸酯与丙烯酰胺的共聚物等。

2. 整发类化妆品的分类 整发化妆品主要品种有发胶、摩丝等。

（1）发胶 又称啫喱水、定型水，用于头发定型的同时，兼有保湿、赋予头发光泽和保养头发等作用。发胶的成分主要有成膜剂、调理剂、溶剂、中和剂、喷射剂及其他添加剂等，各种成分的配比在使用量上有所不同，从而形成不同的定型、美化及保养效果。

（2）摩丝 由液体和推进剂共存，在外界施用压力下，推进剂携带液体冲出气雾罐，在常温常压下形成泡沫，具有调理和定型作用。

3. 整发类化妆品的主要成分

（1）发胶类主要成分

1）成膜剂：主要成分是高聚物，主要有聚乙烯吡咯烷酮、乙烯吡咯烷酮与乙酸乙烯酯的共聚物、聚丙烯酸树脂烷基醇胺等。这些高聚物在溶剂挥发后会在头发表面形成一层薄膜，从而发挥固定发型的作用。

2）溶剂：作用是溶解成膜剂。发胶的溶剂多采用乙醇，但大量乙醇的存在会引起头发和皮肤的脱水和脱脂，使头发干枯，而且乙醇的易燃性使发胶的存储具有一定的危险性。现有一些新型的成膜聚合物，对水和乙醇均有很好的溶解性，且有良好的成膜性和膜的坚韧性，这是发胶类产品的一个开发方向。除乙醇外，其他溶剂还有异丙醇、丙酮、戊烷和水等。

3）中和剂：作用是中和酸性聚合物，提高高聚物在水中的溶解度。常用的中和剂有氨甲基丙醇（AMP）、三乙醇胺（TEA）、三异丙醇胺（TIPA）、二甲基硬脂酸铵（DMA）。

4）喷射剂：发胶中的喷射剂通过喷雾的形式，将含有定型组分的溶液雾化成细雾，喷洒到头发上后，经溶剂蒸发干燥而在头发上形成一层透明的薄膜，使头发纤维变硬，达到保持形状的目的。常用氢氟烃、丙烷、丁烷、二甲醚（DME）等。

5）其他添加剂：整发类化妆品中的其他添加剂包括增塑剂、香精、色素等。增塑剂的作用是改善聚合物膜在头发上的状态，使其柔软、自然。常用的发胶的增塑剂有二甲基硅氧烷、月桂基吡咯烷酮等。香精能起到赋香、掩盖原料气味和提高产品档次的作用。

（2）摩丝类主要成分 摩丝的配方组成主要有成膜剂、发泡剂（表面活性剂）、保湿剂、推进剂和其他成分等。

1）成膜剂：摩丝类产品中的成膜剂一般是高分子聚合物，与发胶略有差别。摩丝所用的聚合物要求有一定的黏度，对泡沫有一定的稳定作用，最好兼有调理头发，赋予头发自然光泽，减少静电等作用；而发胶所用聚合物着重定型作用，分子量不是很高，黏度较低，易形成较细的喷雾。

高分子聚合物是摩丝中最有效和重要的功能组分，主要作用是成膜和调理作用。多采用水溶性高分子化合物，如聚乙烯吡咯烷酮、聚季铵盐类、聚乙烯基甲酰胺等。

2）发泡剂：摩丝产品中常用的发泡剂为非离子表面活性剂，既可发泡又起乳化作用。常选用脂肪醇聚氧乙烯醚类及山梨醇聚氧乙烯醚类等。

3）推进剂：摩丝产品常用的推进剂是丙烷、丁烷、异丁烷等，在有压力的摩丝罐中以液体的形式存在，当推进剂从喷嘴中出来后，常压下立即气化、膨胀，带动混在一起的料液喷出，形成摩丝的泡沫。一罐摩丝中的料液和推进剂的比例是经过反复精确计算的，以保证料液和推进剂同时用完，因此使用前摇一摇，以保证料液和推进剂同时用完。不经摇匀直接使用，首先喷出的气多料少，长此以往，罐中的料多气少，最终导致即使有较多料液剩余，也挤不出泡沫。

4. 整发类化妆品的功效评价 对于整发类化妆品的功效评价，可以从定型效果、梳理性能、光泽度、使用感受、安全性等方面进行：评价整发类化妆品是否能长时间保持头发的定型效果；评估化妆品是否能使头发更加顺滑，减少梳理时的阻力，使头发易于打理；评价化妆品是否能赋予头发自然的光泽感，使头发看起来更加健康亮丽；评估化妆品的质地和触感是否舒适，不会给头发带来沉重或油腻的感觉；检查化妆品是否含有对头发和头皮有害的成分，如重金属、激素、甲醛释放体类、2-甲基-4-异噻唑啉-3-酮/5-氯-2-甲基-4-异噻唑啉-3-酮等高风险防腐剂。

5. 整发类化妆品的选择与使用　不同品牌和类型的整发类化妆品可能具有不同的特点和优势，因此在选择和使用时应根据个人发质和需求进行选择。同时，在使用过程中应注意遵循产品说明，避免过量使用或不当使用导致头发受损。

（四）去屑类化妆品

头屑是头皮的表皮细胞新陈代谢产物，通常与头皮微生态失衡有关，尤其是与马拉色菌和葡萄球菌的过度繁殖有关。去屑类化妆品主要针对头屑问题而设计，旨在帮助使用者产生头屑减少，并改善头皮的健康状况。

1. 去屑类化妆品作用原理　去屑类化妆品的原理是多方面的，包括抗菌作用、角质层剥脱、调节头皮油脂分泌、舒缓头皮、调节头皮微生态以及抗氧化和抗炎作用等。

2. 去屑类化妆品的分类

（1）去屑洗发水　是一类专门设计用来减少头屑和解决相关头皮问题（如头皮痒、油脂分泌过多）的洗发产品。去屑洗发水含有特定成分，通过日常洗发的方式，能够减少头屑的生成，控制头皮微生物的生长，减少头屑并改善头皮健康。

（2）去屑喷雾　作为一类便捷的去屑产品，通过其特有的配方和使用方式，为使用者提供了一种快速解决头屑问题的方法，尤其适合出差或旅行时携带。

3. 去屑类化妆品的主要成分　去屑类化妆品的核心功效是去除头屑并缓解头皮瘙痒。通过添加特定的去屑成分，如吡罗克酮乙醇胺盐、水杨酸、酮康唑等，能有效抑制头屑的生成，并缓解因头屑引起的头皮不适。部分去屑类化妆品还添加了舒缓成分，如薄荷醇、芦荟等，这些成分能够缓解头皮的紧张感和不适感，使头皮感到更加舒适和放松。

4. 去屑类化妆品的功效评价　是一个综合性的过程，旨在评估其减少头屑、改善头皮健康以及用户满意度等方面的效果。通过对比使用前后头屑的数量和面积，评估产品减少头屑的效果；观察产品是否能帮助调节头皮的油脂分泌，使头皮保持清爽不油腻；检查产品成分表，确保不含有害物质或致敏成分。

5. 去屑类化妆品的选择与使用　不同人的头皮状况和需求不同，因此在选择去屑类化妆品时，应根据自己的实际情况进行选择。按照产品说明正确使用去屑类化妆品，避免过量使用或不当使用导致头皮受损。去屑是一个需要持续努力的过程，因此在连续使用≥28 天，即头皮代谢周期内坚持使用去屑类化妆品，以维持头皮的健康状态。

三、美容修饰类化妆品

美容修饰类化妆品即通常说的彩妆类化妆品，主要指涂敷、喷洒于颜面、指（趾）甲等部位，通过其遮盖力及色彩、光影，达到修饰矫形、增添魅力目的的化妆品。根据使用部位，彩妆类化妆品可分为底妆类化妆品（粉底、定妆粉等）、胭脂修容类化妆品（腮红、修容粉等）、眼部类化妆品（眼影、眼线、睫毛膏、眉笔等）、唇部类化妆品（唇膏、唇线笔等）和甲用类化妆品（指甲油、指甲油去除剂等）等（图 6-1-9）。

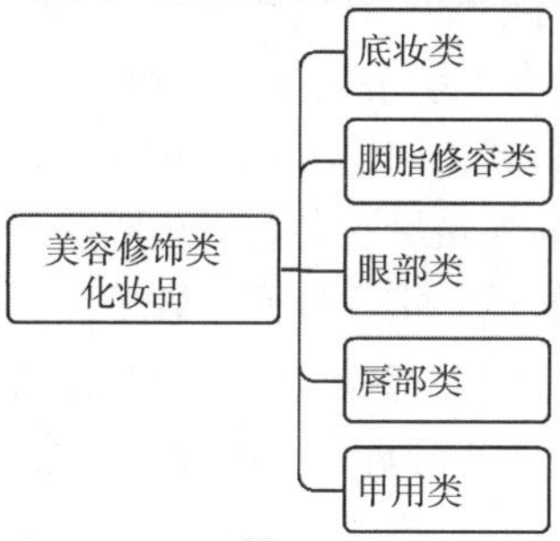

图 6-1-9　美容修饰类化妆品分类

（一）底妆类化妆品

底妆类化妆品是指应用于面部（包括颈部）的美容修饰类化妆品，可在皮肤表面形成平滑的覆盖，用来遮盖面部瑕疵，调整皮肤质地、颜色和光泽，主要包括粉底类、定妆类。粉底类和定妆类产品通常有与人群不同肤色色调接近的系列，可带有珠光颜料，部分化妆品有一定美肤养肤效果。底妆类化妆品应易于涂抹，分布均匀，具有自然的外观。

1. 粉底类化妆品

（1）粉底类化妆品概述　粉底类化妆品在美容化妆时打底使用，具有较强的遮盖性。产品的主要原理为遮盖或修饰皮肤本色，遮盖或弥补面部皮肤缺陷，改善皮肤质感，使皮肤显得光滑细腻、具有立体感。

（2）粉底类化妆品的分类　按照基质体系的性质可分为水性粉底、油性粉底、乳化型粉底、粉饼型粉底、气垫型粉底、凝胶型粉底等，选用时可根据不同的妆面要求、实际运用场所和皮肤性质加以选择。以下简要介绍几种常见的粉底。

1）水性粉底：也称水粉，是将粉体原料悬浮分散于甘油水溶液、亲水性胶体溶液或低浓度乙醇溶液而制成的流动性浆状粉底。因其水分含量较高，使用时略有清凉感，遮盖力较弱，妆感自然。水性粉底适合没有明显瑕疵的脸部皮肤或全身皮肤，用于淡妆或日常妆打底。

2）油性粉底：油性粉底可预防皮肤干燥，适合干性皮肤和干燥季节；可在皮肤表面形成耐水性涂膜，妆面持久，不易脱妆。

3）乳化型粉底：是将粉体均匀分散、悬浮于乳化体中而得到的制品。与油性粉底相比，乳化型粉底有良好的触变性，质地均匀，黏度较低，很容易在皮肤上分散铺展，妆效自然，适合日常妆使用。

4）粉饼型粉底：粉饼由粉状白粉压制而成，其形状随容器形状而变化，通常附带化妆镜和粉扑。粉饼具有良好的遮盖力、吸收性、延展性和附着性，组成均匀，同时还具有适度的机械强度，使用时不会碎裂。干湿两用粉饼是粉饼型粉底的一种，即可用干海绵或湿润海绵蘸取涂抹上妆。干湿两用粉饼使用方便，易于携带，妆面清爽自然，持久性强。适合油性皮肤和夏季使用。

（3）粉底类化妆品的主要成分　粉底配方中一般含有原料有滋润剂（矿油、硅油、羊毛脂等油质原料）、营养剂（植物提取精华）、高效保湿因子、粉质原料（二氧化钛、滑石粉、颜料等）、表面活性剂等。

2. 定妆类化妆品

（1）定妆类化妆品概述　定妆类化妆品主要用于粉底类产品之后，尤其是含油分较多的粉底产品后。利用粉体对水分和油分的吸收性，定妆类化妆品可吸收皮肤表面多余的油脂和分泌物，并在一定程度上抑制汗液和皮脂的分泌，用于固定底妆妆面，体现皮肤质感，同时具有一定防晒效果。

（2）定妆类化妆品的分类

1）散粉：粉体松散，通常被装入中等深度的粉盒，与粉扑之间有过滤网相隔。散粉的主要原料有粉体、着色原料、白色颜料、防腐剂和香精等，有时添加珠光颜料和金属皂。

2）粉饼：是用散粉压制成的化妆品，附带有粉扑和镜子等配件，携带和使用方便，尤其适合外出补妆用途。粉饼的组成基本与散粉相同，为了易于定型，通常滑石粉、高岭土添加较多，还必须加入足量胶黏剂，包括水溶性和油溶性胶黏剂，还可加入山梨醇、甘油、葡萄糖等滋润剂，使粉饼保持一定水分而不致干裂。

（3）定妆类化妆品的作用及主要成分

1）遮盖力：定妆粉应具有遮盖皮肤本色及面部瑕疵的作用，由具有良好遮盖力的遮盖剂来完成。常用的遮盖剂有二氧化钛、氧化锌等。通常以二氧化钛和氧化锌配合使用，混合物的用量一般不超过10%。

2）滑爽性：定妆粉的滑爽性极为重要，具有良好的滑爽性，才能使定妆粉在皮肤表面涂敷均匀。其滑爽性主要是依靠滑石粉（主要成分硅酸镁 $3MgO \cdot 4SiO_2 \cdot H_2O$）来达到这一要求。滑石粉在定妆粉中的用量往往在 50%以上，所以滑石粉质量的优劣是制造定妆粉产品成功与否的关键。优良的滑石粉能够使其均匀地黏附于皮肤表面，帮助遮盖皮肤表面的细小瑕疵。

3）吸收性：定妆粉应具有一定的对油脂和水分吸收的能力。使定妆粉具有吸收性的原料有碳酸钙、碳酸镁、胶态高岭土、淀粉、硅藻土等。

4）黏附性：定妆粉必须具有很好的黏附性，以免使用后脱落。常用的黏附剂主要是高级脂肪酸锌盐、镁盐等，如硬脂酸锌、硬脂酸镁或它们的混合物。

5）颜色：定妆粉一般均带有颜色，并要求其颜色应接近皮肤的本色。添加的着色剂原料应耐光、耐热，遇水或油时不会溶化或变色。常用无机颜料有赭石、褐土等。

6）香气：定妆粉的香气不可过分浓郁。选用香精的香韵以花香或百花香型为主，可使定妆粉具有甜润、高雅、生动而持久的香气感觉。

（二）胭脂修容类化妆品

胭脂修容类化妆品是指涂敷于面颊颧骨部位或下颌、鬓角、额部、下巴、鼻部等部位，妆面呈现健康红润气色及突出面部立体感的化妆品。面颊颧骨部位通常使用红色系；下颌、鬓角、鼻侧等部位通常使用褐色、古铜色系；额部、下巴、鼻根、鼻尖等处通常使用米白高光色系。

1. 胭脂修容类化妆品概述　胭脂修容类化妆品主要通过明暗对比，使脸部具有立体感，妆面具有层次感，体现整体妆效。

2. 胭脂修容类化妆品的分类　根据质地不同，胭脂修容类化妆品可分为粉状类、膏状类、液体类。

（1）粉状类　是最常见的胭脂修容类产品类型，有粉饼状和散粉状。色彩选择面广，使用时需要配合修容工具。容易上妆，均匀持久，操作简便，容易掌握，适合初学者使用。粉体的吸附力较强，会吸取皮肤的水分和油分，干性皮肤会显干燥情况。

（2）膏状类　这类胭脂修容类产品性质稳定，混合均匀，携带、使用方便，可做出滋润有光泽的妆面，使皮肤有健康光泽，特别适合干性皮肤使用。可分为无水体系的油膏型、乳化体系的膏霜型以及蜡基体系的棒状。

（3）液体类　是具有流动性的液体胭脂修容类制品，包括悬浮体和乳化体两种，其基质体系分别是分散液和乳液。液体类产品的颜色深浅不易把握，需要掌握一定化妆操作技能，不适合初学者。

3. 胭脂修容类化妆品的主要成分　胭脂修容类化妆品粉状类的原料大致与定妆粉相同，只是着色剂用量比定妆粉多，香精用量比定妆粉少。

（三）眼部类化妆品

眼部类化妆品是指应用于眼周部位（包含眼睑、睫毛和眉毛等），通过色彩渲染及明暗光影，调节眉眼比例，增强立体感，达到修饰和美化眼睛，突出眼神，增加魅力的美容修饰类化妆品。在面部彩妆中，眼妆占有极其重要的位置，给人印象深刻。按施用部位眼部类化妆品可分为眼影类、眼线类、睫毛类、眉部类等。

1. 眼影类化妆品

（1）眼影类化妆品概述　眼影是涂敷于上下眼睑周围皮肤甚至睑缘，通过色彩、光泽、层次和明暗对比，视觉上增大眼睛轮廓，修饰眼形，强化眼神，使眼部呈现立体、深邃感。

（2）眼影类化妆品的分类　根据眼影的质地和剂型，可将眼影类化妆品分为眼影粉、眼影膏、眼影液、眼影笔。

1）眼影粉：包括压缩粉饼状和散粉状制品。眼影粉饼是最常用的眼影制品，是将各种色调的粉末压缩成型，将不同色彩分类组合，安置于化妆盒内，携带使用方便。眼影粉显色度高，妆效持久，操作简便，易于掌握，尤其适合注重色彩渐层和晕染的眼部烟熏妆效果，可借助手指或专用眼影刷上妆。

2）眼影膏：主要包括油性眼影膏和乳化型眼影膏两种，油性眼影膏不含水分，膏体质地滋润，与皮肤融合度高，适合干性皮肤使用。乳化型眼影膏较为清爽，滋润度适中，适合油性皮肤。眼影膏具备一定的防水、防油性能，使用不及眼影粉普遍，晕染层次效果弱于眼影粉，但化妆的持久性优于眼影粉。

3）眼影液：为水性的液体眼影制品，不含油脂，质地清爽，但润滑性较差，不适合干性皮肤。在操作上需要掌握一定化妆技能，不适合化妆初学者。

4）眼影笔：硬度较高，携带方便，易于操作，可做出较细线条，适合细微部使用，亦可做大面积色彩晕染。

（3）眼影类化妆品的主要成分　眼影根据不同的材质和剂型，成分上有所不同，主要为粉质原料，如滑石粉、高岭土、碳酸钙、钛白粉、硬脂酸锌等，还有颜料和胶黏剂等。膏状质地的，主要成分为油脂、蜡、粉质原料及表面活性剂等，可以制成油蜡基和乳化型。水状质地的，以水为介质，将着色剂分散于水中，为使制得的悬浮液稳定，加入增稠剂，同时具有增加其黏附性作用。

2. 眼线类化妆品

（1）眼线类化妆品概述　眼线制品通常涂在眼睑边缘，紧贴睫毛根部，勾勒眼部轮廓，修饰和改变眼睛形状和大小，衬托睫毛，强化眼部层次和立体感，突出和强化眼睛的魅力。

（2）眼线类化妆品的分类　眼线制品有固态、半固态和液态等剂型，主要包括眼线笔、眼线液和眼线胶等。颜色以黑色、棕色等基础色为主，也有蓝色、紫色、金色、银色等鲜艳色彩。

1）眼线笔：是眼线类化妆品中最常用的产品。常用的眼线笔有铅笔式眼线笔和旋转推管式眼线笔两种。铅笔式眼线笔的形状与铅笔完全相同，使用时将笔尖削尖，露出笔芯即可描画线条。旋转推管式眼线笔的笔芯置于可任意推动的笔管状容器中，将笔芯旋转推出即可使用。眼线笔的笔芯要有一定柔软性，以免刺激眼周皮肤。

2）眼线液：主要包括乳液型眼线液、抗水性的乳液型眼线液和非乳液型的眼线液三种类型。乳液型眼线液不具备防水、抗水性能。抗水性的乳液型眼线液描画后水分蒸发，乳化树脂即可形成耐水性很强的薄膜，颜料不会渗出。卸妆时只需借助水性卸妆用品将薄膜剥落即可，不会污染眼周皮肤。非乳液型的眼线液也可形成薄膜，具备一定的抗水性能。

（3）眼线类化妆品的主要成分　眼线类化妆品通常会使用到各种油脂、蜡和颜料，硬度由加入蜡的熔点及用量来调节。液状眼线类化妆品通常加入天然或合成的水溶性胶质原料或不溶于水的聚乙烯吡咯烷酮（PVP）、丙烯酸树脂等原料，制成不抗水或抗水的眼线液，这些物质能稳定颜料，防止颜料沉淀，使用后可成膜，使卸妆容易。

3. 睫毛类化妆品

（1）睫毛类化妆品概述　睫毛类化妆品是使睫毛着色，并使之增长变粗、增加密度和光泽，以达到修饰、美化睫毛的目的，增强眼睛魅力的彩妆类化妆品。

（2）睫毛类化妆品的分类　按产品类型，睫毛类化妆品主要分为睫毛膏、睫毛液；根据配方，睫毛类化妆品可以分为水溶性、防水性和油性产品。

1）睫毛膏：是睫毛类化妆品中最为常见的类型，是在膏霜基质中加入颜料制成的，通常置于管状容器中，附有特制毛刷。睫毛膏通常以深色为主，用于加长加密睫毛，突显睫毛的效果。睫毛膏质地要求为容易涂敷，不会即刻干燥，也不易流下，没有结块和干裂的感觉，对眼睛无刺激，容易清洗。

2）睫毛液：则有很多是无色啫喱状，主要用于保护睫毛或给睫毛定型，也称睫毛油。

（3）睫毛类化妆品的主要成分　睫毛膏是将颜料与其他油脂、蜡等混合而成，多用硬脂酸三乙醇胺，还可将极细的颜料分散悬浮于油类或胶质溶液中制成液态产品。为了增加使用后睫毛增长的效果，睫毛膏产品中还添加了天然纤维或合成纤维，占3%～4%。

4. 眉部类化妆品

（1）眉部类化妆品概述　眉部类化妆品可用于修饰调整眉形和眉色，美化眉毛，使之与眼睛、面型和气质相协调。以黑色、灰色、棕色等基础色系为主。

（2）眉部类化妆品的分类　常用的眉部类化妆品有眉笔、眉粉、染眉膏等。

1）眉笔：是用来美化眉毛的化妆品，用来修饰调整眉型和晕染眉色，使眉毛与眼睛、脸型和个体气质相协调。眉笔有铅笔状、推管式、粉块状之分。铅笔型眉笔外观似铅笔，使用前要削尖笔尖；旋转推管型眉笔使用时将笔芯旋出即可使用。

2）眉粉：外观为粉饼状，使用专用眉刷涂搽，使眉粉附着在眉毛上，加深眉色，适合眉形较好、眉色浅淡，毛发稍稀疏的眉毛。通常设计成深浅两色组合，可做出立体感的眉形。

3）染眉膏：外观类似睫毛膏，使用时用所附特制毛刷均匀涂刷在眉毛上，可改变眉色，尤其适合染浅眉色，膏体干燥后可固定眉形。

（3）眉部类化妆品的主要成分　眉笔的好坏主要取决于其中的眉笔笔芯，笔芯通常由油、脂、蜡及色素着色剂这几大方面的材料组成。眉笔类产品形态质量要求软硬适度、易涂敷、不断裂、不发汗（不出白霜）、色彩自然。

眉粉以滑石粉、云母粉为主要原料，辅以油脂和着色剂等，经压制成型的，用于美化、修饰眉部的化妆眉粉。

眉膏以油脂、水、蜡作为眉膏的基础成分，提供膏体的黏稠度和稳定性；增稠剂、乳化剂、高分子聚合物、溶剂、颜料等可以提供颜色、改善膏体的质地和涂抹性能。

（四）唇部类化妆品

1. 唇部类化妆品概述　是涂于唇黏膜或其周围，滋润防干裂，赋予嘴唇以色彩和光泽，强调或调整其轮廓，可美化容颜和增添魅力的彩妆类化妆品。

2. 唇部类化妆品的分类　常见的唇部类化妆品有棒状唇膏（口红）、液态唇膏（唇釉、唇蜜或唇彩）、唇线笔等。

（1）棒状唇膏　是具有一定硬度的棒状制品，置于可旋转推进的管状支架中。常用的有原色唇膏、变色唇膏和无色唇膏等。原色唇膏最为常见，颜色丰富，适合不同需求。变色唇膏又称双色调唇膏，使用时颜色可发生改变。无色唇膏可滋润柔软口唇，增加光泽。

（2）液态唇膏　液态唇膏的使用目的与固态唇膏相同，主要成分包括成膜剂、溶剂、增塑剂、着色剂等，能够在口唇表面形成薄膜而覆盖口唇原色。液态唇膏用瓶装，一般需借助工具使用。

（3）唇线笔　将油脂、蜡和颜料混合好后，经研磨后在压条机内压制而成笔芯，然后黏合在木杆中，制成像铅笔一样，在使用时用小刀把笔头削尖使用。

3. 唇部类化妆品的主要成分　唇膏的原料组成包括着色剂、脂蜡基等滋润性物质、香精和抗氧化剂等，产品质量要求色泽鲜艳，均匀一致，附着性好，不易褪色等。唇线笔的功效体系一般包括粉体材料、着色剂、黏合剂、成膜剂、保湿剂，产品要求具有一定的硬度，颜色饱和度好，易上色，持久性好，具有一定的防水性能。

（五）甲用类化妆品

甲用类化妆品是指专门用于指甲护理和美容的化妆品，旨在改善指甲的外观和健康状况，包括指甲油、指甲护理液、指甲硬化剂、指甲漂白剂、指甲抛光剂和指甲油去除剂等。

1. 甲用类化妆品概述　指甲油能在指甲表面形成一层耐摩擦的薄膜，起到保护、美化指甲的作用。甲用护理液中的营养成分，如蛋白质、维生素等，帮助修复受损的指甲，促进指甲健康生长。指甲油去除剂主要用于清除指甲上的指甲油膜，并能有效减少溶剂对指甲的脱脂引起的干燥感。

2. 甲用类化妆品的主要成分　指甲油由成膜剂、树脂、增塑剂、溶剂、颜料、珠光剂等组成，其中成膜剂和树脂对指甲油的性能起关键作用。指甲油去除剂成分中常用的溶剂有：丙酮、乙酸乙酯、乙酸丁酯，有的内含油脂、蜡类等物质，防止甲面干燥。

3. 甲用类化妆品的消费建议 在购买新化妆品前建议先进行甲周皮肤斑贴试验以防过敏，根据实际情况选择合适的品牌、产品以及合适的化妆工具，如化妆刷、海绵等，可提高化妆效率和效果。

四、芳香类化妆品

芳香类化妆品，也被称为香水类化妆品，是一类以散发悦人芳香气味为主要特性的化妆品。它们主要由香精、乙醇和水等成分构成，其中香精含量相对较高，因此能够散发出宜人的芳香。这种化妆品不仅满足了人们对嗅觉美感的需求，还具有一定的增添魅力、赋香抑臭、醒脑安神、营造氛围等作用，从而达到令人喜爱、精神愉悦和丰富美化人们生活的目的。

（一）芳香类化妆品的分类

芳香类化妆品按产品形态可分为乙醇溶液香水、乳化香水和固体香水 3 种，乙醇溶液香水其香精含量都较高，一般为 2%～25%，乙醇溶液香水包括香水、古龙水和花露水 3 种。它们都是以乙醇溶液为基质的透明液体，其主要原料有香料或香精、乙醇和水等。它们的区别在于香精（或香料）香型、用量和乙醇的浓度不同。下面主要介绍乙醇溶液香水。

1. 香水概述 香水具有芳香、浓郁、持久的香气，是应用较广的芳香类化妆品，常喷洒于衣襟、手帕及身体某些部位，散发出悦人的香气，起到添香和除臭的作用。

香精是香水的主要成分，也可以说是香水的“灵魂”，香精用量一般为 15%～25%。所用的香精与香水品级高低有关，高级香水中的香精多用天然植物精油，如茉莉精油、玫瑰精油、檀香精油、杉木精油等，以及天然动物香料，如麝香、灵猫香、龙涎香等调配而成。品级低的香水则大多是用合成香料调配成的香精。

（1）香水的香调 香水中的香精多选用天然植物精油及动物的香料（如麝香、灵猫香等）来配制，其花香、果香、木香、动物香浑然一体，芳香持久，幽雅而自然。香水的香型变化很多，关于它的分类方法有多种，最简单的一种是依香调来进行分类，可将香水分为如下几类。

1）花香型香水：以模拟天然植物花香或以此为主干或主体配制而成，所以多数被冠以花名，如玫瑰香水、茉莉香水、水仙花香水和薰衣草香水等。

2）梦幻型香水：是依靠调香师的艺术感，应用各种香精油，如天然香精油、合成香精油（包括单离香料）等，调配成非天然型的香调，具有清爽、高雅的感觉。

（2）香水的原料 香水的主要原料是香精、乙醇和少量的水，有时根据需要可加入极少量的色素、抗氧剂、表面活性剂等添加剂。

（3）香水的味阶 指香水喷洒出来后，随着时间的推移，其香味所呈现出的变化。香水的味阶可分为高味阶（前调）、中味阶（中调）和基础味阶（后调）3 种。

1）高味阶（前调）特征：①香氛的第一印象；②2 小时内散发，不留残香；③挥发性高。大略味道：水果香、香草香。

2）中味阶（中调）特征：①显示香氛的特色；②香氛持续 2～6 小时；③挥发性中等。大略味道：花香。

3）基础味阶（后调）特征：①使香氛持久并平均发散；②香味可残留 6～72 小时；③挥发性低，作保留剂用。大略味道：动物香、木香。

2. 古龙水 如今古龙水有两种含义：一种是指突出柑橘类果香的古龙香型；另一种是指含各种香型香精浓度较低的香水。古龙水以其清新的柑橘类香气为特征，常用的香料有香柠檬精油、甜橙精油、橙花精油、薰衣草精油、迷迭香精油等，具有清爽、新鲜和提神的作用。此外，与一般香水相比，古龙水香精含量较低，乙醇含量高，所以留香时间较短，一般在 1～2 小时，此类产品比较受男士喜爱。

3. 花露水　是一种低赋香率的芳香类化妆品，其香精含量一般为 2%～5%，乙醇浓度为 70%～75%。该浓度的乙醇最易渗入细菌的细胞膜，原生质和细胞核中的蛋白质成为不可逆的凝固状态，因而花露水兼有消毒、除臭、去痱、清凉等功效，是人们喜爱的夏季卫生用品。这种香水花露水虽然香精含量不高，但其香气宜人，而且自身能起醇化作用，存放时间越久香气越好。香气较为浓郁的花露水实际上与香水并无本质的差别。

（二）芳香类化妆品的主要成分

1. 香精　是芳香类化妆品的主体，除了不同的香精类型影响香水类型，芳香类化妆品中香精的使用量对香气强度、持久性及扩散性等性能影响很大。芳香类化妆品中香精的含量一般为 10%～20%，是化妆品中赋香率最高的，留香时间可达 8 小时以上，但浓度稍淡的芳香类化妆品中的香精用量可为 5%～10%，留香时间 3～4 小时。

2. 乙醇　在芳香类化妆品中作为香精的溶剂。乙醇有以下特点：①对各种香精油具有良好的溶解性，几乎所有的香精油皆可溶解于乙醇中；②乙醇可帮助香精挥发，而增强芳香性，且不影响其香调；③乙醇对皮肤刺激性较小（敏感性皮肤除外）、无毒性。

3. 水　水质的优劣也影响到芳香类化妆品的质量和香气，所以配制芳香类化妆品应使用新鲜的蒸馏水。

4. 其他添加剂　在芳香类化妆品中还可加入 0.8%～1.2%的肉豆蔻酸异丙酯，它能使芳香类化妆品搽用的部位或喷洒的衣物上形成一层薄膜，使香气持久；金属离子螯合剂和抗氧化剂能延缓芳香类化妆品的氧化进程。

（三）芳香类化妆品的功效评价

芳香类化妆品的功效评价实际上就是评香。评香是指对比香气或鉴定香气，是调香师和化妆品配方师的一项基本功。评香的对象包括香料、香精和加香产物。评香者要进行嗅觉器官的训练，能灵敏地辨别与记忆各类香料的韵调和各类香精的香型等。

（四）芳香类化妆品的选择与使用

使用芳香类化妆品应考虑不同场合，平时不宜使用香味过浓的，几种芳香类化妆品不建议混合使用，香味混合就失去了独有的特色。一般使用香水的方法是避免直接喷洒或涂抹在皮肤上，可在手腕、肘和膝部的内侧及耳部的后侧等处涂抹，也可喷洒到衣服如裙子的底摆及手帕上。

第 2 节　特殊化妆品

一、防晒化妆品

防晒化妆品是指添加了能阻隔或吸收紫外线的防晒剂来达到防止皮肤被晒黑、晒伤的化妆品。使用防晒化妆品防止皮肤晒伤、晒黑和光老化的观念，已经被越来越多的人所接受，防晒化妆品开发也成为化妆品发展的热点方向。

（一）防晒的原理

太阳光中的紫外线是可能导致人体免疫功能下降，伤害人体基因，使皮肤晒伤，使皮肤产生红斑和色素沉着，加速皮肤老化，产生皱纹的主要原因，增加皮肤癌、白内障发病的概率。防晒主要是防中波紫外线（UVB：275～315nm）和长波紫外线（UVA：315～400nm）对皮肤所造成的不良影响。

（二）防晒化妆品的分类

防晒化妆品可以按产品剂型、防护功能和作用机制对其进行分类。

1. 按产品剂型分类 根据产品的不同剂型，防晒化妆品可分为防晒油、防晒乳、防晒霜、防晒凝胶、防晒棒、防晒喷雾等。

2. 按防护功能分类 根据对不同波长紫外线的防护能力，防晒化妆品可分为防晒制品和美黑制品。

（1）防晒制品 是指产品成分中既包含 UVB 的吸收剂和屏蔽剂，又包含 UVA 的吸收剂和屏蔽剂，故既可防日晒红斑又可防日晒黑斑。

（2）美黑制品 是指产品中只含 UVB 的吸收剂和屏蔽剂，故只可防日晒红斑，不防晒黑。

我国消费者多以白皙的皮肤为美，故防晒制品的市场需求较大。国外消费者尤其是白色人种多追求健康的有色皮肤，所以美黑制品在其市场的需求较大。

3. 按作用机制分类 根据所添加防晒剂的不同，防晒化妆品可分为物理防晒、化学防晒和生物防晒。

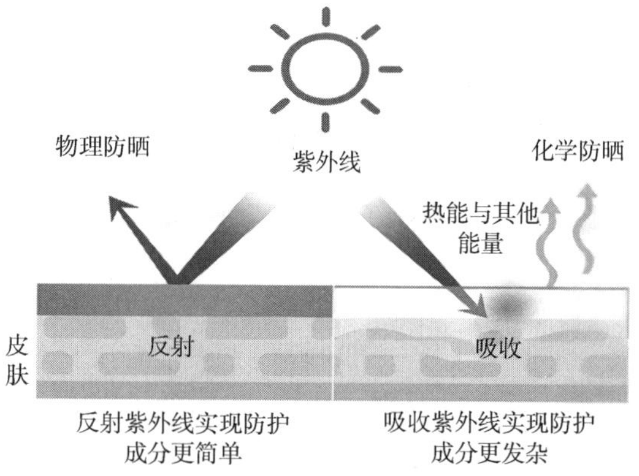

图 6-2-1 物理防晒与化学防晒机制对比

（1）物理防晒 是利用片状紫外线屏蔽剂，通过反射和散射的物理作用减少紫外线与皮肤的接触，从而防止紫外线对皮肤的侵害，常用的包括氧化锌、二氧化钛等无机粉体（图 6-2-1）。

（2）化学防晒 是用化学成分吸收紫外线辐射，使其转化为分子振动能或热能，减弱紫外线对皮肤的伤害，有效防止皮肤晒红及晒黑。理论上，符合透皮吸收安全阈值（粒径≥100nm）的纳米级物理防晒剂在安全性上优于化学防晒剂，但是目前市面上大多是化学防晒剂为主的防晒产品。

（3）生物防晒 是通过生物防晒剂使皮肤免受紫外线的伤害。生物防晒剂本身不具有紫外线吸收能力，但能通过产生氧自由基，清除或减少氧活性基团中间产物，从而阻断或减缓组织损伤或促进晒后修复，起到间接防晒的作用。

（三）防晒化妆品的防晒剂

防晒剂是一类通过反射或吸收作用以防止紫外线伤害皮肤的物质，迄今为止，国际上开发的防晒剂已有 60 余种，由于在防护的同时也具有一定的副作用，全球范围内多个国家和国际组织都对防晒成分进行了一些限制。按防护作用机制，防晒剂可分为物理紫外线屏蔽剂、化学紫外线吸收剂，还有来源于天然植物的紫外线吸收剂。

1. 物理紫外线屏蔽剂 通过反射、散射紫外线对皮肤起保护作用，这类防晒剂主要包括二氧化钛、氧化锌、高岭土、滑石粉等。其中，二氧化钛是被美国食品药品监督管理局（FDA）批准使用的第一类防晒剂，纳米二氧化钛限用浓度≤25%（非纳米级形态不受限）。物理紫外线屏蔽剂稳定性好，不易发生光毒性和光变态反应，但它覆盖在皮肤表面，影响皮脂腺和汗腺的分泌，同时纳米级物理屏蔽剂还具有潜在的毒性，产品研制中需考虑产品暴露量的安全性。

2. 化学紫外线吸收剂 是一类对紫外线具有吸收作用的有机化合物。我国在 2015 年版《化妆品卫生规范》中规定了 27 种允许使用的防晒剂（含有机和无机成分），其中准许使用的有机防晒剂有 25 种，并对其使用条件（主要是用量）做出了规定。按吸收紫外线辐射的波段不同，可分为 UVA 吸收剂、UVB 吸收剂和广谱防晒剂（兼具 UVA 和 UVB 吸收能力）。

3. 天然防晒剂　主要指从天然植物中提取的具有紫外线屏蔽或吸收作用的物质。许多天然动植物（成分）具有吸收紫外线的作用，目前，市面上的天然防晒剂主要包括黄酮类化合物、蒽醌类化合物及其衍生物、多酚类化合物、维生素和甾族化合物类、酶类成分等。

（四）防晒化妆品的功效评价

防晒化妆品外包装的防晒系数标识，代表着防晒化妆品的防晒功效，消费者可以根据这些标识识别防晒化妆品的防晒能力，选择适合个人需求的防晒化妆品。

1. 防晒系数（sun protection factor，SPF）　现已作为对防晒化妆品防护 UVB 效能测试的主要指标在国际上普遍使用。我国通过《化妆品安全技术规范》对防晒化妆品进行严格管理。防晒化妆品的首要测定指标就是 SPF。

SPF 是指以涂抹防晒制品的皮肤所产生最小红斑所需的紫外线时间，除以未使用防晒制品的皮肤所产生最小红斑所需的紫外线时间（一般为 15 分钟）的比值。

$$\text{SPF}=\frac{\text{在防晒成分保护下皮肤晒伤所需的紫外线时间}}{\text{在没有防晒成分保护下皮肤晒伤所需的紫外线时间}}$$

一般来说，SPF 值的大小代表着防晒化妆品的防晒能力强弱。SPF 值越小，其防晒效果越差；SPF 值越大，其防晒效果越好。

2. UVA 防护等级（protection of UVA，PA）　UVA 防护等级的最初计量依据是人体皮肤试验中的最小持续黑化量（minimal persistent pigment darkening dose，MPPD），也称为持久性色素暗化（persistent pigmentation darkening，PPD）方法。这种标识建立在皮肤晒黑或色素沉着基础上，主要反映的是防晒化妆品对 UVA 防护效果的客观评价。

$$\text{PA}=\frac{\text{在涂防晒剂MPPD}}{\text{未涂防晒剂MPPD}}$$

式中 MPPD 为产生黑斑的最小剂量的时间；PA 数值可分为 PA+、PA++、PA+++、PA++++四个等级，后面带的“+”号越多代表抵御 UVA 的时效越久。

（五）防晒化妆品的选择与使用

1. 根据肤质选择　每个人的肤质不同，所用的护肤品也是不同的。防晒霜也是一样，一定要选择适合自己皮肤的。①油性皮肤应选择使用起来清爽不油腻的水剂型、无油配方的乳液状产品，不要使用防晒油、隔离霜类的防晒品，慎用可能堵塞毛孔的物理防晒类的产品。②痤疮患者皮肤与油性皮肤相同，选择渗透力较强的水剂型、无油配方的乳液状产品，要特别注意产品有无“不会造成粉刺”（non-comedogenic）标示。但是当痤疮比较严重，发炎或者皮肤破损，就要暂停使用防晒霜，出门时候只能采用遮挡的物理方法进行防晒。③干性皮肤一定要选用质地滋润，并添加了补水保湿功效以及增强皮肤免疫力的防晒品。④敏感性皮肤选择专业针对敏感性肤质的护肤品牌的防晒品，选择具有“适用敏感肌肤”宣称的产品，挑选和使用前要做皮肤测试。

2. 根据防护需求选择　防晒化妆品最好选择能同时防护 UVA 和 UVB 的，根据外界紫外线强度和预估暴露在紫外线下的时间来合理选择防晒霜的防晒指数。一般如果是室内工作（不靠窗）和少于 2 小时的路面通勤，选择 SPF 10～20 的防晒指数；如果是需要在较高紫外线（天气预报指数＞10）超过两小时的户外暴露，选择 SPF 20～30 的防晒指数，如果长时间户外或高紫外线地区（高海拔或海边），选择 SPF 30～50 的防晒指数，但不要过分追求过高的 SPF 值，因为过高的 SPF 指数防晒产品，其中高浓度的防晒剂也会对皮肤造成刺激。

二、美白祛斑类化妆品

我国消费者群体对白皙皮肤偏爱有加，随着对美白祛斑机制的深入认识及美白成分的研发使用，美白祛斑类化妆品市场日趋活跃，产品销售与日俱增。

（一）皮肤的颜色与黑色素

1. 皮肤颜色的构成 人类的皮肤有六种不同的颜色，即红、黄、棕、蓝、黑和白色，正常皮肤的颜色取决于皮肤中的黑色素、胡萝卜素、氧合血红蛋白和脱氧血红蛋白的多少，也与角质层的厚度和含水量、血流量、血液中氧含量等很多因素密切相关。

黑色素是决定人类皮肤颜色的最主要色素，它是在位于表皮基底层的黑色素细胞内合成的，然后通过黑色素细胞的树枝状突起被传递到邻近的角质形成细胞内，并随角质形成细胞向表皮上层移动，从而影响皮肤的颜色。

2. 黑色素 是一种蛋白质衍生物，呈褐色或黑色，是由黑色素细胞产生的。主要由两种醌型的聚合物：优黑素（真黑色素）和褐黑素（类黑色素）组成。

皮肤黑色素的形成过程包括黑色素细胞的迁移、黑色素细胞的分裂成熟、黑色素小体的形成、黑色素颗粒的转运以及黑色素的排泄等一系列复杂的生理、生化过程。从生物化学反应的角度来看，黑色素的形成经历了以下合成途径（图 6-2-2）。

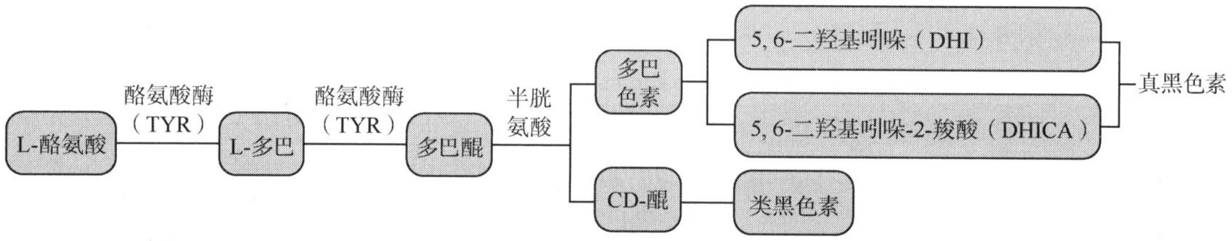

图 6-2-2 黑色素的形成过程

L-酪氨酸在酪氨酸酶（TYR）作用下转化形成多巴及多巴醌，其中一部分多巴醌在半胱氨酸作用下，经过 5, 6-二羟基吲哚（DHI）或 5, 6-二羟基吲哚-2-羧酸（DHICA），形成真黑色素，皮肤的色素主要由其组成。另一个途径是多巴醌经半胱氨酸催化生成类黑色素。真黑色素和类黑色素生成与酪氨酸酶的活性有关，高水平的酪氨酸酶活性导致真黑素色的产生，低水平的酪氨酸酶活性导致类黑色素生成。

（二）美白的机制

想要达到美白、祛斑的目的，必须抑制皮肤中黑色素的数目，归纳起来可分为细胞内抑制、细胞外抑制以及外源因素控制等几方面（图 6-2-3）。

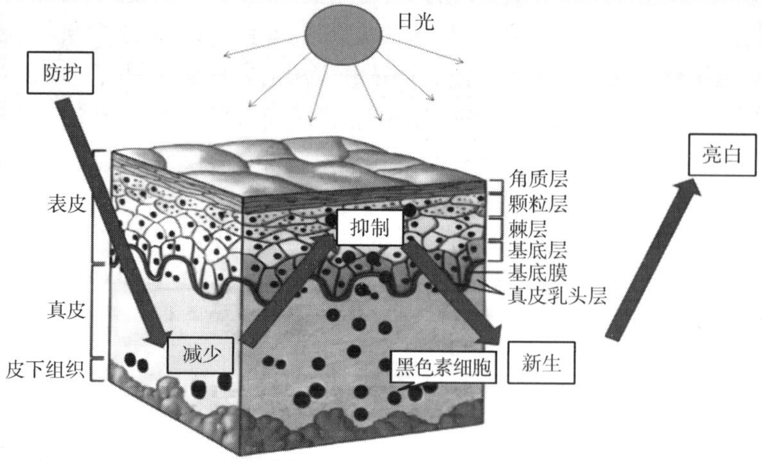

图 6-2-3 美白成分的作用机制

1. 细胞内抑制　①直接控制、抑制黑色素的生成过程中所需要的各种酶，如酪氨酸酶、多巴色素互变酶（TRP-2）、过氧化物酶和 DHICA 氧化酶（TRP-1）等；②阻断黑色素细胞调控的信号传导，抑制黑色素的生成；③还原破坏形成黑色素的中间体，阻断黑色素的形成等。

2. 细胞外抑制　①通过拮抗剂（抑制剂）调节黑色素细胞增殖和分化；②抑制黑色素颗粒转移至角质形成细胞，避免黑色素沉积；③加速角质形成细胞中黑色素向角质层转移，软化角质层和加速角质层脱落等方式。

3. 外源性因素　可以通过减少如紫外线、氧自由基等对黑色素形成生理过程的负面影响，可以通过加强防晒，使用超氧化物歧化酶（SOD）、维生素 E、维生素 C、辅酶 Q_{10}、硫辛酸等氧自由基终止剂，清除氧自由基抑制酶活性，以达到皮肤的美白。

（三）美白化妆品中的活性成分

美白活性成分就是通过抑制黑色素形成过程中酶的活性，或通过影响黑色素细胞活性、黑色素代谢等途径减少皮肤中的黑色素的化学物质。美白活性成分有不同的安全级别，安全的美白成分用“☆”表示，危险的用“◆”表示，促进皮肤新陈代谢、值得长期信赖的用“○”表示，安全但不宜经年累月使用的以“△”表示，下面介绍常见的一些美白活性成分。

1. 对苯二酚（◆）　又名氢醌，是一种美白成分，通过抑制黑色素细胞活性减少色素生成，实现皮肤美白。但过量使用可能引起白斑、过敏反应，严重时可抑制中枢神经系统，损害肝脏和皮肤功能。在中国需医生指导使用处方药，如 2%～5%的外用氢醌药膏治疗色斑。化妆品中禁止添加对苯二酚，以避免不当使用带来的风险。

2. 熊果苷及其衍生物（△）　是天然存在的美白成分，主要通过抑制酪氨酸酶活性，减少黑色素生成，达到美白效果。熊果苷较氢醌温和，过量使用仍可能引起皮肤刺激或过敏。衍生物如 α-熊果苷具有更强的美白效果和较低的刺激性。使用时应遵循产品说明，避免长时间大面积使用，以减少潜在副作用。

3. 曲酸（☆）　是一种美白成分，源自曲霉发酵产物。其作用机制是抑制酪氨酸酶，减少黑色素生成，从而实现美白效果。曲酸具有较好的美白能力，但可能引起皮肤刺激和过敏反应。长期使用或高浓度使用可能对皮肤造成损害。建议在专业指导下使用，并注意产品浓度和使用频率。

4. 壬二酸（☆）　是一种天然存在的二羧酸，具有美白作用。它通过抑制酪氨酸酶活性减少黑色素生成，同时具有抗炎和抗菌特性。壬二酸相对温和，但过量使用可能导致皮肤刺激、干燥或过敏。使用时应遵循医嘱，注意剂量和频率，以减少副作用风险。

5. 传明酸（△）　也称为氨甲环酸，是一种美白成分。其作用机制主要是通过抑制酪氨酸酶活性，减少黑色素生成，达到美白效果。此外，传明酸还具有抗炎作用。毒副作用较少，但过量使用可能导致皮肤刺激、干燥或过敏。建议在专业指导下使用，避免长期高浓度使用，以减少潜在风险。

6. 阿魏酸（○）　是一种天然酚酸，存在于植物中，具有美白作用。其作用机制包括抑制酪氨酸酶活性，减少黑色素生成，同时具有抗氧化特性，保护皮肤免受自由基损害。阿魏酸的毒副作用相对较小，但敏感肌肤使用时可能引起轻微刺激。使用时应遵循产品说明，注意剂量和使用频率，以确保安全。

7. 泛酸及其衍生物（☆）　如泛醇，是美白成分。泛酸通过促进皮肤新陈代谢，帮助去除老化角质，减少黑色素沉积。泛醇具有保湿和修复作用，增强皮肤屏障。毒副作用通常较低，但敏感肌肤可能对高浓度产品产生刺激。使用时应注意产品浓度和个人皮肤反应，避免过量使用。

8. 甘草黄酮（○）　主要提取自甘草，具有美白功效。作用机制是抑制酪氨酸酶活性，减少黑色素生成，同时具有抗炎和抗氧化作用。毒副作用相对较小，但长期使用或高浓度使用可能导致皮肤刺激或过敏反应。建议在专业指导下使用，以确保安全和有效。

9. 维生素 C（☆）　是一种强效的美白成分。其作用机制包括抑制酪氨酸酶活性，减少黑色素生成，促进胶原蛋白合成，具有抗氧化功能。维生素 C 具有光稳定性差和可能引起皮肤刺激的副作用，特别是在高浓度下。使用时应选择稳定性好、浓度适中的产品，并注意防晒，以减少副作用风险。

10. 鞣花酸（☆） 是存在于某些植物中的天然多酚化合物，具有美白效果。其作用机制主要是通过抑制酪氨酸酶活性，减少黑色素的生成。鞣花酸还具有抗氧化和抗炎特性。毒副作用相对较低，但高浓度使用可能导致皮肤刺激或过敏反应。使用时应遵循产品说明，注意剂量和频率。

11. 原花青素（○） 又称为前花青素，是一类存在于某些植物中的多酚化合物。其美白作用机制在于其抗氧化能力，能够减少自由基对皮肤的损害，从而保护皮肤免受色素沉着。原花青素还可能通过抑制酪氨酸酶活性来减少黑色素生成。毒副作用通常较低，但敏感肌肤可能对某些产品产生刺激。使用时应选择适合的产品，并注意个人皮肤反应。

12. 谷胱甘肽（☆） 是一种天然存在于细胞中的三肽，具有美白作用。其作用机制主要是通过抗氧化，减少黑色素生成，以及促进黑色素细胞的代谢。谷胱甘肽还有助于保护细胞免受自由基损伤。毒副作用较少，但过量使用或不当使用可能导致皮肤刺激或过敏。使用时应遵循专业指导，注意剂量和使用频率。

13. 果酸（AHA）（△） 是一类从水果中提取的有机酸，如甘醇酸、乳酸等。作用机制是通过促进角质层脱落，加速皮肤细胞更新，减少色素沉着，实现美白效果。果酸还具有保湿和抗炎作用。毒副作用包括皮肤刺激、干燥、光敏感性增加，尤其在高浓度或不当使用时。使用时应注意防晒，避免敏感肌肤长时间接触。

14. 内皮素拮抗剂（○） 如阿司匹林衍生物，通过抑制内皮素-1（一种促进黑色素细胞活性的肽），减少黑色素生成。它们在皮肤美白中具有潜在效果，但研究较少。毒副作用可能包括皮肤刺激、过敏反应，以及在某些情况下可能影响血压。使用时应谨慎，避免过量或长时间使用，最好在专业指导下进行。

15. 胎盘素（○） 是从动物胎盘中提取的复合物质，含有多种生长因子和营养素。其美白作用机制主要是促进细胞再生和修复，改善皮肤微循环，减少色素沉着。毒副作用可能包括过敏反应和潜在的激素影响，但具体风险取决于提取和纯化过程。使用时应选择质量可靠的产品，并注意个人皮肤反应。

16. 超氧化物歧化酶（SOD）（○） 是一种抗氧化酶，能催化超氧阴离子自由基转化为过氧化氢和氧气，减少自由基对皮肤的损害。SOD 有助于保护皮肤细胞，减缓老化过程，间接促进皮肤美白。毒副作用相对较小，但可能引起敏感肌肤的轻微刺激。使用时应选择经过皮肤测试的、适合个人肤质的产品。

17. 生物制剂类美白成分 近年来，一些生物制剂类美白成分也不断被研究人员发现并应用于美白类化妆品。

（1）半乳糖酵母样菌发酵产物滤液 源自半乳糖酵母的发酵过程，主要作用是促进皮肤细胞更新，帮助去除老化角质，减少色素沉着，具有美白和保湿功效。

（2）二裂酵母发酵产物溶胞物 来自二裂酵母的发酵和细胞溶解过程，含有氨基酸、肽、维生素等，可促进皮肤细胞再生，增强皮肤屏障，具有美白、抗老化和修复功效。

18. 天然美白成分 因为化学美白成分的安全问题，一些天然美白成分，如芦荟、茶花提取物、杏仁等安全无刺激的植物美白将成为潮流。

我国传统的中药中有许多具有良好的美白祛斑作用，包括当归、辛夷、川芎、丹参、白附子、白芷、白茯苓、鲜皮、白芍、白术、葛根、菟丝子等。这些植物成分具有优异的美白效果，是天然美白成分化妆品的发展方向。

（四）美白祛斑类化妆品的评价方法

美白祛斑化妆品是通过美白剂的作用，降低皮肤色度或减轻色素沉着，达到皮肤美白淡斑效果。

不同物质的美白剂作用靶点和机制不同，这就为美白淡斑剂的发展提供了多条途径。美白祛斑化妆品的功效评价方法可分为体外实验法、动物实验法和人体实验法。

1. 体外实验法　化妆品美白功效体外实验方法有美白成分分析法、生物化学法、细胞生物学法和三维重组皮肤模型替代法等。

2. 动物实验法　可以使用豚鼠实验及斑马鱼实验等进行动物体内黑色素及酪氨酸酶抑制活性实验，验证美白功效。

3. 人体实验法　对美白产品的功效评价，最客观、真实、有效的方法就是人体实验，主要是判断使用化妆品前后皮肤及色斑颜色的变化情况。目前较常用的人体实验方法是：L*a*b*色空间系统分析法、皮肤黑色素测定法和漫反射光谱法。

（五）美白祛斑类化妆品的选择与使用

1. 不可盲目追求美白　美白皮肤有两种方法，一是物理美白，就是利用无机粉末修饰皮肤颜色，遮掩皮肤瑕疵，这种方法比较安全，能快速美白，但只是一种美白的表象；二是利用化学成分抑制皮肤中黑色素的数目，减少黑色素的产生或促进黑色素的代谢，达到皮肤的美白。与物理美白快速见效不同，通过添加美白化学成分减轻皮肤表皮色素沉着而达到美白效果是一个缓慢的过程。如果某美白产品说明使用后能立刻见效，那这款美白产品要么是通过物理遮掩达到美白效果，要么是虚假宣传，更要警惕的是，还可能非法添加了大量禁用物质，如汞、氢醌、激素等。

2. 皮肤美白的安全策略

（1）美白的前提是做好防晒　大部分黑色素都是由阳光中的紫外线刺激产生的，如果不养成防晒的习惯，就算使用再多的美白产品都于事无补。此外，眼部比面部皮肤更薄，眼部防晒更重要。

（2）先保湿再美白　如属于敏感或干性皮肤，使用美白产品前应先为皮肤保湿，这样可提高皮肤角质层的水分。健康的皮肤细胞组织，能减少使用美白产品时所产生的不适症状。

（3）美白需要内外兼修　皮肤绝对能反映身体状况，要皮肤白净，除了外涂美白化妆品，良好的生活习惯对阻止色素产生甚有帮助，内外兼修，才能全面美白。

（4）选用安全可靠的化妆品　最重要的是要从合法渠道，选择在国家药品监督管理局注册的产品，以保证安全可靠。

三、染发类化妆品

（一）染发类化妆品概述

染发类化妆品主要是指改变头发颜色的发用化妆品，通常称其为染发剂。染发剂可将灰白色、黄色、红褐色头发染成黑色，或将黑色头发漂白脱色，然后染成所需要的色调。

人类最早使用的染发剂是天然植物性染料，有久远的使用历史，其中的某些品种现在仍在使用。现代染发化妆品是在有机染料（苯胺）的应用基础上发展起来的，直到今天，以苯胺染料为主体的合成氧化染料仍是染发化妆品的主要原料。

（二）染发类化妆品的分类

染发剂依据其所采用的染料不同分为合成有机染料染发剂、天然有机染料染发剂、无机染料染发剂以及头发漂白剂等。依据染色原理和染色牢固程度，又可分为漂白剂、附着于头发表面染色的暂时性染发剂和半耐久性染发剂，以及能深入发质内部染色的耐久性染发剂。染发剂可以制成各种剂型，如乳膏型、凝胶型、摩丝、粉剂、喷雾剂、染发香波等，以满足各类消费者的需求。

（三）染发类化妆品中的染发剂

1. 合成有机染料染发剂　所谓合成有机染料染发剂，是指采用化学合成法制得的有机染料或染料中间体作为染发成分的一类染发剂。常见的包括氧化染发剂及直接染料染发剂。

（1）氧化染发剂

1）氧化染发剂机制：是目前使用最广的染发剂。这类染发剂使用小分子染料中间体（对苯二胺、氨基苯酚等），不仅能使头发表面染色，染料分子还能渗入到头发组织内层，在氧化剂（过氧化氢等）作用下产生不溶性的大分子色素残留在头发组织中，起到持久的染发作用。染发的过程如下（图 6-2-4）。

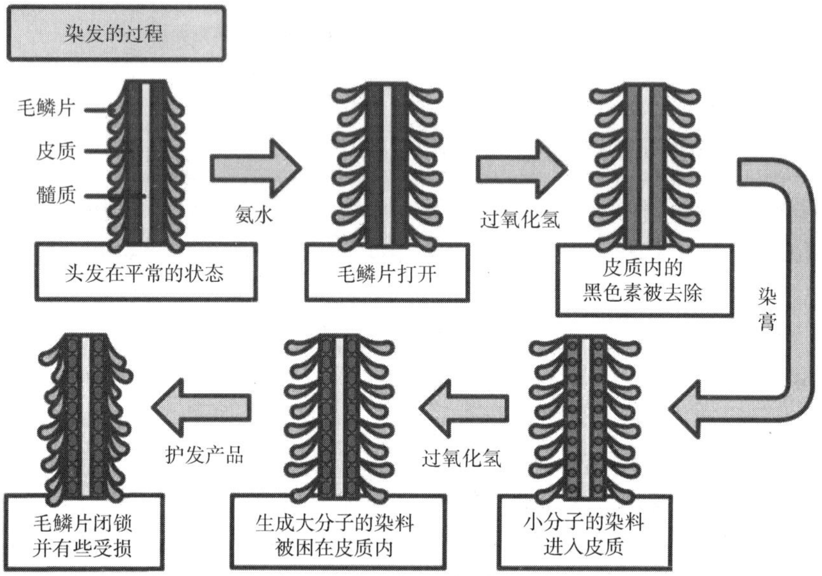

图 6-2-4 染发过程示意图

2）氧化染发剂的组成：氧化染发剂通常是由含染料中间体的基质（或载体）和氧化显色剂两部分组成。染料中间体是一些小分子化合物，以苯二胺、氨基酚或此类化合物的衍生物为主体，染料中间体的选择至关重要，选用不同的染料中间体配伍，就能得到不同的色泽，见表 6-2-1。

表 6-2-1 常用染料中间体及染发后的颜色

染料中间体	染发后的颜色	染料中间体	染发后的颜色
对苯二胺	棕至黑色	间苯二胺	紫色
氯代对苯二胺	红棕色	对氨基苯酚	淡茶褐色
2-甲氧基对苯二胺	灰黄色	4-氨基-2-甲基酚	金带棕色
邻苯二胺	黄带金黄色	4-氨基-3-甲基酚	淡灰棕色
4-氧代邻苯二胺	棕色带金黄	2, 4-二氨基苯酚	淡红棕色
对甲苯二胺	红棕色	对甲胺酚	灰黄色
3, 4-甲苯二胺	亚麻色	邻氨基苯酚	金黄色
邻甲苯二胺	金色带棕	2, 5-二氨基茴香醚	棕色
对氨基联苯胺	棕黑色	4-氯-2-氨基酚	灰黄色
2, 4-二氨基联苯胺	紫棕色	2, 5-二氨基苯酚	红棕色
4, 4′-二氨基联苯胺	红棕色	间氨基苯酚	深灰色

氧化剂是氧化染发剂的另一重要组成，要求使用时氧化反应完全、无毒性、无副作用等。氧化剂要求氧化反应完全、无毒、无副作用等，通常使用过氧化氢 6%（pH 3～4），还需加入稳定剂，常用的稳定剂是非那西丁、磷酸氢钠等，其他氧化剂还有过硼酸钠、过硫酸钠、重铬酸盐等。

3）氧化染发剂分类及使用方法：市场上销售的氧化型染发剂形态多种多样，有粉状、液状、膏状及染发香波等。

粉状氧化染发剂一般是将含氧化染料的主染剂和氧化剂分别盛装，染发时把两者混合之后，充分涂抹在头发上，接触 15～20 分钟，使天然头发色素变淡而欲染的颜色强度逐渐增强，染色达到要求的程度后将残留的染发剂洗掉。

液状氧化染发剂一般以溶剂做染料载体，与氧化剂混合后呈水状。因为是液体制品，染发时不易黏附在头发表面，且易流失沾污皮肤和衣服，使用不太方便。

膏状氧化染发剂是在基质中添加一些增稠剂、表面活性剂等添加剂，使之与氧化剂结合后呈黏稠状或半流动状胶体。其特点是易黏附在头发表面，有利于染料分子渗透到头发内部，且不易沾污皮肤和衣服。

香波型氧化染发剂是在香波基体中溶入染料中间体，其中的表面活性剂宜选用非离子或两性离子，也可使用阴离子表面活性剂。香波型染发剂的使用比较简单，将香波型染发剂均匀涂布在头发上，待显色 20 分钟左右，用水冲洗干净即可，很适合家庭使用。

（2）直接染料染发剂　是指不使用氧化剂或发色剂而直接对头发进行染发的染发剂。由于直接染料在染发时温度不能太高，且酸性的染料会和头发表面的碱性基团结合而阻碍染料的渗入，故直接染料所用的必须是小分子且无酸基团。直接染料染发剂的优点是对头发的损伤小，安全性较高，但缺点是颜色维持时间短，容易在洗发时褪色，根据其染色的牢固度，可分为暂时性染发剂和半永久性染发剂两类。

1）暂时性染发剂：是利用界面间的吸附、润湿作用，将大分子色素染料沉积在头发表面使头发暂时着色的染发剂，不会影响头发的组织和结构，比较安全。

由于染料只与头发表面接触，染色的牢固度差，只能作为头发的临时性修饰，不耐洗涤，非常适合想要尝试不同发色但又不想永久改变发色的人群，也常用于专业美发师在造型设计中的快速色彩变化。由于染料不会渗透到发质内部，颜色通常在几次洗发后逐渐褪去，不会对头发造成长期影响。

2）半永久性染发剂：是一种介于暂时性和永久性染发剂之间的产品，它通过化学方法使染料分子通过头发的表皮层，扩散到头发的皮质层和髓质层，将头发染成各种不同的颜色。但这种色素的附着力相对较弱，随着洗发次数的增加而逐渐褪色。产品剂型有液状、乳液状、凝胶状和膏霜状。

半永久性染发剂适用于那些希望尝试新发色但又不想进行永久性改变的人群，由于其对头发的损伤较小，也适合那些希望保持头发健康状态的用户。

3）永久性染发：是一种通过化学作用深入改变头发颜色的染发产品。其原理是利用氨水打开头发鳞片，配合过氧化氢漂浅头发中的天然色素，使染料分子进入皮质层并与头发内部结构发生氧化反应，形成稳定的颜色。这种染发方式能显著改变发色，遮盖白发效果优异，颜色持久不褪，直到新发生长。

永久性染发剂剂型多为膏霜状，适合希望长期保持某种发色或需彻底遮盖白发的人群。但由于其化学成分渗入性较强，可能对头发造成一定损伤，使用时需注意护理头发。见表 6-2-2。

表 6-2-2　染发剂的分类

分类	染发机制	主要原料	留色时间	脱色情况
暂时性	表面黏附或吸附	天然植物染料、法定合成染料	7～10 天	洗 1 次脱色
半永久性	内透染发，透入层较浅	碱性染料、酸性染料、金属盐染料	15～30 天	洗数次脱色
永久性	内透至髓质层	氧化染料	1～3 个月	洗多次脱色
	半透型	金属型色素、植物型色素		
	反应性染发	活性染料		

2. 植物性染发剂 是一种使用天然植物提取物作为主要原料的染发产品，这些色素通过物理吸附或轻微的化学作用附着在头发表面或渗透到头发内部，从而改变发色。这类染发剂通常不含或含有很少的化学合成成分，以减少对头发和头皮的潜在刺激。此外，植物性染发剂中还可能含有滋养和保护头发的成分，如植物油、蛋白质和抗氧化剂。由于植物性染发剂通常不含强氧化剂，其染发效果可能不如化学染发剂持久。

植物性染发剂适合对化学成分敏感、追求天然健康生活方式的人群。它们尤其适合那些希望在染发的同时减少头发损伤、保持头皮健康的人。此外，对于孕妇或哺乳期妇女，植物性染发剂也是一个更安全的选项。

3. 矿物性染发剂 是一种利用固体金属盐本身的颜色附着于头发角蛋白的表面改变发色，如古时候人们就用在醋中浸过的铅梳梳发而使头发的色泽变深。

这种染发方式染料成分不能渗入髓质层，对头发的损伤较小，但颜色经过摩擦、梳洗后会脱色，属于半永久性染发剂。矿物性染发剂适用于追求自然染发效果、对化学成分敏感或希望减少化学残留的人群，但经金属盐染发后头发会变硬、变脆。

（四）影响染发效果的因素

使用染发类化妆品时，染发效果可能受到多种因素的影响。选择染发剂时应注意以下情况。

（1）头发的自然颜色和健康状况会影响染发剂的吸收和最终效果，应根据个人发质颜色选择。

（2）不同类型的染发剂（如暂时性、半永久性、永久性或植物性染发剂）具有不同的着色能力和持久性，这直接影响染发效果，染发应考虑选择适当的类型染发剂。

（3）染发剂中的活性成分和辅助成分（如色素、稳定剂、护理成分等）的质量与浓度会影响染发效果的均匀性、光泽度和持久性，应谨慎选择。

（4）染发时的涂抹技巧、时间控制和温度等操作因素都会影响染发的均匀度和最终效果。

（五）染发类化妆品的合理使用

1. 产品选择 染发类化妆品的氧化剂及苯胺类的染料中间体具有一定的刺激性和毒性，选择产品时应选择经过认证、符合安全标准的，避免使用来源不明或未经批准的产品，仔细阅读产品标签和说明书，了解产品成分、使用指南和警告信息。在使用新的染发剂之前，按照产品说明，进行皮肤敏感性测试，以确保没有过敏反应。

2. 正确操作 使用染发剂时，采取必要的保护措施，如戴手套，按照产品说明正确混合和使用染发剂，避免过量使用或不当操作，如混合不当或停留时间过长。避免染发剂接触眼睛、头皮、耳朵和颈部等敏感部位，特别是这些区域有伤口或炎症时。

3. 控制染发的频率 避免过于频繁染发，以减少化学物质对头发和头皮的累积影响。

四、烫发类化妆品

（一）烫发类化妆品概述

烫发是一种美发技术，其主要目的是应用机械能、热能、化学能使头发的结构发生变化，改变头发的自然形态。烫发可以增加头发的体积感，改善发型的轮廓，以及为直发增添动感和层次感。此外，烫发还能帮助掩饰一些头发的缺陷，如稀疏或不均匀的发量。烫发时所使用的化学药剂称为烫发类化妆品，它推动了烫发的发展。

古代人们就尝试将潮湿的头发卷在木棒上用黏土固定，然后在日光下晒干，这称为黏土烫或水烫；以后又出现了一种半圆形金属钳子的烫发工具，这种金属钳子必须先在火上烤热后才可以烫发，所以称为火烫；后来发现使用硼砂，涂在头发上后，用电热夹子来加热，可使头发卷曲，这就是电烫；随着化学技术的发展，化学烫发剂问世。有化学家发现了用亚硫酸钠，不需要加热就可以使头发卷曲，称为冷烫，又叫化学烫，这是目前最流行的一种烫发方式。随着科技的进步，现代烫发技术更加多样化，包括数码烫、陶瓷烫、离子烫等，这些技术利用不同的热源和化学配方，提供更自然、更持久的烫发效果。

（二）烫发的原理与过程

1. 头发结构与烫发原理 头发主要由一种叫作角蛋白的蛋白质组成，角蛋白的主要成分为胱氨酸。在胱氨酸的多肽链之间，含有二硫键（S—S）、氢键、离子键，这些键影响头发的形态。

由胱氨酸形成的二硫键比较稳定，常温下不受水或 pH（常用碱剂）的影响，是形成耐久性卷发的关键。烫发就是使用烫发剂（还原剂或碱剂）进入头发，将胱氨酸的硫-硫桥键切断，使之变成单硫键，再使用定型剂使单硫键在新位置与另一个单硫键组成一组新的二硫键，使头发卷曲产生波浪（图 6-2-5）。

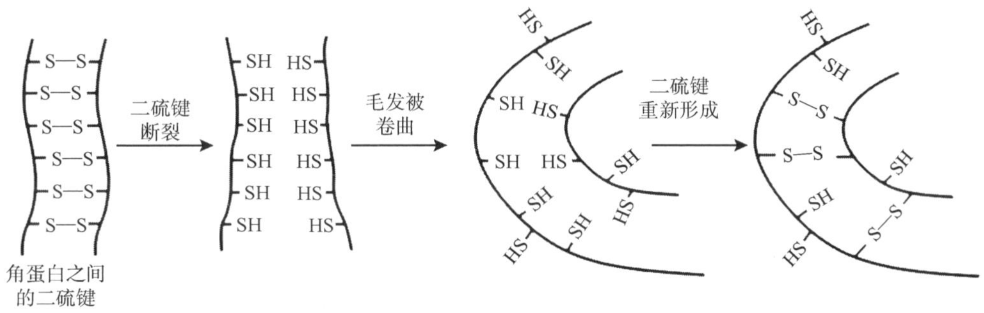

图 6-2-5 烫发原理示意图

2. 不同烫发方式的头发变化过程 不同的烫发方式造成不同的头发形态改变。电烫和火烫是两种传统的烫发方法，它们都依赖于热量来改变头发的形状，主要区别在于热源的类型和控制方式。电烫使用电热工具（如电烫棒、电烫机），提供了更多的温度控制选项，而火烫则依赖于直接的火焰或高温金属工具。随着烫发技术的发展，区别是电烫先用碱剂浸润头发，再用电热卷使头发卷曲成型。这种受热变形，很像拉伸、扭曲的弹簧，慢慢又会恢复原状。因此，电烫、火烫的卷发不耐久。

冷烫是先用还原性的化学药剂使头发中胱氨酸的硫-硫桥键断开，通过外力作用将头发盘卷成一定的波形后，使用定型剂进行修复，使设计好的发型固定下来。化学烫发以化学键结合力做出发型，比电烫的热变形物理方式更强劲有力，因而发型耐久、不易变形。

（三）烫发类化妆品的分类及其成分

电烫和冷烫是最常见的烫发类型，此外头发拉直也是能改变头发形态的常见烫发化妆品，以下分别从分类、成分及产品特点进行介绍。

1. 电烫用化妆品

（1）电烫概述　现代电烫方法如陶瓷烫、数码烫等提供了更温和、更均匀的热力，配合电烫液减少了对头发的损伤，同时也提供了更持久和自然的效果。

（2）电烫化妆品及其主要成分　电烫化妆品主要为电烫液，也称为烫发水，是一种用于烫发过程中的化学制剂。电烫液中通常含有还原剂，如亚硫酸钠或巯基乙酸，能打断头发角蛋白中的二硫键使头发软化；电烫液中的氧化剂主要作为定型剂以重新形成二硫键，固定头发的新形状，此外含有 pH 调节剂、护发成分等对电烫液的使用效果，及对头发保护与修复起到了重要作用。

（3）电烫液的分类　电烫液根据其形态不同可分为水剂、粉剂和浆剂三种。

1）水剂　配制操作简单，使用方便，但药液容易滴流而污染衣服和皮肤，烫发后对头发缺少滋润性。

2）粉剂　配制简单，易于储存携带，但在烫发时需先加水调制成液状后才能使用，使用上具有水剂的缺点。

3）浆剂　克服了水剂和粉剂的不足，是较为理想的电烫液，由于其中可加入较多的滋润物质，对头发有较好的滋润性，同时使用方便。

（4）电烫液的使用　烫发时先将头发洗净，在卷曲成型时将电烫液均匀涂在头发上，然后利用烫发工具加热至 100℃左右，维持 20～40 分钟。加热完毕后，以水或稀酸冲洗残留在头发上的碱和还原剂，使头发恢复到原来的 pH，待干燥后即能保持卷曲的形状。

无论是电烫还是火烫，优点是能通过加热缩短烫发时间，但在烫发时需要加热，给人以限制和不舒服的感觉，随着生活水平的提高和冷烫技术的发展，电烫法必将被方便、快速的冷烫法所代替。

2. 冷烫化妆品

（1）冷烫概述　冷烫，也称化学烫，是一种在常温下通过化学药剂完成烫发过程的美发技术。冷烫的优点是操作简便，条件限制少，造型变化多样。缺点是效果相对热烫不够持久，对发质有一定损伤。

（2）冷烫化妆品及其主要成分　冷烫法常用的化妆品为二液剂，第一液为烫发液（还原剂），第二液为定型剂（中和氧化剂），这两种烫发用液是配套使用的。烫发液的作用是使头发膨胀软化具有可塑性，加上卷发棒的物理作用，头发便形成卷曲形状。定型剂的作用是使烫发液停止作用，从而使卷曲形状固定下来，维持一个时期不会变直。

（3）冷烫化妆品的分类　冷烫化妆品的品种很多，按照产品外观的不同，可分为以下几种。

1）粉剂型：粉剂型冷烫产品，包装体积小，运输便利，但使用时要加入一定量的水调制，取溶解后的澄清液使用，不太方便。

2）水剂型：水剂型冷烫产品又称为冷烫精，是目前国内生产最多的一种剂型，配方中原料都是水溶性物质，配制时只要将这些原料溶解在水中即可，生产工艺简单，成本较低，是美发院中的主流产品。

由于产品黏度较低，容易从头发上流下，即使操作不便，又使有效成分在头发上停留时间过短，为了增加产品的黏度，往往在配方中添加一些水溶性高分子物质。

3）膏霜型：冷烫膏霜与其他膏霜型产品相似，用油、水和乳化剂配成基质，在基质中加入卷发的有效成分（如巯基乙酸盐）。产品呈半固态，使用时不会滴到衣服上，沾污衣领，原料中加入的羊毛脂等成分可以保护头发，增加头发的可调理性。但冷烫膏霜型产品生产难度大，成本较高，由于其中含有大量的油性原料，容易在微生物的作用下变质。对产品的生产、包装都有较高要求。

4）乳液型：冷烫乳液与膏霜型产品相似，是由油、脂、醇类物质与含有巯基乙酸盐的水相经乳化而成，但乳液中固体油相成分较少，产品的流动性比膏霜型产品好。冷烫乳液除具有卷发功能外，配方中的油脂和乳化剂还能调理头发，是目前市场上很受欢迎的一种剂型。

5）气溶胶型：气溶胶型冷烫产品是由卷发剂、泡沫剂和喷射剂一起装入密闭压力容器内，使用时呈雾状（或泡沫状），容易分布均匀，具有使用方便、迅速、卫生的优点，但价格较贵，对包装容器的要求高，目前在国内使用不多。

（4）冷烫化妆品的使用　使用冷烫液时先将头发洗净，然后卷曲成型/同时涂冷烫液，之后维持一定时间（20～40 分钟）。为了缩短卷发操作时间，期间可用热敷保温，热敷温度一般为 50～70℃，只需 10 分钟即可。最后用水冲洗干净，涂氧化剂或曝于空气中使之氧化，干燥后即能保持卷曲的发型。

3. 头发拉直化妆品　是将卷曲绞结的头发处理成直形或稍带波浪形而使用的化学制剂。这类产品有热压油和化学拉直剂。

热压油拉直头发的操作方法复杂，其原理是通过高温裂解头发中的某些化学键，从而使卷曲的头发在热梳的张力下拉直。这种处理对发质和头皮都会有损伤，通常只由美发师操作。

目前，化学拉直化妆品被越来越多的人采用，它的剂型有浓稠液态的、凝胶状的或膏状的。常见的头发拉直化妆品有苛性碱型制品和角蛋白还原型制品两种。苛性碱型制品是用苛性碱（氢氧化钠或氢氧化钾）使发丝松弛；角蛋白还原型制品一般常用巯基乙酸盐作为发丝松弛剂。卷发被松弛伸直处理后，多用过硼酸钠或过氧化氢来氧化固定被松弛伸直的头发。

五、防脱发类化妆品

（一）脱发及其产生原因

脱发是正常的生理现象，正常情况下，头发的新生与脱落保持一定的平衡，若脱落的多于新生的就会产生脱发。

1. 脱发的分类　从预期结果分，脱发可分成永久性脱发和暂时性脱发两种类型，主要区分的条件是毛囊受损的程度及时效性。临床上脱发更常用的分类是按其发病机制及症状分类，可以分为脂溢性脱发、斑秃、产后脱发、感染性脱发、化学性脱发、物理性脱发、营养代谢性脱发、季节性脱发等。

2. 脱发的原因　造成脱发的原因很多，目前认为遗传、营养、激素及一些细胞因子和相应的受体等都与毛发的生长与调控有关。

（二）防脱机制及其活性成分

1. 防脱发的机制

（1）刺激毛囊　促进毛囊从休止期进入生长期，延长生长期，从而减缓脱发。

（2）改善头皮环境　调节头皮油脂分泌，减少炎症，为头发生长提供健康环境。

（3）提供营养　补充头皮和毛囊所需的营养素，如蛋白质、维生素、矿物质等。

（4）抗炎作用　减少头皮炎症，改善毛囊环境，有助于头发健康生长。

（5）抗氧化　中和自由基，保护头皮和毛囊免受氧化损伤。

2. 常见防脱发类化妆品活性成分

（1）促进毛发生长剂　在防脱发类化妆品中通过不同机制发挥作用，目前研究和实践中有多种成分被证实对促进毛发生长有效。

1）米诺地尔：是治疗脱发的第一个安全有效的药物，常用于外用溶液或泡沫，通过扩张血管促进毛囊血流，促进血管内皮生长因子生长调节，促进毛发生长。

2）咖啡因：研究发现，咖啡因能够抵消睾酮对头发的抑制生长作用，外用咖啡因的原理是通过抑制磷酸二酯酶，改善头皮屏障功能，同时它还能够抑制 5α-还原酶，从而改善脂溢性脱发。

3）植物提取物：侧柏叶提取物在已注册且批件仍有效的防脱发类化妆品中，是使用较为广泛的防脱发功效成分，其具体的作用机制和使用依据需要相关科学文献或研究资料作为支撑。其他的植物提取物，如生姜、人参、迷迭香等，具有促进血液循环和抗炎作用。

4）维生素：水溶性维生素，有助于增强头发强度和促进头发生长。

（2）5α-还原酶抑制剂　5α-还原酶在雄性激素的合成中具有关键作用，它选择性作用于头皮局部毛囊，能抑制雄性激素受体的活性，促进毛发生长，副作用较小。如锯棕榈提取物等。

（3）改善毛囊能量代谢剂　正常的毛囊中主要的能源是来自血流的葡萄糖和毛囊中的糖原。脱发患者的毛囊中这种能量代谢系统受到抑制，因此，改善毛囊能量代谢就有可能促使脱发症患者的头发生长。如十五烷酸甘油单酯（PDG）通过优化毛囊的能量代谢，是防脱发产品中的有效成分之一。

（4）营养剂　毛发的主要组成为角蛋白，所以毛发的营养成分多为蛋白类、氨基酸、糖类及多肽类。如糖蛋白类、黏连蛋白、弹性蛋白、角蛋白、人参皂苷、芦荟宁、氨基酸、水解胶原等能增加头发营养供给，改善和减少脱发。

（三）防脱发类化妆品的功效评价指标

防脱发类化妆品的目的是使头发达到和保持一定的头发量而不会脱落，观察的量化指标包括毛囊生长的数目和速度、毛发直径、生长期与休止期的比例等，并通过定点观察检测。

1. 毛囊数目 理论上讲，防脱发类化妆品可促进毛囊的恢复，促进毛发的生长，因此单位面积内的毛囊数目变化对防脱发类化妆品功效评价非常重要。可先记录不使用防脱发类化妆品的观察点毛囊数目几个月的数据，然后将原部位的头发剃除，使用防脱发类化妆品再观察几个月，将前后的毛囊数进行统计学处理。毛囊数的计数可以是肉眼计数，最好是计算机自动计数，以减少人为因素影响。

2. 毛发直径 毛发的直径可以反映出防脱发类化妆品的功效。如脂溢性脱发者，头发逐渐变细。变软，当头发情况改善后，头发直径也逐渐变粗。但是，一根头发的直径变化不能说明问题，必须统计单位面积内头发直径的变化，才能反映出防脱发类化妆品的功效。可通过计算机图像解析，观察剃发部位使用防脱发类化妆品前后头发的平均直径变化。

3. 生长速度 头发的生长速度也可直接反映出防脱发类化妆品的效果。观察时必须是单位面积内头发生长的平均速度，单根头发不能正确反映出头发生长速度。观察的方法是将所有观察区域内的头发向一个方向压倒固定之后，进行数码摄影并保存，每个月观察一次，由计算机自动计算观察区域内的头发面积，不同时间的面积差值能反映出头发生长速度。

4. 脱落的数量 记录每天头发脱落数量的减少情况，也可以反映出防脱发类化妆品的功效。方法是收集洗发时的脱发，测定其根数。此方法尤其要注意区分脱发和断发，此外，由于脱发随季节变动大，特别是从夏天到秋天脱发增加，因此评价需持续几个月。

六、新功效化妆品

新功效化妆品是指在传统化妆品基础上，融合了技术创新与成分创新成果，能够针对肌肤问题提供更为精准、高效的解决方案的一类化妆品，这些新功效包括但不限于抗衰老、美白、祛斑、抗痘、修复、舒缓、防晒等。

1. 技术创新与成分创新 新功效化妆品往往依赖于技术创新，包括新的生产工艺、配方设计、包装技术等，以提升产品的效果和用户体验。采用新型、高效的活性成分或传统成分的改进形式，以满足消费者对美白、抗衰老、保湿、修复等不同方面的需求。

2. 进一步注重安全性 新功效化妆品在追求功效的同时，也更加注重产品的安全性和温和性，以确保消费者的使用安全。随着科技的进步，越来越多的新技术被应用于化妆品领域，如纳米技术、生物技术等，这些技术为化妆品的创新提供了更多可能性。消费者对化妆品成分的关注度越来越高，新型活性成分的不断涌现将为新功效化妆品的研发提供更多方向。化妆品品牌方也在不断研发新的活性成分，以满足消费者的多元化需求。环保意识的提升也促使化妆品行业向绿色、可持续方向发展。

总之，新功效化妆品是化妆品行业的一个重要发展方向，它们通过为肌肤提供更多元化、更高效的护肤或美容效果。

链接 新型化妆品

新型化妆品是指采用天然植物提取物、动物提取物、微生物发酵液等纯天然原料，采用生物技术等方法制备的化妆品。新型化妆品的研发和应用，从一个侧面反映了人们对于环保和健康生活方式的需求。相较于传统化妆品，新型化妆品在环境保护、生物多样性保护和人体健康等方面具有很多的优势。新型化妆品的研发与应用，无疑为市场带来了前所未有的活力与潜力。随着现代年轻人对自然环境和健康的关注度日益提升，天然、无害的化妆品已逐渐成为市场的主体。相较于传统化妆品，新型化妆品在透气性、滋润性、保湿性以及防晒性等方面均表现出更高的实用性和颜值，逐渐赢得了广大消费者的认可与赞誉。

第 3 节　口 腔 用 品

口腔卫生对保持人体健康和预防疾病十分重要，而口腔用品则是保持人体口腔卫生最有效的日常生活用品。常用的口腔用品有牙膏、漱口水、牙刷、牙线、冲牙器和牙齿美白产品等，其中产量最大、应用最普遍的是牙膏。

（一）牙膏的作用

牙膏是和牙刷配合，通过刷牙达到清洁、健美、保护牙齿之目的，是一种以洁齿和护齿为主要目的的口腔卫生用品。在使用牙膏的过程中，正确的刷牙方法和良好的刷牙习惯，可以使牙齿表面洁白、光亮，使口腔内洁净，感觉清爽舒适，同时还具有减轻口臭、预防或减轻龋齿及牙周炎等作用。特别是临睡前刷牙，可减少细菌分解糖类产生的酸对牙釉质的侵蚀，能更有效地保护牙齿。

（二）牙膏的种类

从外观上看，可分为透明型和不透明型牙膏两类；按酸碱度不同，可分为中性牙膏、酸性牙膏和碱性牙膏三类；按摩擦剂分类，常见有碳酸钙型和二氧化硅型；按洗涤发泡剂分类，有肥皂型、合成洗涤剂型等；按香型分类，有留兰香型、薄荷香型和水果香型等；按使用功能分类，可分为普通牙膏和药物牙膏两类，其中药物牙膏又可分为防龋齿牙膏、脱敏牙膏、消炎止血牙膏和防牙结石牙膏等。

（三）牙膏的配方成分

牙膏配方组成主要有摩擦剂、洗涤发泡剂、胶黏剂、保湿剂、甜味剂、防腐剂、香精和其他特殊添加剂等，下面主要介绍摩擦剂和洗涤发泡剂。

1. 摩擦剂　是牙膏的主体原料，一般占配方的 20%～50%。摩擦剂通过牙刷在牙齿上的摩擦作用，达到清洁牙齿、去除牙菌斑和牙石以及防止新污垢形成的目的。

（1）碳酸钙　一直是我国牙膏生产中大量采用的一种摩擦剂，因其资源丰富且价格较低，是日用口腔卫生用品的理想原料。牙膏用的碳酸钙分轻质碳酸钙（沉淀碳酸钙）和重质碳酸钙（天然碳酸钙）两种，均为无臭、无味的白色粉末，颗粒直径大部分在 2～6μm，摩擦力一般比磷酸钙大，常用于中、低档牙膏中。

（2）二水合磷酸氢钙　是无色、无臭、无味的粉末，不溶于水，但溶于稀释的无机酸。以二水合磷酸氢钙作为摩擦剂的牙膏接近中性，对口腔黏膜刺激性小，不损伤牙齿，是最常用的一种比较温和的优良摩擦剂。以它制成的膏体外表光洁、美观，较碳酸钙佳，但价格较贵，在我国常用于高档产品。

（3）无水磷酸氢钙　是二水合磷酸氢钙脱结晶水而成，它的摩擦力较二水合磷酸氢钙强，一般配方中只用少量（3%～6%）就能增加二水合磷酸氢钙膏体的摩擦力。它也和多数氟化物不相容，不能用于含氟牙膏。

由于无水磷酸氢钙的摩擦值、磨蚀系数较高，对牙釉质有磨损现象，不能单独作为牙膏的摩擦剂使用。它有较好的祛除烟渍与菌斑的效果，故与二水合磷酸氢钙复配应用为佳。

（4）二氧化硅　是无色结晶或无定形粉末状，摩擦力适中，与牙膏中氟化物和其他药剂相容性好，是一种理想的牙膏摩擦剂，近年来发展较快。另外二氧化硅能使膏体呈透明状，常用作透明牙膏的摩擦剂。

（5）氢氧化铝　为白色至微黄色粉末，在水中的溶解度极低，稳定性好，摩擦力适宜，碱性比碳酸钙低。以氢氧化铝为摩擦剂制成的膏体与使用二水合磷酸氢钙者相似，外观洁白、口感好，价格比磷酸氢钙便宜。

2. 洗涤发泡剂 牙膏中的洗涤发泡剂即牙膏中添加的表面活性剂。牙膏的洁齿作用，除了靠摩擦剂的机械摩擦外，还靠表面活性剂的洗涤、发泡、乳化、分散和润湿等作用以达到清洁牙齿的目的。表面活性剂能降低表面张力，使牙膏在口腔中迅速扩散，疏松牙齿表面的污垢和食物残渣，使之被丰富的牙膏泡沫乳化而悬浮，随漱口水清除出去，从而达到清洁口腔和牙齿的目的。

（四）牙膏的选择与使用

牙膏的选择与使用是日常口腔护理中至关重要的一环。口腔健康者可选择具有清洁功能的牙膏即可，重点关注摩擦剂的成分，如氢氧化铝、磷酸氢钙等，这些成分的清洁能力较好。

牙敏感者可选择含有抗敏感成分的牙膏，如氯化锶、硝酸钾等，这些成分能在牙齿表面形成保护层，减少敏感。牙龈问题者可选择具有消炎、止血功能的牙膏，如含有金银花、绿茶等植物成分的牙膏，这些成分有助于缓解牙龈炎症。美白需求者选择的美白牙膏主要通过大颗粒磨砂去除牙齿表面的黄渍，但长期使用可能导致牙齿磨损，需谨慎使用。因此，在选择含氟牙膏时，要特别注意氟化物的含量，并遵循正确的使用方法。

自 测 题

一、单项选择题

1. 以下哪一步通常是护肤步骤中的第一步（ ）
   A. 涂抹精华液 B. 使用爽肤水
   C. 清洁面部 D. 涂抹防晒霜
2. 化妆品使用不当可能导致以下哪种情况（ ）
   A. 皮肤变得更加光滑
   B. 皮肤屏障功能增强
   C. 皮肤出现过敏反应
   D. 皮肤皱纹减少
3. 与皮肤角质层的保水机制关系密切的成分为( )
   A. 透明质酸 B. 胶原蛋白
   C. 天然保湿因子 D. 脂肪
4. 卸妆油所用的什么成分是决定产品质量的关键要素（ ）
   A. 功效成分 B. 表面活性剂
   C. 抗氧化成分 D. 油脂及乳化剂

二、简答题

1. 简述清洁类化妆品的作用机制。
2. 我国化妆品产业技术创新的主要方向有哪些？

（周佳丽 谢珍茗）

第7章 美容化妆品配方技术

学习目标

1. 素质目标

（1）塑造学生的专业素养及职业伦理。

（2）培养学生在化妆品研发和使用过程中遵循科学原理和法律法规的能力。

2. 知识目标 了解化妆品配方设计的原则和包括护肤液态类、乳霜类、面膜类、彩妆类产品的配方技术及生产工艺。

3. 能力目标

（1）能够根据化妆品的配方和工艺要求，设计和优化化妆品配方。

（2）具备根据配方评估化妆品的安全性和有效性的能力，指导合理选择和使用化妆品。

美容化妆品配方与工艺技术是研究如何将化妆品原料混合在一起，通过基质原料发挥产品的主要功效，通过辅助原料使化妆品成型、稳定、赋色和赋香，形成有机整体的科学技术。根据生产工艺和形态的不同，化妆品可分为液态、膏霜、乳液、凝胶、粉剂、气雾剂、蜡基、贴膜类、其他类。而根据产品的作用目的，产品又可以分为护肤类、发用类、彩妆类和芳香类产品。以下将以护肤液态类、护肤乳霜类、面膜类、彩妆类化妆品为例，从产品分类、配方结构及工艺设计等方面系统介绍。

第1节 美容化妆品配方设计原则

美容化妆品配方设计是一个综合性的工程，需要在确保安全性、稳定性的基础上，兼顾体验性、有效性，并且严格遵守法律法规的要求，设计原则如下。

（一）安全性

化妆品配方设计首先应确保产品的安全性，避免使用已知对人体有害的成分。根据《化妆品监督管理条例》，化妆品注册人、备案人对化妆品的质量安全负责，并且化妆品原料分为新原料和已使用的原料，对风险程度较高的化妆品新原料实行注册管理。同时，化妆品新原料注册或备案需提交包括安全评估资料在内的一系列文件，以确保其安全性。

（二）稳定性

化妆品的稳定性是保证产品在保质期内保持其物理、化学和生物学特性的关键。《化妆品稳定性测试评估技术指南》提供了对化妆品稳定性测试评估的技术指导，包括影响因素试验、加速试验和长期试验，以确保化妆品在不同环境条件下的稳定性。

（三）有效性

化妆品的功效宣称需要有充分的科学依据。《化妆品功效宣称评价规范》规定了化妆品功效宣称评价的方法和要求，包括文献资料调研、研究数据分析或化妆品功效宣称评价试验等，以确保产品宣称的有效性。

（四）体验性

化妆品的体验性涉及使用感受和感官效果，包括产品的质地、香味、吸收性等。体验性是消费者选择化妆品的重要因素之一，化妆品配方设计及实际生产的化妆品应考虑如何通过技术提升产品的体验性。

（五）合法合规性

化妆品配方设计必须遵守相关的法律法规，包括《化妆品监督管理条例》和《化妆品安全评估技术导则（2023年版）》等。这些法规规定了化妆品原料的使用、产品注册备案、安全评估、微生物污染控制及上市后的安全监测等方面的要求，确保化妆品的合法性和合规性。

第2节　护肤液态类化妆品配方工艺

护肤液态类化妆品主要是指非乳化液态产品，包括化妆水和护肤油。

一、化　妆　水

（一）化妆水的概述与分类

化妆水是一种黏度低、流动性好的液态化妆品，大部分有透明的外观，具有保湿、滋润、柔软、清洁、调整面部水分和油分、平衡皮肤pH等作用。使用时一般是清洗干净面部皮肤后涂在面部，给皮肤补充水分，调节皮肤油水平衡等。与膏霜相比，化妆水更清爽，不会在皮肤上形成油性薄膜。

化妆水种类繁多，其使用目的和功能各不相同。根据不同的分类方法，有不同类型的化妆水。

1. 根据产品功效的不同分类　化妆水根据产品功效的不同一般分为清洁化妆水、柔软化妆水和收敛化妆水等。

（1）清洁化妆水　又称洁肤水，是用于清洁皮肤和卸除淡妆的化妆水。清洁化妆水的清洁能力比洗面奶和卸妆油弱。

（2）柔软化妆水　又称柔肤水，是能给皮肤角质层适度补充水分，使皮肤保持柔软、光滑、润湿的化妆品。柔软化妆水适合大部分中性及干性皮肤使用，一般偏向弱碱性。

（3）收敛化妆水　又称收敛水、收缩水。其主要作用是使皮肤上的毛孔和汗孔暂时收缩，适合于油性皮肤使用。

2. 根据产品外观形态分类　化妆水根据产品外观形态可分为透明型、乳化型和多层型三种。透明型体系中，香料和油溶性成分呈胶束溶解，是最普遍的化妆水形式。乳化型含＜150nm的粒子颗粒，含油量多，润肤效果好，又称为乳白润肤水。多层型化妆水中，油分、保湿剂、水等分层，使用时摇匀，其性质处于化妆水和乳液之间。

（二）化妆水的主要配方

化妆水在配方设计时应注意保湿效果好，成分安全，无刺激。化妆水的基本功能是保湿，因此其最基本的原料是离子交换水、醇类和保湿剂：但为了赋予产品良好的性能及合格的产品体系，其成分还包括润肤剂（柔软剂）、增溶剂、流变性和黏度调节剂、香精和香料、防腐剂和其他活性成分。化妆水的主要配方组成见表 7-2-1。

表 7-2-1　化妆水的主要配方组成

成分	主要功能	代表性原料	添加量（%）
离子交换水	补充角质层的水分、溶解成分	去离子水	30～70
醇类	清凉感、抑菌、溶解其他成分、加溶	乙醇、异丙醇	0～30
保湿剂	角质层的保湿、改善使用感、溶解某些成分	甘油、丙二醇、二聚丙二醇、1, 3-丁二醇聚乙二醇、多元醇、吡咯烷酮羧酸钠、多糖、低分子量水解胶原蛋白和氨基酸、脱乙酰壳多糖、乳酸及其复配物	0～15
润肤剂（柔软剂）	滋润皮肤、保湿软化皮肤、改善使用感	低碳（C4 以下）脂肪酸、支链酯类、支链脂肪醇、甘油三酸酯、精炼 PEG-天然油、二甲基硅氧烷	—
增溶剂	油溶性原料加溶	HLB 值高的表面活性剂，如油醇醚-20、16～18 醇醚-25	0～2.5
流变性和黏度调节剂	增加稳定性、改善使用感、保湿性	各种水溶性聚合物，如汉生胶、榅桲籽胶、果胶/黄蓍胶、海藻酸盐、羟乙基纤维素、羟丙基纤维素、丙烯酸系聚合物、硅酸铝镁、硅酸镁钠	0～2
香料和香精	加香	香叶醇、芳樟醇、合成香精	—
防腐剂	微生物稳定性	苯氧乙醇、对羟基苯甲酸酯类、1, 2-己二醇、对羟基苯乙酮	—

（三）化妆水的生产工艺

化妆水的制法较简单，一般采用间歇制备法。具体是：将水溶性的物质（如保湿剂、缓冲剂等）溶于水中，将营养剂（油、脂等）、防腐剂、香精等油溶性成分和增溶剂等溶于乙醇中（若配方中无乙醇，则可将非水相成分适当加热熔化，加水混合增溶），在不断搅拌下，将醇溶成分加入水相混合体系中，在室温下混合、增溶，使其完全溶解，然后加入色素调色，缓冲剂调节体系 pH，为了防止温度变化引起溶解度较低的组分沉淀析出，过滤前尽量冷却平衡（若组分溶解度较大，则不必冷却操作），过滤后即可得到清澈透明、耐温度变化的化妆水（图 7-2-1）。

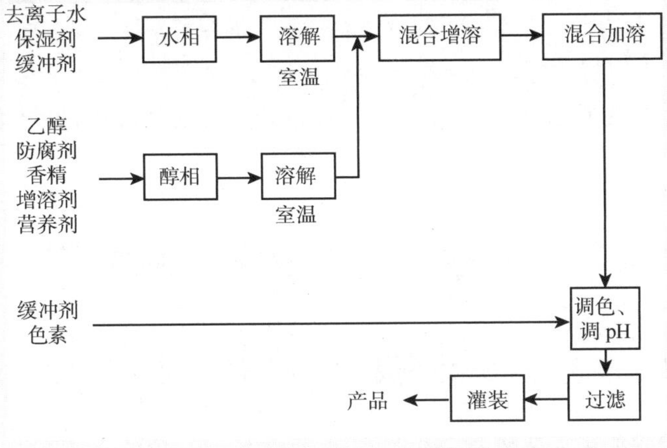

图 7-2-1　化妆水生产流程图

化妆水配方中，水的含量很高，需避免微生物的污染并要选用适宜的防腐剂，对水质的要求也相对较高。由于化妆水的制备一般使用离子交换水，离子交换水已除去活性氯，较易被细菌污染，为此，制备化妆水时水的灭菌工序必不可少。灭菌的有效方法有：加热法、超精密过滤法、紫外线照射法。对化妆水，多数不采用加热工序，通常合用后两种方法。在化妆水生产过程中，搅拌混合环节很重要，须控制好混合速度，否则产品易出现沉淀。

二、护 肤 油

（一）护肤油的概述

护肤油是一种以油脂为主要成分的护肤产品，它们可以为皮肤提供滋养和保护。作为现代美容保养程序中不可或缺的一环，护肤油以其独特的滋养与修复功效，赢得了众多护肤爱好者的青睐。

（二）护肤油的主要配方组成

护肤油的配方主要由基础油脂体系、功效体系和抗氧化体系三部分组成。

基础油脂体系赋予产品的使用感，主要原料为合成油脂、植物油及矿物油，往往用两种或更多种的油脂复配使用，以增加产品的润滑性和黏附性。植物油能被头发吸收，但润滑性不如矿物油，且易氧化酸败，常用的植物油有蓖麻油、橄榄油、花生油、杏仁油等。矿物油有良好的润滑性，不易氧化酸败和变味，但不能被头发吸收，常用的矿物油有白油、凡士林等。

护肤油中可加入羊毛脂衍生物以及一些脂肪酸酯类等与植物油和矿物油完全相溶的原料，以改善油品性质、抗氧化酸败和增加吸收性。此外，加入抗氧化剂，如维生素 E 及其衍生物、2, 6-二叔丁基-4-甲基苯酚（BHT）等以防止氧化酸败，以及少量的油溶性香精和色素。

护肤油的配方在开发过程中，应遵循无人工香精、不含化学色素、不含乙醇、不含化学性防晒剂及羊毛脂等引起过敏的化学成分等原则，以下是一个配方举例（表 7-2-2）。

表 7-2-2 护肤油的主要配方组成

成分	主要功能	代表性原料
基础油	作为精油的基质原料，辅助赋脂作用	辛酸/癸酸三甘油酯
植物油脂	补充油脂、延缓衰老	甜杏仁油、小麦胚芽油、
天然精油	舒缓、助睡眠、祛痘	薰衣草精油、互生叶白千层油
抗氧化剂	避免油脂氧化变质	维生素 E 乙酸酯、2, 6-二叔丁基-4-甲基苯酚

（三）护肤油的生产工艺

护肤油配制过程通常在常温下，令全部油脂原料混合溶解，加入辅助成分，待全部原料溶解后，静置储存，经过滤即得。

第 3 节 护肤乳霜类化妆品配方工艺

一、乳霜的概述及分类

皮肤的护理既需要保湿也需要赋脂，将油脂与水混合形成一个产品体系，通过乳化形成了乳霜。乳霜是护理类化妆品的主要单品体系，是大多数功效性化妆品的基质，其基本的护理作用是赋脂、保湿，在添加特殊功能性原料后，具备了相应的功效性。

乳霜类产品按照产品的流动性，分为乳液、膏霜、凝胶；按使用部位可以分为面乳/霜、手乳/霜、体乳/霜、眼乳/霜等；按照产品的功效性可以分为保湿霜、滋润霜、祛斑霜、抗皱霜、防晒霜等；按乳化体系的类型可以分为 O/W 型或 W/O 型。

二、乳霜的配方举例

护肤膏霜、乳液属乳化体系，主要包括去离子水、油脂、乳化剂、增稠悬浮稳定剂、肤感调节剂、防腐剂、香精、抗氧化剂、螯合剂、缓冲剂及其他功能性组分，各组分的主要功能及代表性原料见表 7-3-1。

表 7-3-1　护肤膏霜/乳液的主要配方组成

成分		主要功能	代表性原料
水相原料		—	水，甘油，丙二醇，透明质酸
油相原料	动植物油脂 合成油脂	赋予皮肤柔软性，滋润性，光滑性	乳木果油，白矿油 合成角鲨烷
乳化剂	W/O 型乳化剂（HLB 3～6）	乳化	司盘系列
	O/W 型乳化剂（HLB 8～18）	乳化	吐温系列
增稠悬浮稳定剂		稳定配方，提供黏度	硅酸镁铝/鲸蜡醇/纤维素
功能性成分		保湿，抗皱，美白等	甜菜碱，肽，胶原蛋白，中药提取
肤感调节剂		改善肤感，柔焦，控油	微球体
防腐剂，香精		抑菌，抵抗微生物，赋香剂	苯氧乙醇，双咪唑烷基脲
抗氧化剂		防止产品氧化引起的酸败，变色问题	丁化羟基甲苯，维生素 E 及衍生物
螯合剂		使金属离子螯合，防止产品变色，褪色，帮助稳定配方	EDTA-2Na
缓冲剂		调节产品 pH（平衡皮肤的 pH）	三羟甲基氨基甲烷、4-羟乙基哌嗪乙磺酸等

护肤乳霜按照膏体的流动性可以分为乳液、膏霜。乳液一般具有良好的流动性，而膏霜不具备流动性。在配方设计过程中需要通过乳化剂类型的选择、油脂的类型及加入量、流变调节剂的类型，分别形成乳、霜体系。

第 4 节　面膜类化妆品配方工艺

一、面膜类化妆品的概述及分类

面膜是一种集清洁、护肤和美容为一体的多用途化妆品。它的作用是涂敷在面部皮肤上，经过一定时间干燥后，在皮肤上形成一层膜状物，将该膜揭掉或洗掉后，可达到洁肤、护肤和美容的目的。

二、面膜产品的配方与工艺

（一）撕拉型面膜

撕拉型面膜敷到脸上变干后结成一层膜。它能使脸部皮肤温度升高，从而促进血液循环和新陈代谢。面膜干燥后，通过撕拉的方式将毛孔中的污物带出来达到洁肤的功效。

最早的撕拉型面膜为粉末状，配方主要成分见表 7-4-1。使用时将干粉与水以一定比例混合均匀后使用。天然高分子增稠剂汉生胶和多孔吸附硅藻土（如海藻酸钠）在配方中起到协同增效作用，氧化镁和二水硫酸钙干燥后形成一层致密的封闭膜。

表 7-4-1 撕拉型面膜主要配方成分

成分	质量分数（%）	成分	质量分数（%）
海藻酸钠	10.00	氧化镁	4.50
汉生胶	2.00	瓜尔胶	2.00
二水硫酸钙	12.00	硅藻土	50.00
山梨醇	18.00	焦磷酸四钠	1.50

（二）泥膏型面膜

泥膏型面膜中含有丰富的矿物质。这些矿物质和微量元素还能为肌肤补充营养，达到养护肌肤的目的。使用时其在皮肤上形成封闭的泥膜，具有快速深层保湿、修护肌肤、恢复细胞活力、去除角质消炎、杀菌、清除油脂、抑制粉刺和收缩毛孔的功效。

泥膏型面膜的主要成分为固体粉末、表面活性剂和高分子聚合物。固体粉末有云母、高岭土、硅胶和黏土，表面活性剂在配方中具有分散固体粉末作用，高分子聚合物如纤维素和汉生胶起悬浮稳定作用，两者形成的胶束对泥膏型面膜的黏度和稳定性起到协同增效的作用。在配方工艺上，分散固体粉末时应尽量避免混入大量空气，空气的混入会降低膏体的稳定性，这种平衡关系在牙膏的生产过程中也经常遇到。亲水性聚合物可以减缓泥面膜中固体粉末的水合过程，避免泥膏型面膜经过水合作用而变硬。常见的泥膏型面膜配方如表 7-4-2。

表 7-4-2 泥膏型面膜主要配方成分

成分	质量分数（%）	成分	质量分数（%）
水	至 100	维生素 E	0.10
防腐剂	—	红没药醇	0.05
尿囊素	0.10	维生素 B	0.50
EDTA-2Na	0.10	植物提取物	0.50
泛醇	0.50	香精	0.50
丙二醇	2.00	丝蛋白	0.50
山梨醇	2.00	绿黏土	5.00
甘油	7.00	轻质高岭土	12.00
汉生胶	1.00	膨润土	6.00
硅酸铝镁	2.00	椰油两性甘氨酸盐	4.00
卵磷脂	2.00	乳酸	适量，调节面膜至 pH=7

（三）贴式面膜

贴式面膜包含面膜布和精华液，面膜布作为介质，吸附精华液，可以固定在脸部特定位置，形成封闭层，促进精华液的吸收。贴式面膜拥有即刻保湿、提亮肤色和改善皮肤纹理的效果。

贴式面膜精华液的主要成分为增稠剂、保湿剂和肤感调理剂。增稠剂如汉生胶、纤维素和卡波姆等可提高贴式面膜精华液的黏度，黏度太低容易出现滴液现象；保湿剂为甘油、1, 3-丙二醇、1, 3-丁二醇、甜菜碱、海藻糖和聚乙二醇-32 等；肤感调理剂为 β-葡聚糖、生物糖胶-1、皱波角叉菜和小核菌胶等。常见的贴式面膜配方如表 7-4-3。

表 7-4-3　贴式面膜主要配方成分

成分	质量分数（%）	成分	质量分数（%）
水	至 100	PEG-32	1.00
卡波姆	0.10	β-葡聚糖	1.00
汉生胶	0.03	皱波角叉菜	1.00
EDTA-2Na	0.02	三乙醇胺	0.10
甘油	6.00	PEG-40 氢化蓖麻油	0.30
1, 3-丁二醇	4.00	香精	0.10
甜菜碱	1.00	防腐剂	—

第 5 节　彩妆类化妆品配方工艺

一、粉类彩妆化妆品

（一）粉类彩妆化妆品的概述与分类

粉类彩妆化妆品是一类从古代就开始使用的美容化妆品，粉类化妆品应具有良好的滑爽性、黏附性、吸收性和遮盖力，其作用在于使用极细的颗粒粉质敷于面部，可以调整面部颜色，使皮肤显出健康均匀的肤色，同时能遮盖面部色斑或瑕疵。根据使用部位及使用目的的不同，可分为粉饼、蜜粉、腮红、眼影和眉粉等。

（二）粉类彩妆化妆品的配方与生产工艺

不同的粉类化妆品主要配方成分为基质粉体、着色颜料、白色颜料、油性黏合剂、防腐剂和香精，以下选择几类粉体产品为例，描述产品配方及生产工艺。

1. 蜜粉　由粉料、着色剂、香精等组成。其中粉料有滑爽作用的滑石粉、高岭土，吸附作用的碳酸镁，遮盖作用的二氧化钛、氧化锌等。理想的蜜粉要求细腻，涂敷容易，遮盖力好，安全无刺激，色泽接近自然肤色，香气适宜。常见质量问题有黏附性差，吸收性差，不够贴肤，结块成团，色泽不均匀，微生物超标，色素褪色等。其参考配方见表 7-5-1。

表 7-5-1　蜜粉的主要配方成分

成分	质量分数（%）				
	1	2	3	4	5
滑石粉	42.0	50.0	45.0	65.0	40.0
高岭土	13.0	16.0	10.0	10.0	15.0
碳酸钙	15.0	5.0	5.0	—	15.0
碳酸镁	5.0	10.0	10.0	5.0	5.0
钛白粉	—	5.0	10.0	—	—
氧化锌	15.0	10.0	15.0	15.0	15.0
硬脂酸锌	10.0	—	3.0	5.0	6.0
硬脂酸镁	—	4.0	2.0	—	4.0
香精、色素	—	—	—	—	—

蜜粉生产工艺流程如图 7-5-1。

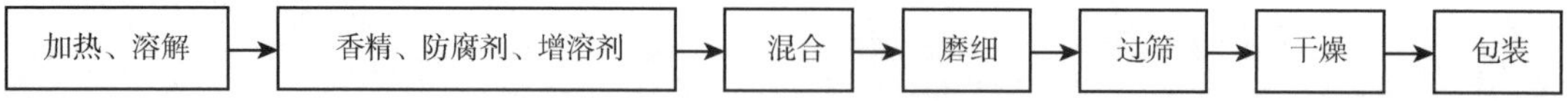

图 7-5-1 蜜粉生产工艺流程图

其中，磨细与过筛环节很重要，它决定着产品是否细腻。

2. 胭脂 粉质胭脂其主要原料与粉饼相似，但胭脂颜色鲜艳、香味淡。理想的胭脂要求质地柔软细腻，不易碎裂，色泽鲜明，颜色均一，涂敷性好，遮盖力强，易于黏附皮肤，对皮肤无刺激，香味纯正、清淡，易卸妆。粉质胭脂的常见质量问题是压制过于结实涂抹不开，疏松易碎，表面起油块，展色不够均匀。

粉质胭脂一般可以分为亚光胭脂和珠光胭脂，亚光胭脂比较通透、自然肤感比较好，珠光胭脂比亚光胭脂闪亮、清透、有光泽感。胭脂的生产工艺与蜜粉相似，参考配方见表 7-5-1。

3. 眼影 粉质眼影一般用马口铁或铝质金属制成底盘，将眼影粉压制成各种颜色与形状，配套包装于同一盒中，配方与粉质胭脂相似，不同的是眼影颜色鲜艳，着色剂含量高。常见质量问题有压制过于结实，涂抹不开，上色不够均匀，疏松易碎，表面起油块等。粉质眼影的生产工艺与粉饼相似。其参考配方见表 7-5-2。

表 7-5-2 粉质眼影的主要配方成分

成分	质量分数（%）		成分	质量分数（%）	
	1	2		1	2
滑石粉	39.5	61.5	无机颜料	1.0	20.0
硬脂酸锌	7.0	—	二氧化钛-云母	40.0	—
高岭土	6.0	—	棕榈酸异丙酯	6.0	8.0
碳酸钙	—	10.0	防腐剂	0.5	0.5

二、唇部彩妆化妆品（唇膏、唇线笔）

唇部常用的彩妆化妆品包括唇膏、唇线笔等。

（一）唇膏类彩妆化妆品

1. 唇膏类彩妆化妆品的概述与分类 唇膏，又称为口红，其作用是点敷于唇部使之具有红润健康的色彩，并对唇部起滋润保护作用，防止唇部干裂。唇膏是将色素溶解或分散悬浮在蜡状基质内制成的，根据其形态可分为棒状唇膏、液态唇膏等。其中应用最为普遍的是棒状唇膏（通常称为“唇膏”）。

2. 唇膏类彩妆化妆品的配方 唇膏的主要成分是色素、表面活性剂、基质原料（油、脂、蜡类等）以及香精等辅助材料。一般唇膏的组成是蜡类占 20%～25%，油及油脂占 65%～70%，色素及颜料占 10%，表面活性剂只占 5%以下。唇膏的配方设计首先考虑的应是其安全性与稳定性，其次要注意产品色泽、化妆效果及使用感觉。常见唇膏主要配方成分见表 7-5-3。

表 7-5-3 唇膏的主要配方成分

结构组成	代表性原料	质量分数（%）	
		光亮型	哑光型
润滑剂	植物油、酯类、羊毛脂/羊毛油、油醇（辛基十二醇）、苯基聚三甲基硅氧烷、烷基聚二甲基硅氧烷、霍霍巴油、三甘油酯类	50～70	40～55

续表

结构组成	代表性原料	质量分数（%）	
		光亮型	哑光型
蜡类	小烛树蜡、巴西棕榈树蜡、蜂蜡及其衍生物、微晶蜡、地蜡、石蜡、合成蜡、聚乙烯	10～15	8～13
增塑剂	鲸蜡醇乙酸酯、乙酰化羊毛脂、油醇、乙酰化羊毛脂醇	2～5	2～4
着色剂	氧化铁、二氧化钛、氧化锌、酸性红 92、日落黄等	0.5～3.0	1.0～3.0
珠光剂	二氧化钛/云母	1～4	3～6
活性物	生育酚乙酸酯、透明质酸钠、芦荟提取物等	0～2	0～2
填充剂	云母、硅石、聚甲基丙烯酸甲酯（PMMA）、聚四氨乙烯、组合粉体、丙烯酸酯聚合物	1～3	4～15
香精	按市场和消费群体需要确定	0.05～0.1	0.05～0.1
防腐剂/抗氧化剂	羟苯甲酯、羟苯丙酯、生育酚等	0.5	0.5

3. 唇膏类彩妆化妆品制备工艺　唇膏的制备工艺包括以下步骤。

（1）颜料研磨　由于颜料多为粉状，虽然颗粒较细，但由于经常会聚集成块，直接将其加入油脂基质中很难分散均匀，因此，所用颜料要事先研磨。为使研磨顺利，常常要在颜料中加入少量的液体油混合，然后使用机械研磨。常用的研磨设备有三辊机、球磨机、胶体磨等。

（2）着色剂与油脂基质混合　在本步骤，一般先将染料（溴酸红）加入溶剂（如硬脂酸丁酯等）内加热熔化，然后再加入研磨好的颜料及蜡类原料，熔化后再加入半固体油料，搅拌均匀并趁热进行研磨；脱气后加入香料等辅料。

（3）浇铸成型　制备唇膏的模具多用铜或铝制成。浆料经脱气、混匀后浇入模具中（操作中避免空气混入）均匀冷却后，打开模具，取出膏体，插入包装底座，准备上光。

（4）火烤上光　由于脱模后的膏体，其表面欠平整，光亮度不够，在生产上多采用火焰烧烤，使膏体表面熔化，以形成平滑、光亮的外观。

现在一些规模较大的化妆品企业已经实现唇膏生产自动化，人工操作较少，产品品质得到了稳定的提高。

（二）唇线笔

唇线笔属于笔类彩妆化妆品，用于勾画和强调唇部，使唇形轮廓更清晰饱满的唇部美容化妆品。

笔类化妆品组成与唇膏类彩妆化妆品相似，是将粉末分散在各种各样的基础料体中，基础料体由油脂和蜡类复配。一般笔类化妆品颜料含量比唇膏高，笔类化妆品的蜡含量为 15%～30%，油脂含量为 50%～80%，粉末含量为 5%～30%。

唇线笔要求笔芯要软硬适度，不易断裂，色彩自然描画容易。唇线笔芯配方与唇膏相似，但硬度比唇膏高，颜色没有唇膏颜色鲜艳。唇线笔生产工艺与眼线笔相似，其参考配方见表 7-5-4。

表 7-5-4　唇线笔的主要配方成分

成分	质量分数（%）	成分	质量分数（%）
蓖麻油	56.0	蜂蜡	10.0
巴西棕榈蜡	4.0	氢化羊毛脂	6.0
小烛树蜡	7.0	颜料	10.0
微晶蜡	4.0	香精（果味）	—
纯地蜡	3.0	防腐剂、抗氧化剂	—

三、眼部彩妆化妆品

（一）眼部彩妆化妆品的概述与分类

眼部彩妆化妆品主要用于美化和突出眼部特征的美容化妆品，根据使用方式及目的的不同，可分为眼影、眼线、睫毛膏、眉笔、眉粉等。

（二）眼影

眼影是涂敷于上眼睑（眼皮）及外眼角，通过产生阴影和色调反差而美化眼睛的化妆品。

眼影配方与粉类彩妆化妆品类似，由粉体原料、着色剂、黏合剂及添加剂经混合、压制而成，其配方举例如表 7-5-2。

（三）眉笔

眉笔是用来描画眉毛，使眉毛显得深而亮，增加个人魅力的眼部化妆品。眉笔的颜色以黑、棕、灰三色为主，有铅笔式眉笔和推管式眉笔两种形式。铅笔式眉笔和铅笔类似是将圆条笔芯黏合在木杆中，可用刀片把笔尖削尖使用。推管式眉笔是将笔芯装在细长的金属或塑料管内，使用时将笔尖推出即可。眉笔应软硬适度，描画容易，色泽自然、均匀，稳定性好，不出汗、干裂，柔软，对皮肤无刺激性安全性好，色彩自然。

眉笔常见问题有笔芯太软，不易涂抹上色度不够，笔芯起白霜。其配方成分举例见表 7-5-5。

表 7-5-5　眉笔笔芯主要配方成分

成分	质量分数（%）		成分	质量分数（%）	
	1	2		1	2
石蜡	30.0	33.0	鲸蜡醇	6.0	—
矿脂	20.0	10.0	羊毛脂	9.0	10.0
巴西棕榈蜡	5.0	—	液体石蜡	—	7.0
蜂蜡	20.0	16.0	炭黑	10.0	12.0
虫蜡	—	12.0			

铅笔式眉笔的生产工艺流程如下图 7-5-2 所示，其中，颜料磨细环节很重要，决定着产品的颜色，要求把颜料研磨均匀。

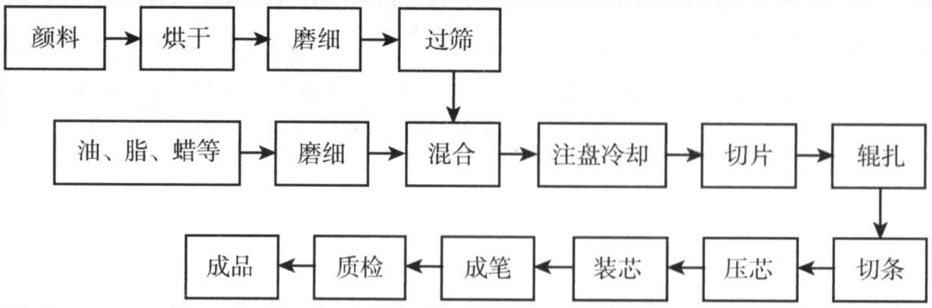

图 7-5-2　铅笔式眉笔生产工艺流程图

（四）眉粉

眉粉是用眉粉刷蘸取眉粉均匀地涂在眉毛上，具有自然和上色持久的美容效果。眉粉产品是由多种粉体原料（包括填充、肤感调节、着色等原料）、黏合剂（粉体和油脂）及其他添加剂经混合、压制而成的饼状固体。着色剂多数为黑色棕色无机颜料，故眉粉以黑色及棕色为主。

四、指（趾）甲用彩妆化妆品

指（趾）甲用彩妆化妆品主要包括指甲油。

（一）指甲油的概述与分类

指甲油是用来修饰和增加指甲美观的化妆品，它能在指甲表面形成一层耐摩擦的薄膜，起到保护、美化指甲的作用。指甲油有以下几种：①亮光指甲油，即一般指甲油；②透明指甲油，会随着光线反射出光泽，如果冻般有透明感；③珠光指甲油，特定光线下，呈现珠光效果；④炫光指甲油，不同的光彩下会产生不同的颜色，有看到霓虹七彩的感觉；⑤雾面指甲油，像磨砂玻璃般的质感；⑥亮片指甲油，指甲油中加入亮片或亮粉。

（二）指甲油的配方与生产工艺

普通指甲油的成分一般由两类组成，一类是固态成分，主要是色素、闪光物质等；一类是液体的溶剂成分，包括成膜剂、树脂、增塑剂等。其中成膜剂是能够在指甲上形成一层薄膜的物质，如硝化纤维素。树脂起着增加成膜剂附着力的作用，如醇酸树脂；增塑剂可增加涂膜的柔韧性和可塑性，减少收缩、开裂（表 7-5-6）。

水性指甲油是以水和丙烯酸乳液为基础原料的指甲油，质地比较稀，流动性大，但是好涂匀。水性指甲油在涂上未干前，易被水溶解去除，干后成膜状即黏附于指甲表面。水性指甲油相比普通油性指甲油持久性比较弱。

表 7-5-6　指甲油的主要配方成分

结构成分	主要功能	代表性原料
成膜成分	主要成膜剂	硝化纤维素
	辅助成膜树脂	甲苯磺酰胺甲醛树脂、醇酸树脂、丙烯酸树脂等
	增塑剂	樟脑、柠檬酸酯、邻苯二甲酸丁酯等
溶剂成分	真溶剂	乙酸乙酯、乙酸丁酯等
	助溶剂	异丙醇、丁醇等
	稀释剂	乙酸乙酯/丁酯混合溶剂等
着色剂	色素	有机颜料、无机颜料、染料等
悬浮剂	凝胶化剂	季铵化膨润土和水辉石等
活性添加剂	营养成分	明胶、蛋白质、维生素等

指甲油的生产工艺流程如图 7-5-3 所示，其中，研磨环节很重要，它决定着指甲油颜料是否细腻，要求使着色剂完全磨细腻，否则有沉淀析出。

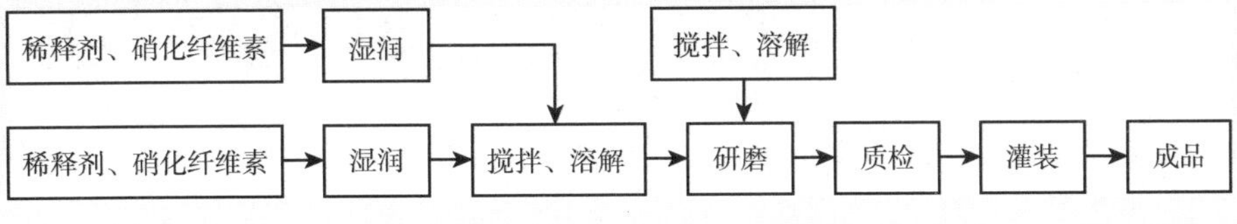

图 7-5-3　指甲油的生产工艺流程图

自 测 题

一、单项选择题

1. 在化妆品配方设计中，哪一个原则是最基本的要求（　　）
   A. 成本最低　　B. 安全性
   C. 香味最浓　　D. 颜色最鲜艳
2. 在护肤水的配方中，哪一种成分最常用作主要溶剂（　　）
   A. 甘油　　B. 矿物油
   C. 水　　D. 透明质酸
3. 在彩妆类化妆品中，哪一种成分最常用来提供颜色（　　）
   A. 甘油　　B. 硅油
   C. 色素　　D. 透明质酸

二、简答题

1. 简述化妆品配方设计的原则。
2. 简述彩妆类化妆品中唇膏的制备工艺。

（谢珍茗）

第8章 美容化妆品的生产设备与质量控制

学习目标

1. 素质目标

（1）树立化妆品生产中质量控制的重要性，培养严谨的工作态度。

（2）增强对化妆品法规的敬畏感，确保生产过程符合法规要求。

2. 知识目标

（1）熟悉美容化妆品生产设备的分类与功能，掌握其基本原理。

（2）理解化妆品质量控制的关键指标，熟悉相关法规和标准。

3. 能力目标

（1）能够正确操作常见生产设备，确保生产过程高效安全。

（2）掌握质量检测方法，能够对产品进行有效评估与控制。

第1节 生产设备与环境要求

化妆品品种繁多，剂型各异，生产方法和使用设备也随之不同。化妆品的生产既有采用间歇操作的多品种小批量的生产方式，又有采用自动化操作的少品种大批量的生产方式。这就要求化妆品的生产设备，既要有适用于多品种少批量的小型设备，又要有适用于现代化生产的自动化高效率设备。

一、生 产 设 备

（一）清洁与灭菌设备

化妆品工业中需要进行无菌生产，对各类原料、生产用水、容器和生产设备都要进行灭菌和消毒处理。一些油脂和水溶性原料可通过加热方法进行灭菌处理，容器和生产设备可通过清洗、化学消毒和紫外线灭菌，稀水溶液可通过超精细过滤除菌。一些化妆品常用的粉体，如滑石粉、高岭土、二氧化钛、氧化铁和氧化锌等粉末原料是有细菌的，生产过程中需要清洁、消毒甚至灭菌，以保证质量。

化妆品生产中常用的清洁设备有：全自动清洗机、超声波清洗器等。全自动清洗机集清洗、消毒、烘干等功能于一体，全程自动化操作，一般用于处理不同材质、形状和尺寸的化妆品包装瓶，如玻璃瓶、塑料瓶、铝罐等。超声波清洗器是利用超声波在液体中的空化作用，有效去除瓶内外壁的顽固污渍和微生物。

化妆品生产中灭菌和消毒方法很多，常见的有辐射消毒、环氧乙烷气体灭菌和紫外线消毒等。辐射消毒由于射线具有很强的穿透力，在一定剂量条件下能杀死各种微生物，具有消毒均匀、彻底的特点，此外方法价格便宜，节约能源，应用广泛。辐射消毒的缺点是一次性投资大，并需要经过训练的专门技术人员管理，一般由辐照中心负责处理，被辐射物质的包装不宜过大，在开封后最好尽快使用完毕，可免除二次沾污。环氧乙烷气体灭菌装置，也较常用于化妆品粉体的灭菌和消毒。紫外线消毒设备一般只适用于环境空气和容器表面的消毒，它对于水的消毒效率较低，并随水层的厚度和流量变化。

（二）混合与搅拌设备

各种化妆品生产设备和应用中混合单元操作是最重要的。混合、分散和乳化等单元操作使用的设备有部分是通用的。

1. 高速混合机 是近年来使用比较广泛的一种高效混合设备，结构如图 8-1-1 所示。它具有一圆筒形夹壁容器，在容器底部装置一转轴，轴上装有搅拌桨叶，转轴可与电动机用皮带连接，也可直接与电动机连接。在容器底部开有一出料孔，在容器上端有平板盖，盖上有一挡板插入容器内，并有一测温孔，用以测量容器内粉料在高速搅拌下的温度。当启动电动机后，粉料在高速叶轮的离心力作用下互相撞击粉碎，进行充分的混合。

2. 均质机 是一种具有较强剪切、压缩和冲击等作用的高效搅拌机械，主要应用于液体的乳化，固液两相物料的粉碎、均质分散、混合，如图 8-1-2 所示。其结构为一对密配合的定子、转子及相应的特殊结构，转轴与转子通过三组剪切叶片连接。当转子以 1000～10 000r/min 的速度做高速旋转时，由于在转子的上、下两边产生压力差而使物料被吸入到筋条与转子之间形成的空间，随转子的高速转动，物料受离心力作用而被迫从转子的内腔进入到转子与定子之间的高剪切区。由于受到由高速旋转的转子通过定子所产生的强力剪切、压缩、混合和冲击等的共同作用，物料可在极短的时间内被均匀地混合、乳化与分散，然后从定子中甩出。在化妆品的生产过程中，均质机通常结合搅拌器使用，以实现膏体和乳液的高稳定性和颗粒的高细腻度。

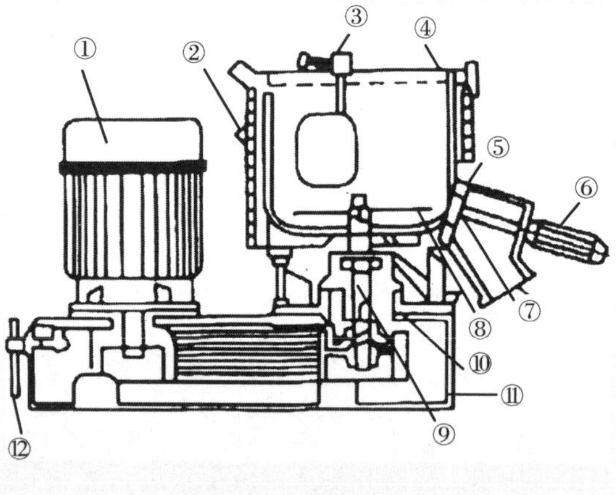

图 8-1-1 高速混合机

①电动机；②料筒；③温度计；④盖；⑤门盖；⑥气缸；⑦出料口；⑧搅拌叶轮；⑨轴；⑩轴壳；⑪基座；⑫调节螺丝

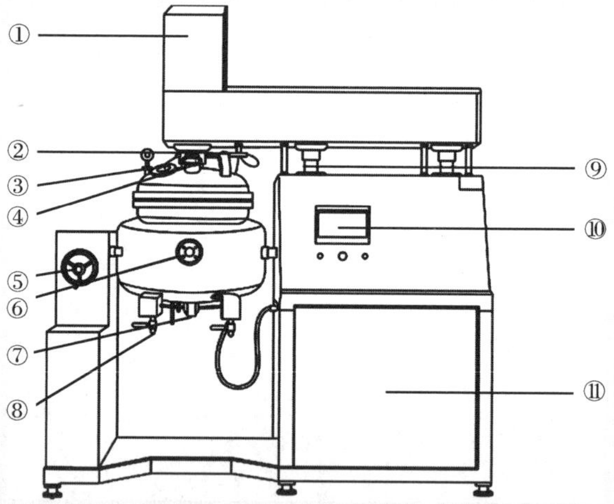

图 8-1-2 高剪切均质机

①双速电机；②压差传感器；③真空压力表；④进料口；⑤手轮可倾式；⑥视镜；⑦出料口；⑧电加热棒；⑨液压升降；⑩PLC 智能控制；⑪箱体

（三）灌装与包装设备

1. 灌装设备 是用于将化妆品原料定量、准确地灌装到包装容器中的器械设备（图 8-1-3），包括：小型半自动膏体灌装机、容器旋转式膏体灌装机、容器和灌嘴旋转式灌装机、金属管灌装机、塑料管灌装机、复合管灌装机、气动灌装机、膏机脱泡灌装机、电脑万能花样灌装机和灌装线、膏体自动灌装生产线等。

自动灌装生产线包括：从转盘自动将瓶送至灌装机头，在运送过程中喷码，打印出生产批号和日期；自动定量充填后，并以特殊塑料辊刮平膏面；自动贴封面纸，自动完成旋盖，并由传送带运走，灌装容量为 20～125g 或 50～500g；灌装能力因膏体性质及容器的形状而变化，最高可达 60 个/分（机械能力）。

2. 包装设备　化妆品包装设备主要指用于化妆品生产过程中，对产品进行封装、保护、展示和销售的机械设备。按照功能分类包括灌装设备；封口设备，如热封口机、超声波封尾机（图 8-1-4）和电热封口机等；贴标设备等。按照材料处理方式分类包括塑料包装设备、玻璃包装设备等。按照应用领域分类包括如香水、护肤品、彩妆等不同类型化妆品包装设备。

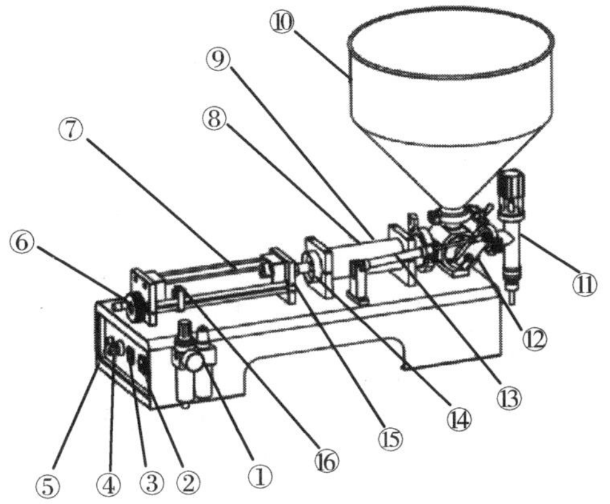

图 8-1-3　ZNLYG 型气动膏体灌装机
①气源处理二联件；②电源插座；③电源开关；④点动、自动选择开关；⑤点动开关插座；⑥灌装量调节手轮；⑦缸筒气缸；⑧缸筒；⑨急停开关；⑩料斗；⑪出料嘴；⑫转阀；⑬转阀气缸；⑭活塞；⑮固定螺钉；⑯磁性开关（活动）

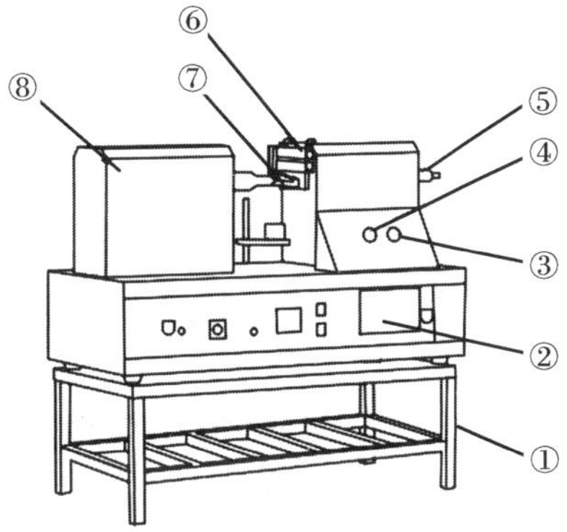

图 8-1-4　超声波封尾机
①不锈钢架（底座）；②微电脑程序控制面板；③启动开关；④急停开关；⑤推动工作气缸；⑥封尾工作气缸；⑦封尾切刀、元器件；⑧超声波加热总成

（四）质量检测设备

《化妆品安全技术规范》关于化妆品的质量安全有严格规定，任何化妆品在上市以前都需开展专业检测，如理化检验、微生物检验、毒理学试验、人体安全试验等；所有产品只有严格执行质量安全的相关标准，检验合格后才可正常出厂。针对不同的测试内容都有对应的测试方法与设备，如黏度计和色差仪等。

1. 黏度计　黏度指标是各类乳霜、乳液的常用指标之一。准确测量黏度或液体流体阻力是化妆品行业产品质量控制的重要步骤。行业内使用最普遍的测量仪器式黏度计（图 8-1-5），用于测定原料用半成品的黏度值。

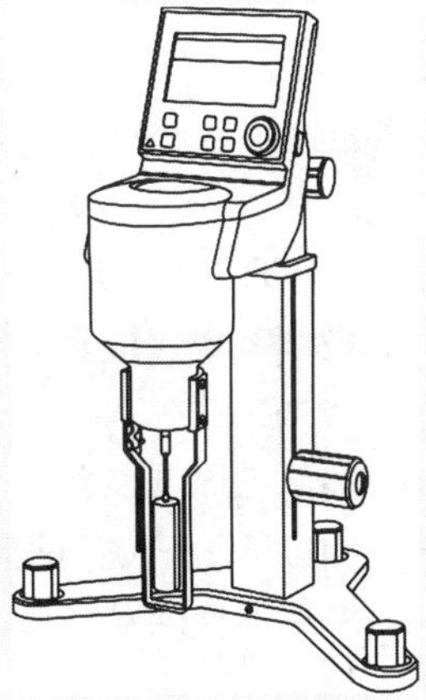

图 8-1-5　黏度计

2. 色差仪（图 8-1-6）　是一种模拟人眼成像原理而研发制成的用于测量物体间颜色色差的高精度仪器。核心原理是利用光谱分析技术，通过测量光源经过样品后被反射或透射的光谱成分，计算出样品的颜色参数。主要应用于颜色测量和色差评定。

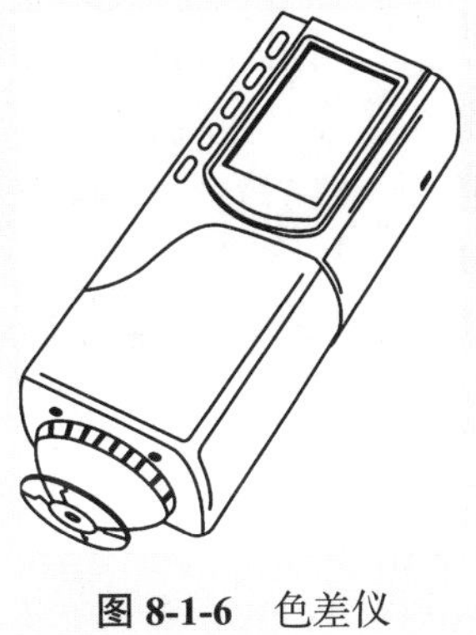

图 8-1-6　色差仪

（五）实验室设备

1. pH 计　在化妆品生产中用于测定原料及半成品的 pH。常用的有梅特勒-托利多 pH 计，如图 8-1-7 所示。

2. 微生物检测设备　主要用于检测化妆品中微生物污染情况，确保产品的安全性和质量。化妆品微生物检测的项目有：菌落总数、粪大肠菌群、铜绿假单胞菌、金黄色葡萄球菌、真菌和酵母菌五项。其检测设

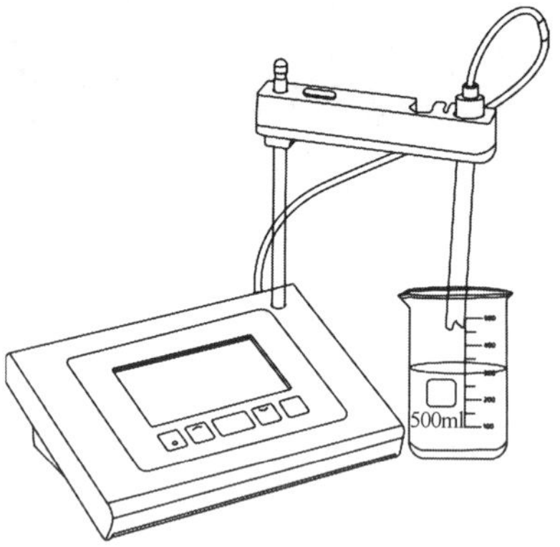

图 8-1-7 梅特勒-托利多 pH 计

备主要包括以下几类。

（1）微生物限度检测仪 用于检测化妆品中的微生物含量，包括细菌、霉菌和酵母菌等。

（2）微生物薄膜过滤器 通过薄膜过滤技术，将化妆品样品中的微生物截留在滤膜上，便于后续的培养和计数。

（3）ATP 荧光检测仪 利用 ATP（腺苷三磷酸）作为微生物的指示剂，通过检测样品中 ATP 的含量来间接反映微生物的污染程度。

二、生产环境要求

（一）清洁度

化妆品生产环境的洁净度要求非常严格，空气中的尘埃、微粒、细菌以及生产设备上的残留物等都可能成为污染源，对产品造成污染。因此，在化妆品生产车间通常要达到一定的洁净等级确保空气洁净度。《化妆品生产许可工作规范》中要求，生产眼部用护肤类、婴儿和儿童用护肤类化妆品的，其生产车间的灌装间、清洁容器储存间空气洁净度应达到 ISO 8 级（30 万级），部分企业甚至会采用更严格密封与管理的 ISO 7 级（10 万级）。

另外环境监控也是确保产品的质量和安全性的重要部分。企业应制定洁净区和准洁净区环境监控计划，定期进行监控，并每年按照《化妆品生产许可工作规范》中规定化妆品净化车间生产车间空气中细菌总数不得超过 1000 个/m^3，进行定期清洁，以防止交叉污染、保证产品质量。

（二）温湿度

化妆品生产车间的温湿度对产品的稳定性和安全性具有重要影响。过高或过低的温度可能导致原料或成品发生化学变化，影响产品的质量和保质期。湿度过高容易引发微生物滋生，而湿度过低则可能导致产品干燥、开裂等问题。要保持恒温恒湿：一般来说，温度应控制在 18～25℃，湿度应控制在 40%～60%。具体的温湿度要求可能因产品类型、生产阶段和地区气候等因素而有所不同。恒温恒湿有助于保持原料和产品的稳定性，减少微生物滋生的风险。通常的控制系统如下。

1. 空调系统 应具备调节温度、湿度和空气流通的功能，以确保车间内的温湿度保持在适宜范围内。

2. 加湿与除湿设备 根据车间湿度的实际情况，使用加湿设备（如蒸气加湿器、超声波加湿器等）或除湿设备（如除湿机、空调除湿模式等）来调节湿度。

3. 温湿度传感器与监测系统 安装温湿度传感器和监测系统，实时监测车间内的温湿度变化。当温湿度超出设定范围时，系统应能自动报警并采取相应的调节措施。

（三）通风与空气过滤系统

生产车间应具备良好的通风系统，保持室内空气流通，排出有害气体和粉尘。化妆品的生产过程中，特别是上游工序如称量、预配、乳化、灌装等区域，可能产生各种粉尘，高温、高湿气体。因此，必须采取措施防止污染和交叉污染，并维持合适的温度和湿度，以避免微生物污染，确保产品及原料的质量安全。

企业应根据所生产化妆品要求、生产许可项目等配备相适应的空气过滤系统。空气过滤系统通常采用初效、中效和高效三级过滤。

（四）照明与视觉辅助设备

1. 照明设备 一般来说工作区域的照度不宜低于 300lx，最新的要求和建议中，光照度建议应在 500～1000lx 的范围内，甚至达到 1000～1500lx，以确保工作人员能够准确判断产品的质量。此外，照明应尽可能均匀，避免产生阴影或反光。

一般来说，在化妆品生产过程中的照明设备主要包括 LED 照明设备、电气照明设备、暗室照明设备、环保型照明设备等。

2. 视觉辅助设备　除了基本的照明设备外，还可以根据生产需求配置一些照明辅助工具，如放大镜、显微镜、无影灯等。这些工具可以帮助工作人员更清晰地观察产品细节，提高检测效率。

（五）安全与紧急设备

1. 防爆设备　根据《化妆品生产质量管理规范》要求，易产生粉尘、不易清洁等的生产工序，应当在单独的生产操作区域完成，使用专用的生产设备，并采取相应的清洁措施，防止交叉污染。易产生粉尘和使用挥发性物质生产工序的操作区域应当配备有效的除尘或者排风设施。

2. 急救设备　根据 ISO 45001：2025《职业安康安全治理体系要求及使用指南》，化妆品生产车间应配备必要的救援设备，如急救箱、洗眼台等急救设备，以便在紧急情况下进行救援处理。

第 2 节　生产质量控制

一、生产工艺管理

（一）化妆品生产质量管理

化妆品生产质量管理应符合《化妆品生产质量管理规范》要求，该规范自 2023 年 3 月 1 日起施行。

《化妆品生产质量管理规范》从组织机构、人员管理、质量管理、质量控制、厂房设施与设备、物料与产品、生产管理、产品销售管理、追溯与自查、记录管理等多个方面对化妆品生产企业的质量管理进行了全面规范，以确保化妆品的质量安全。

（二）物料供应商管理

根据《化妆品生产质量管理规范》要求，企业应建立供应商遴选制度（或相关文件），对物料供应商进行准入审核和定期评价，确保供应商具有相应的资质、供货条件及质量保证能力。包括供应商准入审核、供应商定期评价、物料采购合同、外购半成品管理。

（三）生产过程管理

生产过程最为复杂。企业应严格遵循《化妆品生产质量管理规范》及相关文件要求，建立和执行与生产的化妆品品种、数量和生产许可项目等相适应的标准操作规程，生产管理制度等，所有数据记录真实、完整、准确，标识清晰，确保可追查、可追溯。

（四）设备管理

根据企业发展规划，有计划、有重点地对现有设备进行技术改造和更新，要根据产品的性能和工艺要求，正确配备和合理地使用设备，保持设备良好性能和应有的精度，发挥设备正常的生产效率。做好设备的日常维护保养工作，做好设备的检查、保养和修理工作。

（五）产品留样管理

企业应设置专门的留样间（或留样区域），按照规定的贮存条件妥善保管和贮存产品留样。留样应保存至产品保质期结束后至少6个月，并对留样进行定期观察，及时发现并召回在保质期内变质的产品。

二、质量控制

（一）化妆品质量安全责任制

化妆品质量安全责任制是化妆品行业中的一项重要制度。化妆品质量安全责任制的实施，有利于明确企业各层级、各部门、各岗位的质量安全责任，确保化妆品从研发、生产到经营的全过程质量安全可控。同时，通过强化企业质量安全责任意识和管理水平，提升化妆品行业整体质量安全水平，保障消费者用妆安全。

（二）质量管理部门负责人职责

质量管理部门负责人应当具备化妆品、化学、化工、生物、医学、药学、食品、公共卫生或者法学等化妆品质量安全相关专业知识，熟悉相关法律法规、强制性国家标准、技术规范，并具有化妆品生产或者质量管理经验。质量管理部门负责人在文件签发、资料审核、物料和产品放行、不良反应监测等方面全方位承担和履行国家及部门规定的管理职责。

（三）从业人员健康管理制度

直接从事化妆品生产活动的人员应当在上岗前接受健康检查，上岗后每年接受健康检查。按照国家卫生主管部门规定的有碍化妆品质量安全疾病的人员不得直接从事化妆品生产活动。企业应当建立从业人员健康档案，至少保存3年。

（四）从业人员培训管理

企业要根据企业战略发展的需要和现代科技、管理的进步，适时对人员进行更新知识培训，以提高人员素质，更好地保证化妆品质量，提升企业核心竞争力，做到人员与企业的双赢，包括岗前培训，年度培训等，内容通常有企业文化和管理制度、专业知识和法规知识、岗位技能和履职能力等。

（五）原料及包装材料管理

1. 原料 化妆品生产中需要有一体系保证原料在整个生产过程中受到控制。该体系的目的是防止未经检验或不合格的原料用于生产，体现在原料厂家的选择、检验标准制定、入厂检验、保存和使用等几个方面。要保存记录，提供可追溯性，以备需要时查阅参考，并有助于监督原料供应商和防止生产有缺陷的产品。原料在使用前检验合格，生产时才能按照既定配方投料，并做到物料间的平衡。特别注意审核，并按安全规程进行接收，做好记录。一经发现有影响终产品质量的不合格原料，应该告知相关方，按照相关规定进一步处理。

2. 包装组件 化妆品生产中的包装组件包括瓶、罐、盒、盖、商标纸和外包装纸盒等，其验收原则与原料的验收原则相似，也包括材料厂家的选择、检验标准制定、入厂检验、保存和使用等方面，确保不会影响化妆品成品在出厂后的质量和使用。一般包装组件的包装数目较大，单从1～2箱中取样不具有代表性，最好按照统计质量控制方法取样，增大取样量。

3. 供应商的产品检验证明 对于有信誉的供应商，每批产品都有检验合格证明，有的还附有检验单，说明供应产品经过检验，符合规范要求。如果核实供应商有可靠的商业和技术上的信誉，能做到检验严格，提供数据完整，有能力保证原料的质量，便可减少对原料的抽检，节约时间和资源。

（六）标签管理

当前化妆品标签管理依据《化妆品监督管理条例》《化妆品标签管理办法》《化妆品生产经营监督管理办法》。

自　测　题

一、单项选择题

以下关于化妆品生产环境要求的说法，错误的是（　　）

A. 生产眼部用护肤类化妆品，或婴儿和儿童用护肤类化妆品的车间，其灌装间、清洁容器储存间空气洁净度应达到 30 万级要求

B. 化妆品净化车间生产车间空气中细菌总数不得超过 1000 个/m^3，需定期清洁以防止交叉污染

C. 化妆品生产车间的温度应控制在 18～25℃，湿度应控制在 40%～60%

D. 照明亮度建议应在 500～1000lx 的范围内，辅助工作室、走廊等照度可低于主要工作室，但不宜低于 100lx

二、简答题

1. 简述化妆品常见生产设备。
2. 简述我国化妆品行业可持续发展政策与策略。

（臧婧蕾）

第 9 章 美容化妆品安全与不良反应

学习目标

1. 素质目标

（1）培养学生的职业道德和社会责任感。

（2）强化对化妆品安全和遵守法规的意识。

（3）能够关注并理解化妆品监管法律法规体系的重要性。

2. 知识目标

（1）掌握化妆品安全性评价的基本概念、评价内容、评价方法和未来发展趋势。

（2）熟悉化妆品不良反应的定义、常见类型、产生原因和应对方法。

（3）了解化妆品原料和成品的安全性评估原则、风险物质类型、风险评估程序和报告要求。

3. 能力目标

（1）提高学生识别和评估化妆品中风险物质的能力。

（2）培养学生有效开展化妆品安全评价工作的技能。

（3）学会化妆品不良反应的识别、预防和处理方法。

（4）提升对化妆品安全的认识，保障消费者健康。

第 1 节　美容化妆品安全评价

一、化妆品安全评价概述

化妆品，作为现代生活中不可或缺的一部分，与人们的健康息息相关。然而，随着化妆品市场的快速发展，化妆品安全问题也逐渐凸显出来。为确保化妆品的安全使用，世界各国先后制定了相应的法规和标准，要求化妆品在上市前必须通过严格的安全评价。

（一）化妆品安全评价的发展

化妆品行业的快速发展过程中，消费者使用化妆品导致的安全性问题时有发生，有的甚至引发了群体性人身伤亡事件。这些化妆品安全事件的发生引起了各国政府对化妆品监管的重视，对于化妆品原料、生产过程、终产品质量安全标准等均发布了严格的管理规定。

我国的化妆品安全评估监管体系最早开始于 1987 年卫生部颁布的《化妆品卫生标准》（GB7916-1987），同时颁布了《化妆品微生物标准检验方法》《化妆品安全性评价程序和方法》《化妆品卫生化学标准检验方法》等检验方法。2010 年国家食品药品监督管理局发布了《化妆品中可能存在的安全性风险物质风险评估指南》，指导开展化妆品安全性评价工作；2021 年国家药品监督管理局发布《化妆品监督管理条例》和《化妆品安全评估技术导则》，规范和指导化妆品安全评估工作，对化妆品原料和产品的安全风险评估程序和要求作了进一步完善；2024 年国家药品监督管理局发布《优化化妆品安全评估管理若干措施》，整合原料数据资源，更方便使用原料数据。法规的更新和完善，明确了完整的安全性评价在我国化妆品高质量发展过程中的重要地位，化妆品安全评价已然成为化妆品行业不可或缺的一环，对于保障消费者健康具有重要意义。

（二）化妆品安全评价程序

化妆品安全性评价的目标是保障化妆品使用安全。风险评估是指通过系统的科学方法评估暴露在危险性物质或环境中人体发生的不良反应。美国国家研究委员会（NRC）在 1983 年发布的《联邦政府的风险评估管理程序》中，首次系统地阐述了如何进行风险评估。报告提出，化学物质的风险评估包括以下几个流程：危害识别（hazard identification）、剂量-反应关系（dose-response relationship）、暴露评估（exposure assessment）以及风险特征描述（risk characterization）。该评估流程是科学界公认的评价特定物质暴露对人体健康危害可能性的基本模式。我国规范和指导化妆品安全评估工作的《化妆品安全评估技术导则（2021 版）》也沿用此模式开展化妆品安全评价。

1. 危害识别　是化妆品风险评估的定性阶段，是基于毒理学试验、临床研究、不良反应监测和人群流行病学研究等结果，从原料和风险物质的物理、化学和毒理学特征来确定其是否对人体健康存在潜在危害。按照《化妆品安全技术规范》或国际上通用的毒理学试验结果的判定原则，对化妆品原料和（或）风险物质的急性毒性、皮肤刺激性/腐蚀性、眼刺激性/腐蚀性、致敏性、光毒性、光变态反应、遗传毒性、重复剂量毒性、生殖发育毒性、慢性毒性/致癌性等毒性特征进行判定，确定原料和（或）风险物质的主要毒性特征及程度。在对危害识别进行判定时，还应考虑到原料的纯度和稳定性、可能与终产品中其他组分发生的反应以及透皮吸收的能力等，同时还应考虑到原料和生产过程中不可避免带入的风险物质的健康危害效应等。对于可能有吸入暴露风险的产品，应评估其吸入暴露对人体可能产生的健康危害效应。对于复配原料，应对原料本身和（或）每种组分的危害效应进行识别。

2. 剂量-反应关系　是化妆品风险评估的定量阶段，用于确定原料和风险物质的毒性反应与暴露剂量之间的关系。一般来说物质的毒理学效应和其实际暴露的剂量之间存在一定的比例关系，随着暴露剂量的减少，毒理学效应也会随着减少或者消失。对有阈值的毒性效应，需获得未观察到有害作用的水平（no observed adverse effect level，NOAEL）或基准剂量（benchmark dose，BMD）。对于无阈值的致癌效应，用 25%的实验动物的某部位有发生肿瘤的剂量（T_{25}）或 BMD 来确定。对于具有致敏风险的原料和（或）风险物质，还需要通过预期无诱导致敏水平（no expected sensitization induction level，NESIL）来评估其致敏性。

当选择 NOAEL 计算安全系数时，应选择来自重复剂量毒性试验的数据，如 90 天经口毒性试验、慢性毒性/致癌试验、致畸试验、生殖和发育毒性试验等，还应该考虑该值获得的试验条件与被评估物质使用条件和品种敏感度的相关性。如果选择 28 天经口毒性试验数据时，应增加相应的不确定因子（一般为 3 倍）。如果不能得到 NOAEL 或 BMD 的，则采用其观察到有害作用的最低水平（lowest observed adverse effect level，LOAEL）。但用 LOAEL 值计算安全边际值（margin of safety ratio,MOS ratio）时，应增加相应的不确定因子（一般为 3 倍）。

在研究剂量-反应关系时，绝大多数物质缺乏人体试验或者经验数据，一直以来动物实验数据是主要的剂量效应评估依据，现在的趋势是使用非动物的替代试验进行原材料和产品的毒性检测，或者通过计算机模拟以及体外和离体试验来研究剂量-反应关系。

3. 暴露评估　是化妆品总体风险评估的限定性因素，是通过对化妆品原料和风险物质暴露于人体的部位、浓度、频率，以及持续时间等的评估，来确定其暴露水平。进行暴露评估时，应考虑含该原料或风险物质产品的使用部位、使用量、浓度、使用频率以及持续时间等因素，具体内容包括：①用于化妆品中的类别；②暴露部位或途径：皮肤、黏膜暴露，以及可能的吞咽或吸入暴露；③暴露频率：包括间隔使用或每天使用的次数等；④暴露持续时间：包括驻留或用后清洗等；⑤暴露量：包括每次使用量及每日使用总量等；⑥浓度：在产品中的浓度；⑦透皮吸收率；⑧暴露对象的特殊性：如儿童、孕妇、哺乳期妇女等。

通过剂量把一个物质在不同的暴露途径条件下的有害作用和有利作用区分开来，其中引起有害作用的最低剂量是关键终点和关键研究。此外，暴露水平还取决于相关毒理学效应。由于影响不同的毒理学效应的物质暴露方式不同，使用的度量单位也不同。例如，对于皮肤过敏刺激或光敏反应来说，单位面积皮肤的暴露水平就很重要；同理，对于全身毒性来说，则单位体重的暴露水平也很重要。

4. 风险特征描述 就是看化妆品原料和风险物质对人体健康有没有损害，以及损害程度。可以通过计算安全边际值、终生致癌风险（LCR），比较可接受暴露水平和实际暴露量，来评估不同类型的危害。

（三）化妆品安全评价方法

1. 化妆品安全评价的方法概述 化妆品的安全评价建立在各种原料的成分信息和毒理学终点的基础上，一般来说毒理学的研究方法包括整体动物实验、离体或体外试验、人体（临床）试验和流行病学人群研究。

（1）整体动物实验 是用实验动物来研究外源化学物的毒理学效应，从而预测其对人体可能产生的危害。这种方法的优点是可以严格控制暴露条件，能检测多种毒理学效应，结果也比较容易推广到人类。但完成一种化学物质的全部实验动物耗费量大，耗时长，此外，单一化学物质和实际产品中的复合物质在预测准确性上存在疑问，限制了动物实验的推广与应用。

（2）离体或体外试验 是在体外模拟人体生理环境，用废弃组织、游离器官、体外培养的细胞或细胞器当研究模型。这种试验系统容易标准化，操作简单，成本低，周期短，影响因素少，还能模拟人体内的生物反应过程，在化学物毒性筛选和毒作用机制研究方面有优势。但是它缺少动物体内的毒代动力学过程和整体调控，对于系统毒性或者多个组织、器官参与的毒理学效应，目前还没有很好的试验模型。

（3）人体（临床）试验 是招募受试者，把化妆品原料或配方用斑贴试验、试用等方式在受试者的皮肤、口唇和头发上进行安全性研究，特别是针对局部毒性相关的皮肤耐受性、刺激性与致敏性研究。这种方法的数据很有说服力，但因为伦理要求，试验开展的要求很严格。《化妆品安全技术规范》里有一些人体试验方法可以用于化妆品注册申报的安全评估资料。化妆品行业还有其他人体临床测试方法，能直接反映化妆品在人体上的安全性和有效性，是化妆品安全评价的重要依据，但试验易受到受试者个体差异大、实验周期长等因素影响而具有局限性。

（4）流行病学人群研究 是针对环境中已有的外源化学物或者意外事故，对人群进行调查。这种方法能得到动物实验得不到的资料，对确定人体受损害作用有重要参考价值。它既可以研究已知环境因素对人群健康的影响，也可以逆向探索已知疾病的环境病因。另外，化妆品上市后的不良反应监测数据，通过分析和追踪调查不良反应，可以不断修正产品及其原料的安全性资料。

2. 毒理学评价概述 化妆品毒理学主要是对其中化学物质进行毒性鉴定，按照相应程序，通过一系列的毒理学试验测试化妆品毒理检测指标，根据毒理学作用部位、毒性机制以及毒理学反应或效应的不同，用于评价和预测对人体可能造成的危害。化妆品的毒理学研究一般应当按照《化妆品安全技术规范》规定的毒理学试验方法开展。选用其他国内外权威机构发布的相关技术规范未收录的毒理学试验方法或标准时，应当在评估报告中载明方法的来源、识别毒理学危害的原理，并分析结果的科学性、准确性和可靠性。主要的评价方法如下。

（1）急性毒性 包括经口和（或）经皮接触后产生的急性毒性效应。急性毒性试验可提供短时间毒性暴露对健康危害的信息。试验结果可作为化妆品原料和（或）风险物质毒性分级以及确定重复剂量毒性试验和其他毒理学试验剂量的依据。

（2）刺激性/腐蚀性 通过包括皮肤和（或）眼刺激性/腐蚀性效应，确定和评价原料和（或）风险物质对局部皮肤或眼睛是否有刺激作用或腐蚀作用及其程度。

（3）皮肤致敏性　皮肤变态反应试验通过皮肤致敏性确定重复接触化妆品原料和（或）风险物质是否可引起变态反应及其程度。

（4）皮肤光毒性　皮肤光毒性试验主要通过紫外线照射后产生的光刺激性，评价化妆品原料和（或）风险物质引起皮肤光毒性的可能性。

（5）皮肤光变态反应　皮肤光变态反应试验通过重复接触并在紫外线照射下引起的反应，评估重复接触化妆品原料和（或）风险物质，并在紫外线照射下引起皮肤光变态反应的可能性。

（6）遗传毒性　通过包括基因突变和染色体畸变效应等，评价化妆品原料和（或）风险物质引起遗传毒性的可能性，其中至少应包括一项基因突变试验和一项染色体畸变试验。

（7）重复剂量毒性　内容包括：①连续暴露后对组织和靶器官所产生的功能性和（或）器质性改变，包括 28 天经口和（或）经皮毒性试验、亚慢性经口和（或）经皮毒性试验；②通过重复剂量经口毒性试验不仅可获得一定时期内反复接触受试物后引起的健康效应、受试物作用靶器官和受试物体内蓄积情况资料，还可估计接触的无有害作用水平，后者可用于选择和确定慢性试验的接触水平和初步计算人群接触的安全性水平；③通过重复剂量经皮毒性试验不仅可获得在一定时期内反复接触受试物后可能引起的健康影响资料，而且为评价受试物经皮渗透性、作用靶器官和慢性皮肤毒性试验剂量选择提供依据。

（8）生殖发育毒性　生殖发育毒性试验检测动物接触化妆品原料和（或）风险物质后，引起生殖功能、胚胎的初期发育（如致畸）、出生前后发育、母体机能以及胚胎和胎儿发育障碍的可能性。

（9）慢性毒性/致癌性　慢性毒性试验是使动物长期地以一定方式接触受试物而引起毒性反应的试验。当某种化学物质经短期筛选试验（如遗传毒性试验）预测具有潜在致癌性，或其化学结构与某种已知致癌剂相近时，需用致癌性试验进一步验证。

（10）毒代动力学　毒代动力学试验是定量地研究在毒性剂量下原料和（或）风险物质在动物体内的吸收、分布、代谢、排泄过程和特点，进而探讨其毒性的发生和发展的规律，了解其在动物体内的分布及其靶器官。同时了解不同物种在动力学方面的差异可以为从动物实验结果外推到人时的不确定因子（UF）提供理论支持。

原料和（或）风险物质经过皮肤吸收后，其代谢转化可能会对其潜在毒性、体内分布和排泄造成重要影响。因此，在特定情况下，需要实施体内或体外生物转化研究，以证明或排除某些不良反应。

（11）透皮吸收　原料和（或）风险物质的透皮吸收试验，可采用国际通用的透皮吸收试验方法获取相应的数据。

（12）其他毒理学试验资料　有经呼吸道吸收可能时，需提供吸入毒性试验资料；必要时可提供其他有助于表明原料和（或）风险物质毒性的毒理学试验资料。

（13）人群安全性试验资料　包括人体安全性试验资料和人群流行病学资料。

人群流行病学资料包括人群流行病学调查、人群监测、临床不良事件报告和事故报告等。

二、化妆品风险物质

（一）化妆品风险物质的定义

化妆品风险物质可能由化妆品原料，包装材料，生产、运输和存储过程中产生或带入，暴露于人体可能对人体健康造成潜在危害。《化妆品安全技术规范》中规定了化妆品禁用组分及限用组分要求，明确规定了化妆品原料中不得使用的物质，以及在限定条件下可作为化妆品原料使用的物质。同时，化妆品禁用组分表备注中明确了因非故意添加存在于化妆品成品中，如来源于天然或合成原料中的杂质，来源于包装材料，或来源于产品的生产或储存等过程。化妆品的安全性是由其原料的安全性决定的。应基于原料的来源、理化特性、制备工艺对原料带入的和产品生产过程产生或带入风险物质的情况分析，结合现有毒理学试验数据、临床研究、人群流行病学调查等资料，通过原料水平严格控制原料的质量，按照《化妆品安全评估技术导则》中的评估原则和程序等相关要求对风险物质进行安全评估。

（二）重点关注的化妆品风险物质

表 9-1-1 中罗列了我国重点关注的化妆品风险物质类别，并详细对各类风险物质的具体分类及限值标准进行列举。

表 9-1-1 常见风险物质清单

风险物质	需要评估的原料
重金属	常见于合成原料，以及色素、植物等天然来源原料中。所有注册或备案产品均需提供汞、铅、砷、镉的检验报告，产品中汞限值为 1mg/kg；铅限值为 10mg/kg；砷限值为 2mg/kg；镉限值为 5mg/kg
石棉	配方中含有滑石粉原料时需要检测产品中的石棉，在现有检测方法条件下，产品中不得检出石棉
二噁烷	配方中含有乙氧基结构的原料如乙氧基二甘醇、聚乙二醇类及其衍生物、脂肪醇聚醚类及其衍生物、聚山梨醇酯类及其衍生物、泊洛沙姆等时需要检测，产品中二噁烷限值为 30mg/kg（口腔类除外）
苯酚	对可能带入苯酚的原料，如苯氧乙醇由苯酚和环氧乙烷进行加成反应制得时，需要识别与评估风险物质苯酚，其限值可参考权威机构的评估结论
甲醇	配方中含有乙醇、变性乙醇、异丙醇等原料时[乙醇、异丙醇含量之和＜10%（w/w）]，应提供由化妆品注册和备案检验机构出具的产品中甲醇的检测报告，产品中甲醇限值为 2000mg/kg
游离甲醛	配方中含有甲醛缓释体类的原料如咪唑烷基脲、DMDM 乙内酰脲、双（羟甲基）咪唑烷基脲、羟甲基甘氨酸钠、甲醛苄醇半缩醛等时需要检测游离甲醛，根据检测结果进行评估
丙烯酰胺	配方中含有以丙烯酰胺为起始原料合成的聚合物，需要识别并评估风险物质丙烯酰胺，驻留类体用产品中丙烯酰胺单体最大残留量 0.1mg/kg，其他产品中丙烯酰胺单体最大残留量 0.5mg/kg
二甘醇	配方中含有以下原料如甘油、丙二醇、乙二醇、乙氧基二甘醇、聚乙二醇类及其衍生物、聚山梨醇酯类及其衍生物、脂肪醇聚醚类及其衍生物等，需要识别并评估二甘醇，其限值可参考权威机构的评估结论
仲链烷胺、亚硝胺	配方中含有三链烷胺、三链烷醇胺及它们的盐类等，或含有单链烷胺、单链烷醇胺及它们的盐类等原料或配方中含有脂肪酸双链烷酰胺及脂肪酸双链烷醇酰胺等原料时，需要识别并评估风险物质仲链烷胺、亚硝胺，该原料不和亚硝基化体系一起使用。产品中仲链烷胺最大含量 0.5%，产品中亚硝胺最大含量 50μg/kg
农药残留	常见于仅经机械加工后直接在生产过程中使用的植物来源的原料如植物油、植物叶汁等，植物来源原料应了解其制备工艺，识别并评估农药残留，其限值可参考我国及国际相关要求
氢醌	对可能带入氢醌的原料如 α-熊果苷、β-熊果苷等，需要识别与评估风险物质氢醌，其限值可参考权威机构的评估结论
苯	对可能带入苯的原料如卡波姆等，需识别并评估风险物质苯，其在产品中的残留量应≤2mg/kg
致癌物	配方中含有矿脂时，需确认清楚全部精炼过程并能够证明所获得的物质不是致癌物
丁二烯	含有推进剂丙烷、丁烷、异丁烷时，需确认丁二烯含量≤0.1%（w/w）
二甲基亚砜	来源于石油、煤焦油的混合烷烃需提供其 CAS 号，并根据相关要求提供相关质量规格或证明材料。如 CAS 号为 64741-76-0 的，需确认二甲基亚砜提取物含量≤3%
儿童化妆品要求的相关原料	儿童化妆品在完成上述规定的风险物质识别与评估外，还需对以下风险物质进行识别与评估：①配方中含有库拉索芦荟等原料时，需识别与评估风险物质蒽醌，其评估可参考权威机构的评估结论；②配方中含有椰油酰胺丙基甜菜碱时，需识别并评估其中的椰油酰胺丙基二甲胺、3, 3-二甲基氨基丙胺和单氯乙酸，其限值可参考权威机构评估结论或我国相关标准；③配方中含有香精、植物精油或香料成分时，需对其中的致敏成分进行识别并评估，如含有互生叶白千层叶油时，需识别和评估风险物质甲基丁香酚，其限值可参考权威机构评估结论；④配方中含有甘油时，其纯度应≥95.0%，识别与评估二甘醇含量应≤0.1%

（三）化妆品风险物质评估资料

我国化妆品相关规定中已有限量值的物质，不需要提供相关的风险评估资料；国外权威机构已建立相关限量值或已有相关评价结论的，申请人可以提供相应的安全性评价报告等资料，不需要另行开展风险评估。否则需要开展相应的安全风险评估。在化妆品原料和产品审评工作中，通常是从以下几个方面对申请人的资料进行审查。

1. 化妆品中可能存在的安全性风险物质的来源。

2. 可能存在的安全性风险物质概述，包括该物质的理化特性、生物学特性等。

3. 化妆品（或原料）中可能存在的安全性风险物质的含量及其相应的检测方法，并提供相应资料。

4. 国内外法规或文献中关于可能存在的安全性风险物质在化妆品和原料，以及食品、水、空气等介质（如果有）中的限量水平或含量的简要综述。

5. 毒理学相关资料

（1）化妆品中可能存在的安全性风险物质的毒理学资料简述，至少包括是否被国际癌症研究机构（IARC）纳入致癌物。

（2）参照现行《化妆品安全技术规范》毒理学试验方法总则的要求，提供相应的毒理学资料。根据可能存在的安全性风险物质的特性，可增加或减少某些相应项目的资料。

6. 风险评估应遵循风险评估基本程序，结合申报产品的特点进行。风险评估报告应包括具体评估内容及其结论。

7. 配方中含有植物来源原料的，对于仅经机械加工后直接使用的植物原料，应当说明含有农药残留的情况；对于除机械加工外，需经进一步提取加工的植物来源原料，必要时，也应说明可能含有农药残留的情况。

8. 在现有技术条件下，能够降低产品中可能存在的安全性风险物质含量的有关技术资料、必要时提交工艺改进的措施。

三、化妆品原料的安全评估

（一）化妆品原料安全评估的原则

化妆品原料风险评估是对化妆品原料中可能存在的安全风险进行识别、分析和评价的过程，这一过程涉及对原料的毒性、刺激性、致敏性等方面的评估，以确保原料在正常使用条件下不会对人体健康造成危害。化妆品原料成分安全性评价采用国际上通用的化学品安全性评价的方法及原则。

1. 按照风险评估程序对化妆品原料和其可能存在的风险物质进行风险评估，保障原料使用的安全性。

2. 使用《化妆品安全技术规范》中的限用组分、准用防腐剂、准用防晒剂、准用着色剂和准用染发剂列表中的原料应满足规范要求。

3. 凡国际权威化妆品安全评估机构已公布评估结论的原料，需对相关评估资料进行分析，在符合我国化妆品相关法规规定的情况下，可采用相关评估结论。如不同的权威机构评估结果不一致时，根据数据的可靠性和相关性，科学合理地采用相关评估结论。

4. 凡世界卫生组织、联合国粮农组织、经济合作与发展组织等权威机构已公布安全限量[如每日允许摄入量（ADI）、每日耐受剂量（TDI）、参考剂量（RfD）等]或结论[如一般认为安全物质（GRAS）、具有悠久食用历史]的原料，需对相关资料进行分析。在符合我国化妆品相关法规规定的情况下，可采用相关结论。如缺少局部毒性资料，需对其局部毒性另行风险评估。如不同的权威机构评估结果不一致时，根据数据的可靠性和相关性，科学合理地采用相关评估结论。

5. 如香精符合国际日用香料协会标准，需对相关评估资料进行分析，在符合我国化妆品相关法规规定的情况下，可采用相关评估结论。

6. 对于化学结构明确，且不包含致癌警告结构的原料或风险物质，含量较低且缺乏系统毒理学研究数据时，可参考使用毒理学关注阈值（TTC）等方法进行风险评价，但该方法不适用于金属或金属化合物、强致癌物、蛋白质、类固醇、高分子量的物质、有很强生物蓄积性物质以及放射性化学物质和化学结构未知的化学混合物等。

7. 对于缺乏系统毒理学研究数据的非功效成分或风险物质，可参考使用分组/交叉参照进行风险评估。所参照的化学物质与该原料或风险物质有相似的化学结构，相同的代谢途径和化学/生物反应性，其中结构相似性表现在：①各化学物质具有相同的官能团；②各化学物质具有相同的组分或被归为相同的危害级别，具有相似的碳链长度；③各化学物质在结构上呈现递增或保持不变的特征，这种特征可以通过观察各化学物质的理化特性得到；④各化学物质由于结构的相似性，通过化学物质或生物作用后，具有相同的前驱体或降解产物可能性。

8. 根据原料理化特性、定量构效关系、毒理学资料、使用历史、临床研究、人群流行病学调查以及类似化合物的毒性等资料情况，可增加或减免毒理学终点的评估。

（二）化妆品原料安全评估的内容

原料的理化性质可用于预测特定的毒理学特性。我国在现行的《化妆品安全评估技术导则》中对提供化妆品原料的理化性质有如下要求。

1. 原料的名称 包括标准中文名称、通用名称、商品名称、化学名称、国际化妆品原料标准名（International Nomenclature of Cosmetic Ingredients，INCI）、化学物质登录号（Chemical Abstracts Service Registry Number，CAS Number）、欧洲现有商业化学物质清单（European Inventory of Existing Commercial Chemical Substances，EINECS）等。

2. 物理状态 如固体、液体、挥发性气体等。

3. 分子结构式和相对分子质量 对于复配原料，必须说明每个组成成分的分子结构式和相对分子质量。

4. 化学特性和纯度 应说明表征化学特性时使用的技术条件（紫外光谱或红外光谱、磁共振、质谱、元素分析等）以及检测结果等。应明确原料的纯度/含量以及测定方法，并说明分析方法的来源及测定原理。

在理化试验和毒性试验中使用的原料必须与产品中使用的原料相当。确保理化试验和毒性试验中使用的原料更具有代表性，差异不会带来安全风险。

5. 杂质/残留物 除了物质的纯度以外，还必须说明可能存在的杂质/残留物的浓度或含量。

6. 溶解度 应说明原料在水中和（或）任何其他相关有机溶剂的溶解度。对于其计算值，应说明计算方法。

7. 分配系数 如有，应说明分配系数。对于其计算值，应说明计算方法。

8. 均质性和稳定性 应说明试验条件下检测原料时使用的试验溶液的均质性。应说明试验条件下原料的稳定性和储存条件。

9. 异构体组成 如果原料存在异构体，用作化妆品成分的相关异构体应进行安全评估。其他异构体作为杂质，应提供相关信息。

10. 其他相关的理化指标 如对于可吸收紫外线的成分，应说明化合物的紫外线吸收的波长及紫外线吸收光谱（如紫外-可见分光光度法吸收光谱）。

11. 功能和用途 该原料拟用或已拥有化妆品中的使用目的、化妆品中的最高浓度等。如果化妆品原料在有吸入暴露风险的产品中使用，应该明确提及吸入暴露的可能，并且应考虑吸入暴露的健康危害效应。

此外，此原料作为其他用途（例如，消费产品、工业产品）时，所用浓度也应尽可能描述。

四、化妆品产品的安全评估

（一）化妆品产品安全评估的原则

化妆品产品的安全评估是确保化妆品在正常使用条件下对人体健康无害的重要过程。虽然各国对于化妆品的定义不尽相同，用于评估化妆品安全性的手段也不相同，但各国法规对于化妆品产品的安全性追求及要求是一致的，都以不能危害消费者的人身健康为准则。

1. 化妆品产品的安全评估应以暴露为导向，结合产品的使用方式、使用部位、使用量、残留等暴露水平，对化妆品产品进行安全评估，以确保产品安全性。

2. 按照风险评估程序对化妆品中的各原料和风险物质进行风险评估。使用《化妆品安全技术规范》中的限用组分、准用防腐剂、准用防晒剂、准用着色剂和准用染发剂列表中的原料、有限制要求的风险物质应满足规范要求；国外权威机构已建立相关限量值或已有相关评估结论的原料和风险物质，可采用其风险评估结论，如不同的权威机构的限量值或评估结果不一致时，根据数据的可靠性和相关性，科学合理地采用相关评估结论。

3. 完成化妆品产品的安全评估后，可以在满足伦理要求的前提下，通过人体皮肤斑贴试验或人体试用试验，进一步排除化妆品产品的皮肤不良反应。

4. 配方相似、种类相同，且系列名称相同产品，在配方之间的差异不影响产品安全性的前提下，可以参考已有的资料和数据，只对调整组分进行评估。

5. 如果产品配方中两种或两种以上的原料，其可能产生系统毒性的作用机制相同，必要时应考虑原料的累积暴露，并进行具体的个案分析。

6. 如果产品中所含原料还可能来源于除该类化妆品外的其他产品时，在计算安全边际值时应考虑累积暴露，并进行具体分析。

7. 应针对每个产品编写安全评估报告，妥善保存，及时补充上市后的安全资料。

（二）化妆品产品安全评估的内容

1. 理化稳定性与毒理学试验　结合产品的具体情况评价相关理化指标，一般包括以下参数：物理状态、剂型、感官特性、pH、黏度等，并确认原料之间是否存在化学和（或）生物学相互作用，考虑相互作用产生的潜在安全风险。化妆品稳定性评估一般包括物理化学稳定性试验（一般物理化学参数变化，特别是乳化体系稳定性）、耐温度和湿度稳定性试验（包括循环周期性试验）、色调稳定性试验（随时间的颜色稳定性）、耐光性试验（光照射引起的褪色）、气味的稳定性试验（在存储和日照下气味的稳定性）、防腐试验、功效成分或活性成分稳定性试验。还需对与内容物接触容器或载体的物理稳定性以及与产品的相容性进行风险评估。此外，评估化妆品成品的安全性还必须依据其中原料成分的毒理学情况和暴露水平，可用毒理学数据可包含：①使用实验动物进行的体内试验；②使用经过验证的或有效的替代方法进行的体外试验；③从人类志愿者的临床观察和相容性试验中获得的人类数据；④来自数据库、已发表的文献、企业和供应商提供的原始数据。

2. 化妆品产品微生物学评估　化妆品微生物污染常来源于原料带入，产品制备和灌装过程，以及消费者使用环节。儿童用化妆品、眼部/口唇化妆品，应当对微生物污染予以特别关注。正在研发中的化妆品可按照化妆品防腐效能评价方法操作程序对其防腐体系的有效性进行评价。防腐体系相同且配方近似的产品，可参考已有的资料和实验数据进行产品安全性评价。根据产品特性，属于不易受微生物污染的产品，如乙醇含量＞20%（体积）、以有机溶剂为主、高/低 pH（≥10 或≤3）、一次性或包装不能开启等类型的产品，可不进行微生物挑战试验，但化妆品安全性评估人员应就相关情况予以说明。

3. 化妆品上市后的安全监测　对上市后产品的安全性进行监测、记录和归档。包括正常使用和不当使用时发生的不良反应，消费者投诉以及后续随访等。如上市产品出现下列情况，需重新评估产品的安全性：①上市产品所用原料在毒理学上有新的发现，且会影响现有风险评估结果的；②上市产品的原料质量规格发生足以引起现有风险评估结果变化的；③上市产品不良反应出现连续、呈明显增加趋势，或出现了严重不良反应的；④其他影响产品质量安全的情况。

4. 儿童化妆品评估要求

（1）进行儿童化妆品评估时，在危害识别、暴露量计算等方面，应结合儿童生理特点。

（2）应明确其配方设计的原则，并对配方使用原料的必要性进行说明，特别是香料、着色剂、防腐剂及表面活性剂等原料。

（3）原则上不允许使用以祛斑美白、祛痘、脱毛、除臭、去屑、防脱发、染发、烫发为目的的原料，如因其他目的使用可能具有上述功效的原料时，需对使用的必要性及针对儿童化妆品使用的安全性进行评价。

（4）应选用有较长期安全使用历史的化妆品原料，不鼓励使用基因技术、纳米技术等新技术制备的原料，如无替代原料必须使用时，需说明原因，并针对儿童化妆品使用的安全性进行评价。

（三）化妆品安全评估报告

化妆品安全评估报告通常包括安全评估摘要、产品简介、产品配方、配方中各成分的安全评估、可能存在的风险物质评估、风险控制措施或建议、安全评估结论、安全评估人员的签名、安全评估人员的简历、参考文献和附录等内容。

1. 安全评估摘要 ××为××（使用方法、剂型等）产品，使用目的××，依据《化妆品安全评估导则》，对产品中的××、××（具体原料名称），××、××（具体风险物质名称）进行安全评估，以及……（其他安全资料）。结果显示，该产品在正常、合理及可预见的使用情况下不会对人体健康造成危害。

2. 产品简介 ①产品名称；②产品使用目的及使用方式；③日均使用量（g/d）；④驻留因子；⑤其他。

3. 产品配方 ××××。

4. 配方中各成分的安全评估及配方设计原则 后者仅针对儿童化妆品。

配方中各成分的安全评估：①危害识别。一般包括：急性毒性、刺激性/腐蚀性、皮肤致敏性、皮肤光毒性、皮肤光变态反应、致突变性/遗传毒性、重复剂量毒性、生殖与发育毒性、慢性毒性/致癌性、毒代动力学、人群安全性试验资料等。②剂量-反应关系评估。③暴露评估。④风险特征描述。

5. 可能存在的风险物质评估 按照《化妆品安全评估技术导则》的要求，基于当前科学认知水平，对可能由化妆品原料带入、生产过程中产生或带入的风险物质进行了评估，填写产品安全性风险物质危害识别表。

6. 风险控制措施或建议 如警示用语、使用方法。

7. 安全评估结论 一般包括产品理化稳定性评估结论；产品微生物稳定性评估结论；人体安全数据包括临床数据、消费者使用调查、不良反应记录等；检测结论；各原料的评估结论。

8. 安全评估人员的签名 如张××。

9. 安全评估人员的简历 如年龄、专业背景等。

10. 参考文献 ××××。

11. 附录 包括检测报告、涉及的原料质量规格证明等。

第2节 化妆品不良反应

一、化妆品不良反应产生原因与损伤机制

（一）化妆品不良反应概述

化妆品不良反应是指正常使用化妆品所引起的皮肤及其附属器官的病变，以及人体局部或全身性的损害。依据不良反应的危害程度可以分为一般、严重和可能引发较大社会影响的化妆品不良反应三类。

1. 严重化妆品不良反应　是指化妆品所引起的皮肤（含黏膜）及其附属器官大面积或者较深度的严重损伤，以及其他器官组织等全身性损害。主要包括以下五种情形：①导致暂时性或者永久性功能丧失，影响正常人体和社会功能的，如明显损容性改变、皮损持久不愈合、瘢痕形成、永久性脱发等；②导致全身性损害，如败血症、肝肾功能异常、过敏性休克等；③导致先天异常或者致畸；④导致死亡或者危及生命；⑤医疗机构认为有必要住院治疗的其他的严重类型。

2. 可能引发较大社会影响的化妆品不良反应　是指涉及以下情形之一的化妆品不良反应：①导致人体严重损害、危及生命或者造成死亡的；②因使用同一产品在相对集中的时间和区域导致一定数量人群发生不良反应的；③导致婴幼儿和儿童发生严重不良反应的；④经国家监测机构研判认为可能引发较大社会影响的其他情形。

3. 一般化妆品不良反应　不属于上述严重化妆品不良反应和可能引发较大社会影响的化妆品不良反应情形的化妆品不良反应。

（二）化妆品不良反应产生原因

1. 化妆品因素　包括化妆品成分、配方中的成分浓度和含量等。化妆品中的香精、防腐剂、抗氧化剂、黏度调节剂、表面活性剂、保湿剂、乳化剂、天然植物成分、金属、染料等成分，是导致化妆品接触性皮炎的主要原因。化妆品成分中常见的过敏原有甲醛释放型防腐剂类、香精混合物类、表面活性剂类、烫发剂类、芳烃类化合物类、成膜剂和增塑剂类、没食子酸盐类、有机化合物类。少数不合格化妆品中非法添加违禁成分，如糖皮质激素、抗生素和重金属，或限用成分如果酸浓度超标等，可引起糖皮质激素依赖性皮炎、重金属中毒，严重者出现系统损害等。

2. 使用者个体因素　皮肤健康状态是影响化妆品不良反应发生频率和严重程度的重要因素，其中最重要的是使用者的皮肤屏障功能是否健全。皮肤角质层细胞的致密结构与角蛋白、脂质紧密有序地排序，构成物理性屏障，以抵御外界各种物理、化学和生物性有害因素对皮肤的侵袭，皮肤处于受损状态时，敏感性增加，对外界刺激不耐受，化妆品成分经皮吸收增加，可能会引发免疫反应及局部炎症，神经末梢受到的保护减少，经表皮流失水分增加，从而导致红斑、瘙痒、水肿等敏感症状。

3. 化妆品使用不当　包括使用频率、部位、方法等不当，导致皮肤出现不良反应。每种化妆品都有一定的适用范围，包括针对不同的肤质、不同年龄的群体。应根据自己的肤质选择合适的化妆品，使用过度和用量过多可能会产生皮肤刺激、损伤，甚至导致皮肤毒性反应，并应在保质期内适量使用。不同的化妆品叠加使用，或不同品牌、不同系列的产品叠加使用，可能会出现某些成分的过量，或者出现过敏原之间的协同作用或交叉反应，对皮肤的刺激性增加，造成不良反应。

（三）化妆品不良反应损伤机制

1. 刺激反应　化妆品刺激反应是由于破坏表皮屏障或损伤表皮细胞，进而触发皮肤固有免疫应答，引发皮肤对外界刺激的炎症反应。当皮肤反复暴露于刺激物时，会产生累加效应，如表皮角质形成细胞通过释放细胞因子激活局部肥大细胞，促进促炎症介质释放，引起血管扩张，促使白细胞趋化和活化，最终导致细胞与组织损伤。此外，刺激物可借助模式识别受体，激活炎症小体和核因子 κB 信号途径，从而激活固有免疫应答，如化妆品中的部分成分会刺激毛囊皮脂腺，致使毛囊口上皮细胞增殖与角化过度，使皮脂排出受阻，延缓角质剥脱，进而形成痤疮。

2. 变态反应　即超敏反应，是机体受某些抗原刺激时，出现生理功能紊乱或组织细胞损伤的异常适应性免疫应答。例如，在化妆品引发的变态反应中，一些香料成分作为半抗原初次接触皮肤后与载体蛋白结合成完全抗原，刺激机体产生免疫反应，再次接触时会激活肥大细胞释放组胺等炎症介质，引发接触性荨麻疹，此为Ⅰ型超敏反应；又如某些防晒霜中的光半抗原成分，在皮肤涂抹后暴露于紫外线辐射下与皮肤蛋白质结合并经紫外光照射形成完全抗原，经抗原提呈产生抗原特异性 T 细胞，再次使用且暴露于紫外线时，这些 T 细胞作用导致局部皮肤出现红斑、丘疹、水疱等炎症反应，即化妆品不良反应中的光敏性皮炎，属于迟发型超敏反应。

3. 皮肤屏障受损 表皮“砖墙结构”中的双层脂质分子结构被破坏后，经表皮失水增加，角质层水合程度下降，表皮屏障功能受损。若化妆品使用不当以及过度清洁，可导致皮肤角质层变薄，产生鳞屑。或者在皮肤致敏后，所含天然保湿因子减少，细胞内结合的水分脱失，致使皮肤干燥，出现瘙痒症状。此外，化妆品成分还可通过直接刺激、光敏反应或光毒反应以及光化学反应等因素引发炎症反应，刺激黑色素细胞增殖，增强酪氨酸酶活性，引起皮肤色素沉着，或长期经皮吸收作用致使局部皮肤色素增加。

二、化妆品不良反应的类型与识别

（一）化妆品不良反应的类型

1. 化妆品接触性皮炎 包括由化学性刺激直接引起的刺激性接触性皮炎，以及由免疫机制引起的变应性接触性皮炎。刺激性接触性皮炎皮损局限于使用化妆品的部位，界限清楚，通常表现为水肿性红斑、鳞屑，重者可有水疱、渗出，伴有烧灼感或疼痛感，偶有瘙痒。变应性接触性皮炎是由接触致敏原所致，发生于对某成分过敏的人群，临床表现为局部红斑、肿胀、丘疹、水疱，伴瘙痒，皮疹一般发生在接触部位，也可扩展至周围及远隔部位。

2. 化妆品光感性皮炎 化妆品中的某些光感性成分经日光暴晒引起炎症反应，分为光毒性皮炎和光变应性接触性皮炎。光毒性皮炎指化妆品中某些物质能增加皮肤对光的敏感性，而产生光毒性反应导致皮肤损伤，主要表现为日晒后迅速发病，局部皮肤水肿性红斑等晒伤样损害，伴烧灼感或疼痛。光变应性接触性皮炎指使用含有光变应原物质的化妆品后，在接触日光的部位出现皮肤炎症反应，而在不接触光的皮肤则不出现此种反应，属于 T 细胞介导的湿疹样反应，主要表现为湿疹样损害，皮疹可累及非暴露部位，可出现红斑、丘疹、水疱，慢性皮损可有肥厚、浸润、苔藓化等，常伴瘙痒。

3. 化妆品皮肤色素异常 可发生在化妆品接触性皮炎或光感性皮炎消退后，表现为青黑色或黄褐色，也可表现为不均匀色素沉着或色素减退甚至脱失。也可由化妆品中特定的化学成分引起，如汞沉积可引起外源性色素沉着症，在暴露部位出现进行性无症状蓝黑色色素沉着，最终可形成黑色鱼子酱样丘疹。

4. 化妆品痤疮 痤疮样反应与化妆品成分有关。化妆品致痤疮样皮损表现为接触部位出现粉刺、丘疹、脓疱等，结节与囊肿少见。既往如有痤疮病史，可能会和化妆品痤疮样反应叠加。

5. 化妆品唇炎 唇部使用化妆品如口红、唇膏类彩妆品等发生的接触性皮炎，常于使用唇部化妆品后数小时至数日内发生，表现为境界清楚的红斑、干燥、裂隙、鳞屑、肿胀，可有瘙痒感、紧绷感或疼痛感，严重时发生水疱、糜烂、渗出、结痂，部分慢性病患者可出现色素改变、肥厚。病情严重程度与化妆品原料成分、用量、时间、使用频率及处理不当等因素有关，停用后症状减轻，病程长者遗留色素改变。

6. 化妆品毛发损害 染发剂、烫发剂、防脱发剂、发胶、头皮护理产品等使用后头皮发生原发刺激性接触性皮炎或变应性接触性皮炎，表现为头皮红斑、水肿、水疱或渗出，瘙痒明显，严重者可累及面部皮肤；毛发损害则表现为明显的毛发脱落，久之发干变脆、分叉、断裂，失去光泽等。

7. 化妆品甲损害 多有明确的甲用类化妆品接触史，也可由接触其他可能存在刺激性、致敏性成分的化妆品导致，表现为甲板变形、甲剥离、甲脆裂、甲板失去光泽；常伴有甲周皮炎，如皮肤红斑肿胀、糜烂破溃，亦可出现鳞屑、逆剥、皮肤色素改变等，自觉瘙痒不适或疼痛。

8. 化妆品荨麻疹 化妆品中含有的乙醇、防腐剂、果酸类物质会对皮肤造成不同的刺激。长期使用或接触含有易致敏成分的化妆品可能会引起荨麻疹，表现为局部水肿性风团、红斑、斑片且伴有不同程度瘙痒。若使用范围或使用量较大，可能会引起荨麻疹急性发作，导致出现严重不适症状。

9. 激素依赖性皮炎　是由于长期反复在化妆品中违规添加了糖皮质激素等不合规产品，在使用这类化妆品后，短期快速出现皮肤红润有光泽，看似这类化妆品有使皮肤白嫩细腻的效果，然而停用后出现皮肤刺痒、灼热不适，面部出现红斑、鳞屑，严重时出现丘疹、毛细血管扩张等戒断症状。患者常为缓解症状继续使用此类产品，使皮肤症状越来越重。

（二）化妆品不良反应的识别

通过观察皮肤变化、注意使用时间关联、排除其他因素、进行皮肤试验以及寻求专业帮助等方法，可以更准确地识别化妆品不良反应。不良反应可能在使用化妆品后不久出现，也可能在长期使用后逐渐显现。一旦出现这些症状，应立即停止使用可疑的化妆品，并寻求专业医疗建议。

1. 观察皮肤变化　使用化妆品后，应密切关注皮肤的变化。如出现红肿、刺痛、瘙痒等症状，可能是化妆品引起的刺激性反应。若症状在使用某款化妆品后明显加重，而在停用后逐渐减轻，则很可能与该化妆品有关。

2. 注意使用时间关联　化妆品不良反应通常与使用时间密切相关。若在使用某款化妆品后不久出现皮肤问题，而在停用后症状逐渐消失，可初步判断为化妆品不良反应。

3. 排除其他因素　在识别化妆品不良反应时，还需排除其他可能引起皮肤问题的因素，如食物过敏、环境因素、内分泌失调等。这有助于更准确地判断化妆品是否为不良反应的根源。

4. 进行皮肤试验　在疑似化妆品不良反应的情况下，可进行皮肤试验以辅助诊断。如斑贴试验，将疑似过敏的化妆品涂抹在患者背部或前臂内侧，观察是否出现过敏反应。但需注意，皮肤试验并非绝对准确，应结合其他识别方法进行综合判断。

5. 寻求专业帮助　若疑似化妆品不良反应且症状持续加重，应及时就医，医生会根据患者的病史、症状和体检结果，进行综合判断，给出准确的诊断和治疗建议。

三、化妆品不良反应的应对

（一）化妆品不良反应的诊断

有化妆品使用史、发病部位在化妆品暴露部位和（或）周边区域、停止使用可疑化妆品后症状消失或缓解、再次使用同类化妆品后症状可复发或加重，再结合典型临床表现，同时收集化妆品相关产品及其成分的质量信息，可明确诊断。此外辅助诊断技术包括皮肤诊断性试验和皮肤无创检查技术。

1. 诊断性试验　主要有皮肤封闭或半封闭或即刻型斑贴试验、重复开放性涂抹试验、光斑贴试验、单次开放性涂抹试验、人体致粉刺性试验等。化妆品接触性皮炎通常通过封闭性斑贴试验、不同浓度斑贴试验以及重复开放性涂抹试验来区分其性质。对疑似化妆品光感性皮炎，需做皮肤光斑贴试验。兔耳致痤疮试验和人体致粉刺试验可用于证实可疑化妆品与痤疮的关系。单次开放性涂抹试验对化妆品荨麻疹有较高的诊断价值，也可通过挑刺试验、皮内试验等体内试验协助诊断，但需注意体内试验的危险性。

2. 皮肤无创检查技术　有经表皮失水仪、带显微功能的共聚焦拉曼光谱仪、反射式共聚焦显微镜、光学相干断层扫描、激光多普勒散斑血流仪、毛发电镜、皮肤 B 超等。

（二）化妆品不良反应的处理

1. 减少不良反应的发生　化妆品皮肤不良反应已成为皮肤科常见疾病之一。化妆品使用者应根据自身皮肤状况正确选用合格化妆品，通过科学护肤才能充分体现化妆品的价值。为了避免化妆品不良反应，消费者在购买和使用化妆品时，应注意以下几点。

（1）选择适合自己肤质的产品　在购买化妆品时，应选择正规途径并根据自己的皮肤类型和需求进行购买。使用者应该了解化妆品的主要成分，根据化妆品的不同成分和类型合理使用，如维生素A类产品、高浓度的维生素C产品不适宜白天使用、防晒类产品使用要达到一定的用量等。不同肤质成分的耐受性不同，如有皮肤屏障功能受损，应谨慎选择温和的洁肤产品，注重保湿，避免使用角质剥脱类产品。

（2）进行皮肤测试及观察皮肤状态　首次使用时，可以取少量化妆品涂抹在前臂屈侧或耳后皮肤进行测试，观察24h无不良反应后使用。如出现不适反应，应立即停止使用。使用新化妆品时，应密切关注皮肤反应。出现轻微症状，如皮肤发红、瘙痒等，应根据皮肤出现的不同症状进行处理和应对，如果出现严重的皮肤问题，则应立即停用并寻求医生帮助。

（3）按照化妆品标识中的使用方法合理使用　观察产品质量，定期检查化妆品的保质期，并及时更换新产品。定期清洁化妆刷、海绵等化妆工具，使用温和的洗涤剂进行清洗，并晾干后存放，以减少细菌滋生和传播的风险。

2. 应对不良反应的方法　出现不良反应的患者，避免再接触相同或类似致敏原成分。在皮肤恢复期间，保持受影响区域的皮肤清洁与干燥。避免抓挠或摩擦患处，以免加重感染风险。合理饮食和保持良好的心态也有助于皮肤恢复。如果症状持续不减或加重，应及时就医。就医时要携带近期所使用的化妆品及其包装，以帮助医生判断出现的症状是否与使用该化妆品相关。

（1）化妆品接触性皮炎　可通过局部止痒、抗炎、保湿等方法治疗。

（2）化妆品光感性皮炎　停用引起不良反应的产品，严格防晒，并以物理防晒为主。

（3）化妆品皮肤色素异常　寻找引起色素异常的原因，针对性地进行预防治疗，如避免日晒及其他刺激。皮肤色素脱失可按色素脱失性皮肤病治疗。色素沉着可给予局部外用氢醌乳膏、口服或注射维生素C等治疗。

（4）化妆品引起的头皮、甲、唇损害　及时停止使用烫发、染发剂，用温和、无刺激的洗发液将头发清洗干净，使用含修复成分的乳液对头皮和毛发进行保湿，或修复产品进行针对性的护理。如果出现甲损害，应停用产品并使用具有修复作用的产品，如含有维生素E等成分的乳膏等。如果出现唇炎，应停用口红等化妆品，保持唇部清洁，使用含有透明质酸等成分的唇膏等进行护理。

（5）化妆品痤疮样反应　按照痤疮的治疗原则处理。

（三）化妆品不良反应监测

1. 化妆品不良反应监测的内容　化妆品不良反应监测是指对化妆品使用后出现的不良反应进行收集、报告、分析、评价、调查和处理的全过程。这一监测体系对于保障消费者健康和提升化妆品安全监管水平具有重要意义。化妆品不良反应报告遵循可疑即报的原则，怀疑与使用化妆品有关的人体损害，均应当报告。报告化妆品不良反应的内容应当真实、完整、准确。化妆品不良反应报告应包括报告者信息、发生不良反应者信息、不良反应信息、所使用化妆品信息等内容。

2. 化妆品不良反应的职责分工　我国化妆品不良反应监测工作主要经历了卫生系统和药监系统两个时期。2008年后进入药监系统时期，化妆品监管职能由卫生部门划转到药品监督部门，组建国家药品监督管理局主管全国化妆品不良反应监测工作。目前已初步形成了化妆品不良反应监测组织体系、实时线上上报化妆品不良反应的信息化系统和不断完善的化妆品不良反应监测评价人员队伍。

国家建立化妆品安全风险监测和评价制度，对影响化妆品质量安全的风险因素进行监测和评价，为制定化妆品质量安全风险控制措施和标准、开展化妆品抽样检验提供科学依据。国家药品监督管理局负责全国化妆品不良反应监测管理工作，建立国家化妆品不良反应监测信息系统，加强化妆品不良反应监测信息化建设。县级以上地方人民政府负责药品监督管理的部门负责本行政区域的化妆品不良反应监测管理工作，应当明确化妆品不良反应监测机构，负责本行政区域的化妆品不良反应监测技术工作。化妆品注册人、备案人建立化妆品不良反应监测和评价体系，主动监测收集其上市销售化妆品的不良反应，及时开展分析，并按照国务院药品监督管理部门的规定向化妆品不良反应监测机构报告，落实化妆品质量安全主体责任。受托生产企业、化妆品经营者和医疗机构发现可能与使用化妆品有关的不良反应，应当按照规定向化妆品不良反应监测机构报告，开展化妆品不良反应调查。国家鼓励其他单位和个人向化妆品不良反应监测机构或者负责药品监督管理的部门报告可能与使用化妆品有关的不良反应，充分发挥社会监督作用，促进化妆品安全社会共治。

链接　“化妆品监管”APP

国内消费者可以通过“化妆品监管”APP 来核查所购产品相关的注册生产信息，是否属于正规合格产品。扫码或输入产品名称、批准文号等便可查到。还可以在这个 APP 上查验相关检验机构或生产企业的机构类别、检验项目、联系方式等。对于涉嫌违法的，用户可以在 APP 上进行投诉举报，受理范围包括药品、医疗器械、化妆品质量安全等。平时也可以在上面学习科普知识，查看公告通告和监管动态、飞行检查抽检项目等。这款 APP 可以让消费者更便捷地获取化妆品相关信息，辨别产品真伪，同时监管部门也能更高效地进行监督管理。

自　测　题

一、单项选择题

1. 对上市后化妆品产品的安全性进行监测、记录和归档，不包括下列哪项（　　）
   A. 飞行检查
   B. 正常使用时发生的不良反应
   C. 消费者投诉
   D. 后续随访
2. 化妆品接触性皮炎的辅助诊断手段为（　　）
   A. 血液生化检查
   B. 特异性 IgE 过敏原检测
   C. 皮肤镜
   D. 斑贴试验
3. 化妆品注册人、备案人在自查工作中进行回顾分析时，以下哪项可不进行回顾分析（　　）
   A. 涉及产品既往被采取监管措施情况
   B. 产品销售情况
   C. 生产工艺控制及生产质量管理
   D. 产品配方
4. 若技术上无法避免苯作为杂质带入化妆品时，其限制不超过（　　）
   A. 1mg/kg　　B. 2mg/kg
   C. 3mg/kg　　D. 4mg/kg

二、简答题

1. 化妆品人体安全性评价包括哪些内容？
2. 国家药品监管部门如何对化妆品引起的不良反应就安全风险进行监控？
3. 化妆品的安全隐患来自哪些方面？
4. 化妆品安全评估中如何进行危害识别？

（叶　理）

第 10 章 我国化妆品监管体系概况

学习目标

1. 素质目标

（1）培养学生热爱化妆品行业，具备保障化妆品行业高质量发展的能力。

（2）增强化妆品行业规范意识和法律意识，提升学生的社会责任感。

2. 知识目标

（1）了解我国化妆品监管机构及职能。

（3）知晓我国化妆品监管法规体系。

3. 能力目标 提高学生分析和应用化妆品法规知识的能力。

第 1 节 我国化妆品监管机构简介

一、国家级监管机构

2018 年 3 月 21 日，中共中央印发了《深化党和国家机构改革方案》，深化国务院机构改革部分提出不再保留国家工商行政管理总局、国家质量监督检验检疫总局、国家食品药品监督管理总局，组建国家市场监督管理总局。考虑到药品监管的特殊性，单独组建国家药品监督管理局，由国家市场监督管理总局管理。主要职责是负责药品、化妆品、医疗器械的注册并实施监督管理。

国家药品监督管理局是我国国家级化妆品监督管理机构。2018 年 9 月国务院办公厅发布了《国家药品监督管理局职能配置、内设机构和人员编制规定》（厅字〔2018〕53 号），将化妆品的注册、监管等环节统一到国家药品监督管理局成立的化妆品监督管理司管理，标志着我国化妆品监督管理向规范化的跨越。该规定对化妆品监督管理司的职责进行了明确，包括组织实施化妆品注册备案工作；组织拟订并监督实施化妆品标准、分类规则、技术指导原则；承担拟订化妆品检查制度、检查研制现场、依职责组织指导生产现场检查、查处重大违法行为工作；组织质量抽查检验，定期发布质量公告；组织开展不良反应监测并依法处置。

二、国家级化妆品监管直属机构

化妆品监督管理出于全局性与专业性需求，除国家药品监督管理局内设机构化妆品监督管理司外，还通过直属单位对化妆品安全、技术、标准等统筹管理。国家药品监督管理局下设的与化妆品监管有关的直属单位及其职能罗列如下。

1. 中国食品药品检定研究院 也称国家药品监督管理局医疗器械标准管理中心、中国药品检验总所，承担化妆品技术审评及标准制定工作。

2. 国家药品监督管理局食品药品审核查验中心 承担化妆品生产、经营的飞行检查工作。

3. 国家药品监督管理局药品评价中心 包含国家药品不良反应监测中心，组织开展化妆品不良反应监测工作。

4. 国家药品监督管理局行政事项受理服务和投诉举报中心 负责药品、医疗器械、化妆品行政事项、投诉举报的受理、转办、工作组织协调及相关法规、规范性文件和规章制度的制定等。

5. 国家药品监督管理局信息中心（中国食品药品监管数据中心） 参与起草国家药品（含医疗器械、化妆品）监管信息化建设发展规划。组织开展药品监管信息政策研究，研究建立国家药品监管信息化标准体系。

6. 国家药品监督管理局新闻宣传中心 承担及组织药品、医疗器械、化妆品安全宣传及科普宣传工作，协助国家局政府网站日常信息发布及推广药品、医疗器械、化妆品政策、文化产品政策法规及传播科学研究，建设国家局新闻宣传媒体资产库等。

7. 国家药品监督管理局南方医药经济研究所 是国家药品监督管理局直属公益二类事业单位，主要从事医药产业经济研究、药品医疗器械安全形势评估、风险监测预警、医药政策研究、药品医疗器械网络监测、医药数据信息化建设和医药专业传媒出版等工作，是国家药品监督管理局重要的技术支撑力量之一。

三、国家级化妆品监管其他机构

1. 国家市场监督管理总局 管理国家药品监督管理局，同时市县两级市场监管部门负责药品零售、医疗器械经营的许可、检查和处罚，以及化妆品经营和药品、医疗器械使用环节质量的检查和处罚。

2. 国家卫生健康委员会 国家药品监督管理局同国家卫生健康委员会组织国家药典委员会并制定国家药典，联合建立化妆品不良反应监测数据共享机制。

3. 商务部 负责拟订药品流通发展规划和政策，国家药品监督管理局在药品监督管理工作中，配合执行药品流通发展规划和政策。商务部发放药品类易制毒化学品进口许可前，应当征得国家药品监督管理局同意。

4. 公安部 负责组织指导药品、医疗器械和化妆品犯罪案件侦查工作。国家药品监督管理局与公安部建立行政执法和刑事司法工作衔接机制。药品监督管理部门发现违法行为涉嫌犯罪的，按照有关规定及时移送公安机关，公安机关应当迅速进行审查，并依法作出立案或者不予立案的决定。公安机关依法提请药品监督管理部门作出检验、鉴定、认定等协助的，药品监督管理部门应当予以协助。

第 2 节 我国化妆品监管法规体系

2020 年 6 月公布《化妆品监督管理条例》。2021 年 1 月 1 日起，《化妆品监督管理条例》施行，旧版《化妆品卫生监督条例》同时废止。新旧化妆品基本法的交替，既是化妆品行业发展的需求，消费者安全用妆的需求，也是符合了国家法律法规日趋完善的发展趋势。

一、化妆品监管法规体系概述

随着《化妆品监督管理条例》法规的颁布实施以及一系列配套规章文件的相继出台，我国已形成以《化妆品监督管理条例》为主要监管法规依据，以《化妆品注册备案管理办法》《化妆品生产经营监督管理办法》和《牙膏监督管理办法》等为行政规章，以《化妆品安全技术规范》等规范性文件及技术标准为主要技术依据的法规体系，形成初步系统且完善的管理法规体系如图 10-2-1 所示。

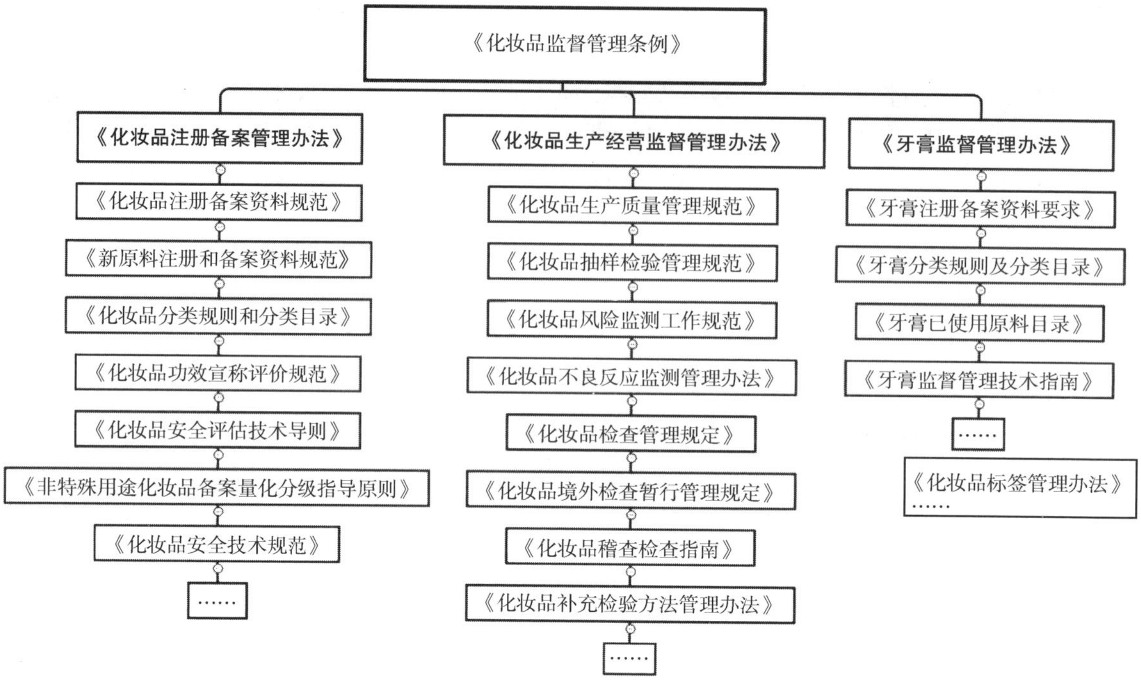

图 10-2-1 我国化妆品监管法规体系

二、化妆品行政法规

目前，我国的化妆品行政法规主要是《化妆品监督管理条例》。

（一）《化妆品监督管理条例》的制定目的

《化妆品监督管理条例》第一条规定了条例制定的三个目的：一是为了规范化妆品生产经营活动，加强化妆品监督管理；二是保证化妆品质量安全，保障消费者健康；三是促进化妆品产业健康发展。前两个是《化妆品监督管理条例》的直接目的，后者是《化妆品监督管理条例》要通过直接目的而实现的根本目的与长远目的。

（二）《化妆品监督管理条例》的主要内容

《化妆品监督管理条例》共六章八十条，包括总则、原料与产品、生产经营、监督管理、法律责任和附则。

《化妆品监督管理条例》总则明确了化妆品的定义，将化妆品分为特殊化妆品和普通化妆品，指出国家按照风险程度对化妆品、化妆品原料实行分类管理，首次提出化妆品注册人、备案人制度，指出化妆品注册人、备案人对化妆品的质量安全和功效宣称负责。

《化妆品监督管理条例》的第二章对化妆品原料和产品的管理作出规定，本章共十五条，分别对新原料定义、注册备案要求、分类管理方法、化妆品分类、化妆品产品管理方法、注册人及备案人要求、产品功效宣称要求、监管机构工作指引等方面做出规定。

《化妆品监督管理条例》的第三章关于化妆品生产经营的管理监督。本章共二十条，不但从我国化妆品产业的实际情况出发，借鉴药品、医疗器械以及国际上有关管理经验，提出了注册人、备案人制度，完善了化妆品全过程监管的理念，要求进口产品从注册备案开始，到销售期间，再到不良反应监测，均在统一注册人备案人的监控下开展。既明确了责任主体，又符合不同化妆品在“上市前”及“上市后”不同的经营主体设计需求。同时明确了化妆品经营者，包括网络销售化妆品责任主体，将化妆品质量安全的责任承担主体落地，谁的产品谁负责、谁销售的产品谁负责。对化妆品包装材料、标签标识，化妆品广告，化妆品上市后监管要求等也作出了规定。

《化妆品监督管理条例》的第四章为化妆品监督管理机构及职责。本章共十三条，主要是对化妆品监管机构的监管职能和工作指引进行了阐述，明确监管工作的规范性。多种监管模式并存，深入落实“放管服”改革，采取化妆品产业的事前、事中、事后相结合监管，开展风险管理与风险交流，根据风险高低来分布监管资源，开放注册备案检验机构。

《化妆品监督管理条例》的第五章为法律责任，共用了十八条，一方面细化了给予行政处罚的情形，另一方面加大处罚力度，综合运用没收、罚款、责令停产停业、吊销许可证件、市场和行业禁入等处罚措施，大幅提高罚款数额，并“处罚到人”，注重与《中华人民共和国刑法》的紧密衔接。《化妆品监督管理条例》落实“最严厉的处罚”要求，体现了权威性和可操作性并重的思路，更好地捍卫公共利益，保证化妆品质量安全和消费者健康。

附则明确了香皂和牙膏的监管，以及补充条例颁布实施的其他说明。首次将牙膏参照普通化妆品管理，同时规定，香皂不适用于《化妆品监督管理条例》，但是宣称具有特殊化妆品功效的适用于《化妆品监督管理条例》。

三、化妆品部门规章

由国家市场监督管理总局发布的与化妆品相关的部门规章主要有《化妆品注册备案管理办法》《化妆品生产经营监督管理办法》和《牙膏监督管理办法》。

1.《化妆品注册备案管理办法》 是国家市场监督管理总局为规范化妆品注册和备案行为，保证化妆品质量安全，根据《化妆品监督管理条例》制定的部门规章，共 6 章 63 条，对化妆品新原料注册和备案管理、化妆品注册和备案管理、监督管理、法律责任等各方面均作出了明确规定。该办法已于 2020 年 12 月 31 日经国家市场监督管理总局第 14 次局务会议审议通过，2021 年 1 月 7 日发布，自 2021 年 5 月 1 日起正式施行。这是我国首部专门针对化妆品注册备案管理的部门规章。

2.《化妆品生产经营监督管理办法》 2021 年 8 月 2 日，国家市场监督管理总局正式发布《化妆品生产经营监督管理办法》，自 2022 年 1 月 1 日起施行。作为《化妆品监督管理条例》下指导化妆品生产、经营监管的重要部门规章之一，《化妆品生产经营监督管理办法》共 7 章 66 条，对化妆品生产许可、生产管理、经营管理、监督管理、法律责任等方面均作出明确规定。《化妆品生产经营监督管理办法》进一步细化《化妆品监督管理条例》的规定，如明确了质量安全负责人承担的产品质量安全管理和产品放行职责，以及化妆品质量安全相关专业知识范围等。同时，还统领性地明确了化妆品产品全生命周期涉及的许可备案、生产经营、监督管理以及法律责任等具体内容，为各方面监管政策及化妆品生产质量管理规范提供了法律支撑。

3.《牙膏监督管理办法》及系列配套管理规范 《化妆品监督管理条例》规定牙膏参照普通化妆品管理，由于牙膏产品在原料管理、功效宣称、标签管理等有区别于普通化妆品的独特之处，国家药监部门也将根据牙膏的特点和实际情况，研究制定相应的配套文件，如《牙膏备案资料规范》《牙膏已使用原料目录》及《牙膏监督管理技术指南》等。

四、规范性文件及技术标准

（一）化妆品相关的规范性文件

化妆品相关的规范性文件主要以《化妆品监督管理条例》为主要监管法规依据，以完善和落实《化妆品注册备案管理办法》《化妆品生产经营监督管理办法》和《牙膏监督管理办法》三个规章的具体工作为目标进行制定。

（二）技术标准

我国已发布实施的化妆品技术标准与规范已超过百项，化妆品技术标准可分为通用基础标准、安全卫生标准、方法标准、产品标准、包材标准和原料标准几大类。其中化妆品方法标准基本采用推荐性国家标准，产品标准和原料标准多为轻工业行业标准，安全卫生标准和部分通用基础标准则采用国家强制性执行的原则性标准。

链接 国家药品监督管理局：加强化妆品监管能力建设 切实保障公众用妆安全

2024 年全国化妆品监督管理工作会议提出要准确认识当前化妆品监管形势，全面把握当前化妆品监管方向，坚持政治引领，坚持人民至上，坚持长期主义，坚持精准施策。认真落实“四个最严”要求，完善化妆品监管制度体系，构建化妆品技术支撑体系，不断加强化妆品监管能力建设，切实保障公众用妆安全，促进化妆品产业高质量发展。

自测题

一、单项选择题

1. 我国负责化妆品监管的主要机构是（ ）
   A. 国家市场监督管理总局
   B. 国家药品监督管理局
   C. 国家卫生健康委员会
   D. 国家食品药品监督管理局
2. 我国化妆品监管的主要法规是（ ）
   A. 《中华人民共和国食品安全法》
   B. 《中华人民共和国药品管理法》
   C. 《化妆品监督管理条例》
   D. 《中华人民共和国消费者权益保护法》

二、简答题

请简述国家药品监督管理局下设的与化妆品监管有关的直属单位及其职能。

（谢珍茗）

自测题选择题参考答案

第 2 章

1. C　2. B　3. A　4. D　5. D

第 3 章

1. C　2. A

第 4 章

1. C　2. B　3. A　4. A　5. B

第 5 章

1. A　2. C　3. B　4. B　5. B

第 6 章

1. C　2. C　3. C　4. D

第 7 章

1. B　2. C　3. C

第 8 章

D

第 9 章

1. A　2. D　3. B　4. B

第 10 章

1. B　2. C

主要参考文献

冯小军，2019. 美容化妆品基础. 上海：复旦大学出版社.

谷建梅，2019. 化妆品与调配技术. 3 版. 北京：人民卫生出版社.

谷建梅，孟宏，2020. 美容化妆品学. 北京：中国中医药出版社.

李雪飞，晏志勇，2016. 美容化妆品学. 2 版. 北京：科学出版社.

刘纲勇，2020. 化妆品配方设计与生产工艺. 北京：化学工业出版社.

王钢力，邢书霞，2020. 化妆品安全性评价方法及实例. 北京：中国医药科技出版社.

谢珍茗，2023. 化妆品学基础. 北京：化学工业出版社.

张婉萍，2018. 化妆品配方科学与工艺技术. 北京：化学工业出版社.